鹿城故事

10

主编 韩承峰
执行主编 杨瑞庆

中国·苏州
古吴轩出版社

图书在版编目（CIP）数据

鹿城故事. 第10辑 / 韩承峰主编. -- 苏州 : 古吴轩出版社, 2019.12

ISBN 978-7-5546-1456-3

Ⅰ. ①鹿… Ⅱ. ①韩… Ⅲ. ①文化史－昆山－文集 Ⅳ. ①K295.34-53

中国版本图书馆CIP数据核字（2019）第255703号

封面题签：王　清

责任编辑：俞　都
见习编辑：吕丽静
责任校对：徐小良　石小雨
特约校对：潘家荣
责任照排：刘　浩

摄影统筹：毛宇龙
封面摄影：徐耀民

书　　名：鹿城故事. 第10辑
主　　编：韩承峰
出版发行：古吴轩出版社
地址：苏州市十梓街458号　　邮编：215006
电话：0512-65233679　　传真：0512-65220750
出 版 人：钱经纬
印　　刷：苏州市大元印务有限公司
开　　本：890×1240　1/32
印　　张：8.75　　插页：2
版　　次：2019年12月第1版　第1次印刷
书　　号：ISBN 978-7-5546-1456-3
定　　价：25.00元

编委会

目　录

解放昆山纪实

周长江

2019年是一个具有特殊纪念意义的年份，我们迎来了中华人民共和国成立70周年、昆山解放70周年、昆山撤县建市30周年。70年前的5月13日，昆山获得解放。在此，让我们一起追忆解放昆山的战斗故事。

昆山毗邻上海、苏州、常熟、太仓，是上海的西大门，又是拱卫上海的军事门户，战略地位十分重要。那么，70年前，昆山各界是怎样进行迎接昆山解放的准备工作的，人民解放军又是怎样从国民党手中解放昆山的呢？

当时，迎接解放昆山的有三股力量。

第一，中共中央上海局外县工委（简称上海局外县工委）领导的昆山工委，中共九地委江南工委和苏、常、太工委领导的昆山地下党。

第二，中共华中工委调集山东胶东和苏北等地的干部，组成南下接管昆山解放区的党政机构。

第三，解放军第三野战军所属部队。

解放昆山主要分为两个阶段。第一阶段：1949年4月底，第三野战军10兵团29军的86师一个直属侦察分队，奔赴昆山城西侦察，率先解放正仪镇。第二阶段：第三野战军8兵团26军的76、78师下辖的六个团，对昆山外围及县城守敌进攻和围歼。经过5月12、13日的两天战斗，昆山解放！

现在，选取六个惊心动魄的故事，真实而生动地呈现解放昆山的战斗场面。

故事之一：王正、甘学标深入虎穴策反敌保安司令

1949年元旦，毛泽东主席发表了《将革命进行到底》的新年献词，庄严地宣布我人民解放军“将向长江以南进军”。打败国民党，建立新中国，被郑重地提到党中央工作的日程上。处于国统区的中共各级地下组织，紧锣密鼓地筹备着迎接解放的各项工作。

1949年1月，上海局外县工委决定昆山工委的领导机构从上海移至昆山，实现就地领导。鉴于昆东群众基础很好，地理位置优越，昆山工委王正书记决定，在兵希的强巷村建立领导机构，将此处作为昆山工委的秘密办公地，统领迎接解放昆山的各项工作，确保昆山完整地回到人民手中。

1948年底至1949年初，人民解放军取得了“三大战役”的胜利。国民党统治已摇摇欲坠，到了穷途末路之境，国民党内部有些人士纷纷萌生另寻出路的打算。针对这一情况，上海局外县工委要求所属工委对敌进行分化、瓦解、策反工作。

1949年初，青浦县朱家角镇的国民党“昆（山）嘉（定）青（浦）剿匪指挥部”副指挥兼地方保安司令蔡用之，迫于形势所逼，流露出投靠共产党的意向。对此，上级当机立断，及时对蔡用之进行策反工作。

朱家角是青浦与昆山间的大镇，以漕港河为界，北岸为昆山县的井亭镇，南岸为青浦县角里镇。蔡用之是个地方实力派人物，又兼任

中共昆山工委书记王正
（周长江提供）

青浦二区区长，直接掌握昆山县保安团第二营。朱家角一带是他的势力范围，周边的乡长和乡保安队长又是他的门生故友。因此，只要策反成功，国民党在昆、嘉、青的地方武装就将土崩瓦解，这对清除上海外围地方反动武装十分有利。

1949年2月，昆山工委书记王正，同甘学标一起，秘密潜入朱家角。在地下党穿针引线下，王、甘两人深入“虎穴”，入驻朱家角的蔡家村，冒着生命危险，对蔡用之进行策反工作。为避人耳目，王正每次到朱家角的时候，都伪装成乞丐。由于甘学标操着武汉口音，容易引起当地人注意，所以每当甘学标外出观察动静时，王正带着蔡用之的五岁儿子，作为掩护，别人就不敢去找麻烦了。

1949年4月下旬，国民党江苏省政府从松江那里派一位专员来到朱家角，下令向昆山、青浦两地征调10万斤军粮。当时，朱家角是沪郊粮食集散地，当地存粮富足。王正、甘学标让蔡用之出面周旋，不能让国民党的征粮计划得逞。他们要求蔡用之找个理由不给粮食，相反，还要这位专员为当地百姓要粮。王、甘两人以朱家角地方商会的名义，写了调集救济粮的信函：“值此青黄不接之时，实乃无粮应差，鉴于本地闹饥荒，请求政府下拨救济粮，以借饥民共度春荒。”并请这位专员转呈松江的国民党县政府。同时，再以“中共淀湖工委”的名义，写信给朱家角米业工会及各大米商、米店，要求他们储粮待命，迎接人民解放军的到来，千万不能为国民党采购军粮。王正和甘学标巧妙周旋，终于粉碎了国民党的征粮计划。

故事之二：王志勤、包同福机智神勇刺探敌情

1949年初，苏、常、太工委接到上级指令，要求其搜集国民党军政情报。昆山地下党负责人仲国鋆，以国民党远征军军医的名义，在甪直镇上开设诊所行医。他立即通知城区王志勤小组，令其在一个月内完成昆山调查提纲《敌情概况》，以及涉及政治、经济、文教等方面的《昆山概况》搜集任务。由此，上演了一场惊心动魄的情报搜集秘密战。

王志勤是城区党小组组长，同组的还有以轮船驾驶员身份为掩护的包同福，以摆鱼摊为掩护的邵剑昆。当时，王志勤还兼任“鸿兴客栈”老板。抗战胜利后，根据上级党组织安排，他加入了“三青团”，打入国民党昆山县情报站的特务组织，担任玉山镇第三保的保长。王志勤按照党组织指示，在正阳桥南堍的城河岸边开设了一家有三十张床位的“鸿兴客栈”，这是安插在敌人眼皮底下的秘密交通站。平时，王志勤夫妇带着三个孩子经营客栈生意，凭着保长身份，可以在结交三教九流的过程中，避免引起敌特怀疑。

中共昆山地下党负责人仲国鋆（周长江提供）

王志勤接到任务后，开始搜集昆山《旦报》《娄江日报》上的军政动态，利用职务之便抄录敌情文稿，又通过广交朋友，间接获取敌情信息。小组成员包同福、邵剑昆全力配合，按时完成《昆山概况》《敌情概况》的搜集任务，后经上级组织汇编成册后，及时送往苏北解放区。

中共昆山地下党收集的《昆山概况》封面（周长江提供）

1949年3月间，为了落实解放昆山、进攻上海的军事部署，上级要求王志勤设法搞到昆山、上海两地的军事地图。王志勤接到任务后，获知上海军事地图只有驻守在昆山的国民党军那里有。于是，他多次来到驻军周边观察，设想如何混进敌部，以便获取地图。因时间紧迫，王志勤决定铤而走险，完成这一艰巨任务。一天傍晚时分，春雨霏霏。王志勤佯装有事报告，就蒙骗过站岗哨兵，来到大有蚕种场的国民党军驻地，在内应孙静安的配合下，秘密进入敌军办公室，终于窃得一张上海军事地图，并迅速撤离。后来，王志勤又如法炮制，在昆山特务机关中秘密获取到了一张昆山军事地图。

王志勤窃得两张军事地图后，通过“鸿兴客栈”，转交给上海派来的交通员。这一过程十分惊险——因接头交通员经常落脚“鸿兴客栈”，从而引起了国民党军统特务的注意，特务尾随其到客栈，并准备调查这位陌生人的身份。王志勤见状焦急万分，立即上前“打圆场”，说其是上海来的生意人，是来昆山商谈合股开办轮船公司的事。就这样，阻止了敌特分子进一步的跟踪调查。还有一次，交通员身藏重要情报要送去上海，为躲避火车站军警的检查，王志勤直接走进火车站站长室，冒称那位乘火车的人是自己的亲戚，有急事要赶去上海，请求免检，以免误点，并用礼物打点这位站长。交通员成功避开了军警的搜查，安全地离开了昆山。

4月27日，苏州解放，人民解放军乘胜追击，兵临昆山城下。解放军26军的76、78师下辖的六个团，正夜以继日地做着攻打昆山县城的准备。5月6日，解放军派出一个侦察小分队，在县城西门外侦察敌情时，突遭国民党军的埋伏，有十多名战士不幸牺牲。王志勤、包同福接到上级指示，要迅速将昆山城内、马鞍山、青阳港以及沪宁铁路昆山段沿线的敌情侦察清楚，并火速送往前沿部队。接到指示后，王志勤和包同福立即分头行动，侦察敌情。

五月上旬的一天，包同福扮成小商贩，由于青阳港被敌人封锁，他只得步行绕道千灯后抵达陆家浜火车站。一路上，他摸清了从沪郊真如到昆山的铁路沿线的敌情，并默记心里。有一次，他在黄渡一家茶馆里同茶客聊天时，了解到附近铁路旁竖起了很多电线杆，马上引起警觉，估计那里可能是一处敌军指挥所。事不宜迟，他决定立马前去看个水落石出，后果真证实了他的猜想。王、包二人经过三天的艰苦侦察，基本掌握了铁路沿线的军事布防设施情况。

随后，王志勤、包同福一起，把昆山周边地区的敌情画成草图，并分别标注，连夜出发，往西奔去，穿越封锁线后，赶到唯亭的九里桥，将敌情布防图交到了解放军部队（26军）团参谋的手中，此情报在后来的战斗中发挥了重要作用。

可见，潜伏在沦陷区的地下党，为解放昆山立下了不可磨灭的功劳！

故事之三：周乃扬冒名赴会获取机密情报

1948年，周乃扬凭着同国民党茜步乡乡长张恩嘉的亲戚关系，由昆山工委指派，安插至茜步乡，进入国民党乡公所工作，开展区乡的敌情搜集工作，并及时向上级报告敌情动态。周乃扬平时注意结交兵希、茜步泾一批有志青年和地方开明人士，进行“抗租、抗税、抗丁”

的宣传，抵制国民党“征税、抢粮、抓壮丁”的暴行。1949年2月，周乃扬在兵希界湾的狐仙庙张贴“好人快团结　坏人一扫光！”等宣传标语，鼓动民众团结起来，反抗那些坑害老百姓的贪官污吏，号召广大民众做好迎接昆山解放的准备。

此时，国民党昆山县县长沈霞飞为挽救败局，垂死挣扎，变本加厉，加紧抓丁征粮、扩充保安团，加强特务活动。昆山工委对此进行针锋相对的斗争，展开对敌政治攻势，瓦解敌人，分化敌人。昆山工委书记王正通过周乃扬的特殊身份，去信给沈霞飞，正告他停止作恶，弃暗投明。这一行为对国民党政府的公职人员起到很大的震慑作用。

1949年春季，国民党昆山县政府准备召开“应变“会议，密谋搜捕昆山地下党员和进步群众，并通知茜步乡乡长张恩嘉参加。昆山工委知悉后，马上指使周乃扬，设法取代张出席会议，摸清重要情报。周乃扬以昆山县茜步乡组训会指导员的身份去参加了会议。会上，国民党昆山县警察局局长汤鹤龄布置了行动计划，下令立即抓捕潜伏在昆山的地下党员和进步人士。当天夜里，周乃扬冒着倾盆大雨，踩着泥泞道路，第一时间把这一重要情报，通过联络人，报告给了昆山工委的领导。工委及时采取应对措施，迅速转移了有关的地下党员和进步人士。因此，敌人在溃逃前，企图捕杀共产党人和民主进步人士的这一阴谋没有得逞。

故事之四：俞明巧借记者身份展开统战工作

昆山解放前夕，中共昆山工委积极开展统战工作，团结民主进步人士，凝聚解放昆山的力量。工委书记王正指派担任《旦报》青年记者的地下党员俞明，设法对昆山城内的辛亥革命元老周梅初、赋闲在家的工程师俞楚白展开统战工作。

俞楚白，毕业于南洋大学土木工程系，曾为家乡设计中山纪念堂、昆山县立中学等建筑，是一位享有名望的工程师，长期在沪上工作。抗战胜利后，其回昆居住在百花街（今亭林路）自建的一幢两层小洋楼里，过着悠闲的生活。

俞明的父亲同俞楚白是知交，两家素有来往。俞明一家曾在俞楚白小洋楼里住过两年。因此，上级党组织决定让俞明对俞楚白进行统战工作。俞明先同俞楚白子女亲近，进而接触俞楚白本人。在相互取得信任后，俞明常以晚辈身份向俞楚白求教，寻机同他一起畅谈时政，交流心得，探讨天下大事。

周梅初早年参加同盟会，是光复昆山的领导者，长期从事教育工作。他的儿子、女儿思想进步，为人正直。通过俞楚白的关系，俞明结识了周梅初。俞、周两人志同道合，时常在一起纵论时局，发表观点。俞明抓住机会，以人民解放军取得“三大战役”胜利的事实，希望周梅初为即将建立的新政权做出新的贡献。周梅初听之深受感动，并猜测俞明一定是共产党员。俞明为了保守秘密没有正面表白，只是风趣地说：“周老先生，你倒蛮像共产党员，我还没有资格呢！”

昆山籍建筑家俞楚白（周长江提供）

1948年冬，王正根据上级指示，准备筹划成立迎接昆山解放的党外组织，希望由周梅初、俞楚白发起成立。王正要俞明试探一下周梅初的态度。当俞明征求周梅初意见时，二人一拍即合。于是，俞明连夜编写组织章程。经过周梅初和俞楚白的努力，一些昆山工商界的知名人士纷纷加入，终于成立了昆山县“应变应新大同盟”。5月13日，当人民解放军入城后，昆山城乡社会秩序良好，学校照常上课，商店照常营业，班轮照常开航，电厂照常供电，电话照常通话。“应变应新大同盟”为解放昆山做出了重大贡献。

5月13日，昆山解放时，国民党军队为阻止我军解放上海的步伐，炸毁了青阳港铁路桥和公路大桥。俞楚白接到昆山县新政府的抢修任务后，义不容辞地抱病担任总指挥，组织数百名民工，并临场指挥抢修工作，终使通往上海的公路和铁路交通大动脉畅通无阻。俞楚白用实际行动支援了上海解放，赢得了解放军部队首长和昆山县新政府的嘉奖。中华人民共和国成立后，周梅初担任昆山县副县长之职。

故事之五：李聚茂智勇双全解除地方武装

1949年4月10日，经中共苏南区党委批准，选定山东胶东的海阳县干部，组成接管昆山的领导机构。李聚茂任县委副书记，刘同温任县长，一个由100多人组成的接管昆山新解放区的机构迅速成立。他们一行在南通白蒲镇集合，一边学习政策，一边等候渡江后接管昆山的命令。

4月21日，毛泽东发布了《向全国进军的命令》，人民解放军百万雄师横渡长江。4月23日，南京解放。4月底，李聚茂一行抵达正仪，与进驻那里的解放军86师侦察科长申易会合，并同正仪党组织负责人见面。随后，又在那里设立县委、县政府的办事处，张贴安民告示，以解放军名义统一印发宣传标语。同时，接管国民党的正仪区乡机关。李聚茂迅速组织当地群众，投入到解放昆山、支援上海的行动中，如开展物色向导、商借民船、筹集粮草、采购物资等一系列工作。

5月初，解放军逼近昆南。从角直传来消息，国民党部队已逃之夭夭，人们期盼着家乡早日解放。闻讯后，县委副书记李聚茂、民运部长吕功成率领准备接管张浦、千灯的干部，轻装简从地赶到角直，将角直作为接管张浦、千灯两区的桥头堡。当天傍晚，李聚茂一行来到角直镇的镇公所，看到还有国民党军人在站岗。经打探，原来是当地留守的自卫队。角直镇镇长迫于大势所趋，只能举手投降。按李聚茂的指示，顺利接管了当地政府。

晚饭后，李聚茂获悉角直之南的陈墓有一支国民党军还在活动。听到这一敌情，李聚茂就向角直镇镇长了解情况。原来，国民党昆山县县长沈霞飞逃至昆南淀山湖一带时，想拉申镜寰领导的自卫队一起抵抗解放军，但申没有听从，只想保存自己实力。李聚茂立即做出了“擒贼先擒王”的策略。李聚茂先叫角直镇镇长连夜打电话到陈墓，告诉申镜寰角直镇已由昆山县新政府接管了，要求他明天上午到角直区公所报到，不许带武器，只准带一个卫兵。翌日一早，正当李聚茂一行吃早饭时，申镜寰果然前来报到。不过，他是由解放军战士押着带到镇公所的。这是怎么回事呢？当天早晨，申镜寰带着七八个手下，乘着小轮船刚进入角直，就被包围角直的解放军战士缴了械。原来，驻吴淞江一带的解放军某部，派战士到角直镇准备制作一批粮袋，发现镇上还有国民党武装（实际是当地自卫队），立即派出重兵包围角直镇，申镜寰就在这时候自投罗网，被解放军战士押至镇公所。经过思想工作，当天下午，申镜寰带了一百余人来到角直，上缴了全部武装。就这样，李聚茂解决了盘踞在昆南一带的国民党地方武装，使接管班子顺利地进驻千灯、张浦两区。

故事之六:侦察科长申易率侦察分队直插正仪

南京解放后,4月27日苏州也解放了,解放军下一个目标就是解放远东第一大城市上海。为了摸清上海及周边县城国民党军的兵力部署、工事构筑、火力配备情况,第三野战军10兵团29军86师侦察队,率先进入昆山城西正仪镇侦察敌情,随后潜伏于太仓、嘉定、宝山沿线的上海外围地带,开展侦察敌情工作。

4月28日凌晨,86师侦察科长申易奉命率领一支精干的侦察分队,携带电台,直插正仪。经验丰富的申易科长,带领一个班化装成国民党士兵,向正仪进发。英俊潇洒的申易头戴国民党军官的大盖帽,身穿国民党军官的制服,骑着自行车,沿在沙石路向正仪赶去。与此同时,正仪地下党也做好了迎接解放军的准备。党组织负责人在关王庙桥头,同申易接上了头,并报告了正仪的敌警和保安情况。

上午8时许,一队身穿国民党军服的解放军战士,骑着自行车抵达正仪镇。当时的正仪镇只剩国民党警察分局留守的20多人,在得知苏州解放的消息后,已如惊弓之鸟,于清早就狼狈向南逃窜。申易他们不费一枪一弹就进驻了正仪镇。申易留下部分战士驻守正仪后,自己率队向昆山县城进发。申易到达沪宁铁路62桥时,通过望远镜,发现城内敌军正惊慌失措地扒火车,向上海方向逃窜。申易立即命令轻机枪手向敌军扫射,并乘机观察昆山城西的地貌地形,详细记录在案后,率队返回正仪。

为了保证正仪镇上群众的生命与财产安全,申易和当地党组织一起,及时敦促南逃的伪警缴械投降。4月30日,慑于解放军穷追猛打的威力,这股伪警只得乖乖地缴械投降。5月上旬的一个晚上,申易接到指挥部命令，命令他率领小分队继续展开侦察。申易科长立即率队离开正仪。

5月上旬，第三野战军8兵团26军的76、78师下辖的六个团，承担主攻昆山的任务。经仔细研究敌情，我军制定出“水陆并进，迂回包围，断敌后路，诱敌出城，一举全歼”的解放昆山的作战方案。5月12日晚6时，攻打昆山的战斗正式打响。26军78师232、233团直攻昆山县城和昆山火车站守敌，234团从新镇渡过太仓塘，突围城南鸭脚浜，包围敌军在王家村的师部，围歼青阳港沿线东逃之敌。战斗打响后，守敌未敢正面抵抗，早就弃城，沿沪宁铁路线向东溃逃，并炸毁了青阳港铁路桥，企图逃脱我军的围歼。

26军76师的226、227、228团分乘400余艘船，沿吴淞江分别向西巷、陆家浜、青阳港等地守军发起攻击，共歼灭、俘虏国民党军200余人。226团的指战员们于当晚10时左右迂回抵达西巷东侧一线，阻击东逃之敌。在西巷火车站同守敌展开激战，歼敌一个团部、一个营部及两个侦察连，共计300余人。守敌凭借装甲车为屏障，企图负隅顽抗，我军指战员们咬住残敌，如猛虎下山，至翌日拂晓，又攻克西巷车站守敌，歼灭、俘虏国民党军1700余人，缴获装甲车一辆和一大批枪支弹药。至此，昆山全境解放！

昆山西巷火车站的旧址（周长江提供）

战斗结束后，226团1营1连

被26军司令部政治部授予“战斗模范连”的光荣称号。但是，我们永远不能忘记在解放昆山的战斗中，牺牲的30多名烈士。在昆山烈士陵园里，长眠着他们的英灵，昆山人民永远铭记着他们的丰功伟绩！

战斗结束后，26军授予266团1营1连“战斗模范连”称号（周长江提供）

5月13日早晨，一轮红日破云而出，人民解放军部队沿着兴学路（今震川路），雄赳赳、气昂昂地进入了昆山城，数千昆山各界民众，抑制不住内心的喜悦，走上街头，敲锣打鼓，庆祝昆山解放。从此，昆山的历史翻开了崭新的一页！

昆山顾氏望族寻根

马一平

清初常熟文人王应奎在其著作《柳南随笔》卷六中记述了一则昆山望族逸闻，转引当时昆山一条谚语：“带叶黄姑李，不如一个大葧脐（荸荠）。”带音同戴，黄音近王，姑音转顾，脐音近徐。意思是明代时，昆山的几大望族是戴、叶、王、顾、李五姓，而到清初时，徐氏兴盛起来，乾学兄弟三人并中鼎甲，位俱八座，子孙亦接连登第，徐家一时贵盛甲天下，一跃成为昆山巨族，超过了戴、叶、王、顾、李五姓人家。然而在元明时期，昆山乃至整个江南地区，顾氏则是第一望族。

顾野王画像（马一平提供）

江东顾氏家谱统尊顾野王为一世祖。

顾野王，原名体伦，因仰慕西汉冯野王，更名为野王，字希冯。吴郡吴县（今江苏苏州）人。生于南朝梁天监十七年八月初十日（518年8月31日），太建十二年（580）正月去世（此为家谱所载，《陈书·顾野王传》作“太建十三年卒，时年六十三岁”），终年六十二岁。为三国东吴名相顾雍之后。是南朝梁、陈间官员，著名文字训诂学家、历史学家、地理学家、文学家、诗人、书画家和音乐家。唐至德二年（757）追赠右卫将军，宋熙宁年间追封镇远侯。墓在今苏州市职业大学校园内，唐虞世南撰墓碑（宋末湮没）。

野王妻贺氏，生子五，长子盛南，字以成，佐卫大将军，封安远侯；次子鸿南，字扶九，封宁远侯；三子周南，字雅持，追封靖远侯；四子夏南，字玉清，追封平西侯；五子允南，字信符，封征西侯。

野王孙子顾冕，字用宾，是其次子鸿南之子，隋代人。大业六年（610）为司隶（一作议）大夫。义宁元年（617）从李密、翟让等起兵破洛口仓，后从秦王李世民入关，补为晋阳守。生二子，长子铉与次子太和。

昆山顾氏均是顾野王的子孙后裔，即顾野王曾孙顾铉与顾太和的后裔。主要以元代顾阿瑛家族、明代顾鼎臣家族、明末清初顾炎武家族为代表。现逐个简介于下。

顾阿瑛家族

顾太和的十六世孙顾洽，字浃甫，宋代人，由光福徙居昆山县朱塘乡（娄江北部分今属昆山市巴城镇正仪街道）。妻吴氏，生子二，长子辉、次子炎。顾辉，字暗卿，隐德不仕。妻张氏，生子三，长子宗恺。顾宗恺，字容德，仕宋为武翼郎。妻华氏，生子文富。顾文富，又名闻传，字训之。南宋咸淳年间（1265—1274）天下大乱，倾财募兵士，保守乡里，元军攻打江南，文富率先款附，屡立大功。官至河南卫辉、怀孟等路打捕鹰房皮货总管，子孙世袭水军千户。卒谕祭葬，谥号“武惠”。妻王氏，生子五，四子伯寿。顾伯寿，字眉子，隐居不仕，自号玉山处士，卒葬绰墩之阳。妻陶氏，生子四，德辉、德华、德章、德美。

顾阿瑛（1310—1369），谱名德辉，字仲瑛，又字道彰，号金粟道人。元末明初昆山州朱塘乡人。幼而警敏，喜读书，善记诵。十六岁即继承父志，打理家族产业，遂成江南巨富。少年豪宕，轻财结客，达官时贵，靡不交识，誉望超过父辈。三十岁又折节学习，崇礼文儒，与贤者为师友，博通文史，工画善诗，擅长书法，精于音律。广购博搜古书名画，彝鼎秘玩，以会海内文士为乐，集录鉴赏无虚日。元至正年间（1341—1368）举秀才，浙江帅府授会稽儒学教谕，辞不就。年甫四十，即将田业、家产全部交给子、婿辈打理，自己专心致志于文艺与家庭园林建设。元至正八年（1348）七月起，在界溪旧宅之西修筑占地极广的大型私家园林“玉山佳处”，共有轩池亭馆24处景点（此乃顾阿瑛自述，另有28景、36景说，为他人所云），其匾额皆名公巨卿、高人韵士口咏手书所赠。此园林之胜，甲于东南。常邀请天下文人雅士在主建筑“玉山草堂”和各景点举行“玉山雅集”，饮酒赋诗唱和，寄情山水胜迹，观赏丝竹歌舞，挥毫泼墨书画，极尽人生之乐事。一时高朋满座、胜友如云，玉山草堂成为骚人墨客游宴聚会乐园和元末东南地区重要文化活动中心。从元至元六年到至正二十年（1340—1360）的20年间，共欢聚50多次。先后参与者有知名诗人、学者、书画家、戏曲家、乐师、歌妓、舞姬等，多达218人，其中杨维桢、张翥、黄公望、倪瓒、王蒙等，常为草堂座上宾。后顾阿瑛将这些酬唱吟咏诗篇汇刻成《玉山草堂雅集》和《玉山名胜集》。由于战乱，诗篇散佚颇多，仅现存的5000多首，就

顾阿瑛石刻像（马一平提供）

占整个元代诗词总量的十分之一。殊为可惜的是这所著名园林毁于元末的战火中。

至正十一年（1351）起，农民起义军四起，战火迅速向各地蔓延，时局日乱。至正十四年（1354）二月，顾阿瑛毅然出山，辅佐水军都府副都万户董抟霄巡海，利用其丰富的航海经验，历三月终于平定海寇，使千艘漕粮船得以顺利由娄江出海北运抵元大都。至正十五年（1355），因长子顾元臣任元武略将军、水军宁海所正千户，故不久顾阿瑛被恩封为武略将军、水军正千户、飞骑尉。至正十六年（1356）起，顾阿瑛携家眷相继至吴兴东南的商溪大慈隐寺和嘉兴县的合溪避难隐居。至正二十六年（1366）前后，顾阿瑛返回昆山故乡绰墩居住。

朱元璋取得天下后，明洪武元年（1368）三月，因长子元臣为元朝故官，顾阿瑛全家按例被迁徙流放至临濠（今安徽凤阳）。次年三月十四日，顾阿瑛卒于临濠编管地，享年59岁。同年十二月初九日，长子元臣扶父柩归葬昆山绰墩顾氏祖茔之生圹寿藏，同里挚友殷奎撰墓志铭、同里卢熊书并篆盖。顾著作有诗集《玉山璞稿》20卷，今仅存2卷。妻王氏，封钱塘县君。生子五：长子元臣，字国衡，元水军副都万户，后改奉议大夫、湖广行省理问；二子元礼，正千户；三子元弼；四子元宪；五子元肃。女三。

顾鼎臣家族

顾鼎臣家族其实是顾阿瑛的后代。

据清乾隆五十五年（1790）续修的《雍里顾氏族谱》记载，该支顾氏家族以顾阿瑛的父亲顾伯寿为一世祖，记述至清乾隆年间第二十世。这个家族科第非常显赫，有9人考中进士（其中2人还分别是状元与探花)，14人考中举人。下面简介该家族一些著名人物。

雍里顾氏第三世

顾元肃(1332—？)，又名士恭。元末明初人。阿瑛第五子(数部家谱均作第八子，此论据顾阿瑛墓志铭考证可知)。由昆山县朱塘乡迁居积善乡雍里村(大致在今昆山生态森林公园西部)。潜隐不仕，孝义勤俭，乡闾推服。妻董氏(安一娘)，生子三，长子大本；女一。

雍里顾氏第四世

顾大本(1353—？)，字道中，号颐庵。元末明初人，是顾鼎臣曾祖。妻蔡氏(福四娘)，死后与大本合葬于二保东汤村随字圩。生子二，长子贤，次子良；女一。

雍里顾氏第五世

顾良(1387—1478)，字士良，号耕乐，又号呆庵。大本次子，是顾鼎臣祖父。读书明礼，天性孝友，父丧，其让遗产于兄顾贤，退居别处，勤俭自励，资产日盛。又热心公益，饥荒之年尽出其资以济民困。曾为万石长，举乡饮宾。享年91岁。妻吴氏，死后与良合葬于二保西汤村昆字圩墓主穴。生子四，睿、恺、恂、忆；女七。

雍里顾氏第六世

顾恂(1418—1506)，字惟诚，号桂轩。良三子。幼好学，稍长益勤励举子业。宣德十年(1435)17岁时，为父好友邑人礼部主事吴凯召为赘婿，由雍里村迁居昆山城中吴家。后吴凯晚年生三子，且季子吴愈高中进士，官至河南布政使司右参政，故顾恂归宗。成化七年(1471)

岳父吴凯去世后，顾恂迁出吴家，营第昆山城内鳌峰里以居。为人谦和，常以忠孝谆谆教诲子孙，后家虽富裕，然俭朴如旧。常与名流夏昶、沈愚相诗酒酬唱，有《鳌峰稿》5卷、《啖蔗余甘》《西湖纪游》各1卷传世。弘治十三年（1500）举乡饮宾。晚岁得闻子鼎臣科举状元及第不久后，就因年高而去世，享年88岁。入祀乡贤祠。妻吴氏，侧室杨氏。顾恂与吴氏合葬县治西南隅里拱字圩（县儒学北齐礼坊圩状元泾右），杨氏葬吴县潭山十九都赐茔。生子三：长子式，杭州府经历；二子宜之，封监察御史；三子鼎臣（杨氏出），状元宰相。

雍里顾氏第七世

顾宜之（1448—1521），初名左，号自如。恂次子。原配周氏，继配南京李氏，妾阮氏、包氏。生子二，长子潜（周氏出），次子澡（包氏出）；女六。

顾鼎臣（1473—1540），初名仝，字九和，号未斋。恂三子，实为顾阿瑛五世孙。弘治十八年（1505）一甲一名状元及第，授翰林院修撰，历弘治、正德、嘉靖三朝，累官至礼部尚书、武英殿大学士，加少保兼太子太傅，除光禄大夫，勋柱国。嘉靖十八年（1539）明世宗朱厚熜出巡，特命留守京师，辅太子监国三月。次年病死任上，赠太保衔，谥号“文康”，谕祭九坛，赐葬吴县十九都潭山。生前在嘉靖初年曾奏请东南滨海诸邑营筑砖城以拒倭寇，唯昆山首应之。后倭寇大侵，横行纵掠吴越间，附近诸邑城均损失惨重，独昆山时复被围，官民据城坚持守卫60余日，民众的伤亡大大减少，其对桑梓贡献殊大。巡抚都御史张景贤奏请于马鞍山阳慧聚寺法华堂遗址建祠祭祀，嘉靖帝诏可，赐“崇功”额，并撰祝文，春秋祭祀，嘉靖三十八年（1559）建成顾文康公崇功祠。昆山为顾鼎臣在县治后分别立有“起凤坊”“宫谕坊”“状

昆山亭林园内顾文康公崇功祠（马一平摄）

元宰相坊”，宣化坊立有“尚书坊”。鼎臣平素精书法，善馆阁体。著有《未斋集》22卷、《文康公集》24卷等。配朱氏，累封一品夫人；侧室薛氏、高氏、京师张氏。生子四，履方、履祥、履贞、履吉；女二。

雍里顾氏第八世

顾潜（1471—1534），字孔昭，号桴斋。宜之长子。弘治九年（1496）进士，官至山西道监察御史、四川马湖府知府（未任，罢归）。工诗文，俱平正朴实，不事修饰。著述颇丰，有《静观堂集》14卷及《读史新知》《林下纪闻》《惇史》《梦林》《玉峰文献录》等。家居时所纂辑弘治《昆山县志》14卷，文字颇为简洁，取材也较精严，有些记载不见于史籍，比较珍贵。原配龚氏、继配杨氏、妾刁氏。生子三，梦圭、梦川、梦穀；女三。

顾澡（1486—1537），字孔修，号东岩。宜之次子。国学生，授浙江布政司都事。原配沈氏、继配朱氏。生子二，梦熊、梦羽；女六。

雍里顾氏第九世

顾梦圭（1500—1559），字武祥，号雍里。潜长子。幼英敏不群，十岁即能写文章。嘉靖二年（1523）24岁考中二甲进士。累官至江西右布政使（中奉大夫），后因病上疏乞请致仕归，年仅四十余岁。为官时不阿谀曲从，以国家大事为己任，颇有政绩。为人敦重，孝友恭逊，自奉如寒素，人称其厚德。凡所著述，多前辈学者未探究过者。诗文俊丽古雅，直抒胸臆，卓然有晋魏风格。著有《疣赘录》9卷、《续录》2卷（同里好友归有光作序）及《入蜀集》《北海集》《齐梁集》《武平集》《还山集》。墓在元和县唯亭港东子乎圩，归有光为其撰写墓志铭。妻长洲皇甫氏，累封恭人。生子二，允默、允焘；女一。

顾梦羽（1516—1594），字舜祥，号寅斋。澡次子。由国子生任湖广蕲州同知，廉而好施，常常假贷以应。入祀乡贤祠。妻金氏，死后与梦羽合葬于北二保洪区十九图渡桥村青墩庙律字圩。生子二，允元、允谐；女四。

雍里顾氏第十世

顾允默（1528—1592），字茂仁，号镃阁。梦圭长子。从归有光游，为文宏赡赅博，历试不举，中年为国子监生。常以己未中进士为憾，临死闻子高中探花，高兴得索笔赋诗，作罢即逝。葬吴县秉字圩。妻张氏。生子一，天埈；女四。

顾允元（1541—1591），字懋善，号凤山。梦羽长子。万历十四年（1586）进士，任福建建宁府瓯宁县知县。任内抗大疫、严执法、禁陋俗，颇有政绩。丁内艰归，以暴疾卒。入祀昆山乡贤祠和瓯宁名宦祠。妻王氏，死后与允元合葬于吴县十九都二十六图陆家坞。生子一，天叙；女二。

以下三人是同胞兄弟，明末人，为四川马湖府同知顾谦服之子。谦服是鼎臣四子履吉的第三子，故此三人是鼎臣曾孙，且皆以文名与气节享誉天下。

顾咸正（1591—1647），字端木，号弃庵。谦服长子。崇祯六年（1633）中应天府举人，授陕西延安府推官，颇多政绩。南明永历元年（1647）九月十九日被清军杀害于南京。入祀乡贤祠，清乾隆四十一年（1776），获赐谥号“节愍”。妻本邑张氏（张振德女）。生子二，天逵（岁贡生）、天遴（府庠生），二子因掩藏江南著名抗清将领陈子龙，于永历元年五月十四日同时遇难于松江秀野桥；女二。

顾咸建（1594—1645），字汉石，号如心。谦服次子。崇祯十六年（1643）进士，任浙江杭州府钱塘县知县，任内政绩显著。南明隆武元年（1645）闰六月初一日被清军杀害于杭州。隆武帝闽中闻噩耗后赠太仆少卿，谥号“忠节”，入祀乡贤祠。清乾隆四十一年（1776），获赐谥号“忠节”。妻长洲张氏，妾朱氏。生子二，震修、震省；女二。

顾咸受（1597—1645），字幼疏。谦服三子。天启四年（1624）中应天府举人。隆武元年（1645）七月初六日昆山城破遇难。清乾隆四十一年（1776），奉旨入祀忠节祠。妻吴县金氏，妾曹氏、朱氏。生子三，震恪、震恭、震武；女四。

雍里顾氏第十一世

顾天埈（1559—1625），字升伯，号开雍。潜曾孙、梦圭孙、允默子。自幼笃志好学，万历二十年（1592）探花及第，累官至左春坊左谕德兼翰林院侍讲。万历三十年（1602）（此为《雍里顾氏族谱》卷五《城居世系考上·顾天埈传》所述，然《明神宗显皇帝实录》卷367—

379万历三十年均无出使记载，特注备考），曾奉旨出使朝鲜国，妥然完成使命归国，受到万历帝褒奖。后因是昆党首领，被弹劾罢官归乡。天埈敏秀通理，读书每具独特见解。最初与王肯堂一起提倡沉博绝丽之文风，力求独诣。谢政归乡后，每日读书、圈点卷籍累至万余卷。诗词歌赋，怡然自得，文风转为老成。尤潜心于藏书、刻书。著有《顾太史集》8卷、《毁余集》2卷、《四书说意》等。卒后入祀乡贤祠。妻长洲刘氏，累封宜人；妾薛氏。生子三，锡永、循、舒；女三。

顾天叙（1565—1645），字礼初，号笋洲。梦羽孙、允元子。万历十六年（1588）中应天府举人，历任江西广信府铅山县、直隶大名府元城县知县。辞官后隐居吴县邓尉山30年，郡举乡饮宾。隆武元年（1645）闻南都（南京）陷，遂绝食，至闰六月十三日而逝，享年80岁。入祀乡贤祠。妻周氏，死后与天叙合葬于吴县十九都聚峰山。生子二，锡畴、锡眉；女一。

雍里顾氏第十二世

顾锡畴（1585—1646），字九畴，号瑞屏。顾恂六世孙，天叙之子。十三岁赴南京乡试，魏国公一见惊异，即有东床之选。万历四十七年（1619）进士，天启四年（1624）授翰林院检讨，天启六年（1626）因得罪阉党魏忠贤，被削籍。崇祯初魏党败，召回谴逐诸臣。逐级晋升为国子监祭酒，除朝议大夫。既而得受封诰，省亲归乞在籍终养。与父天叙悠游邓尉，时或迎养于昆山马鞍山东麓“乐彼之园”，娱侍父亲6年。父

顾锡畴像（马一平提供）

以国事蜩螗，促令其入都。锡畴返京陛见后，上疏切中时务，崇祯帝眷遇殷渥，擢其为礼部左侍郎、充经筵日讲官，代理尚书事务。后因抗疏得罪大学士杨嗣昌，遭罢官。崇祯十五年（1642）廷臣交荐，起用为南京礼部左侍郎，管右侍郎事。南明福王朱由崧立，于南京建立弘光政权，锡畴升为礼部尚书，后吏部尚书张慎言去职，帝命锡畴兼管。加太子太保，晋勋除上柱国、光禄大夫，并覃封三代。时权臣马士英当国政，锡畴与其道不同不相谋，乃乞祭南海，归不复出。弘光元年（1645）五月南都陷，昆山城也被清军攻破，闰六月父天叙绝食亡。同月，唐王朱聿键于福州登基称帝，改元隆武。遵遗命，锡畴赴闽。隆武帝诏晋建极殿大学士，加少保、太子太师、礼兵两部尚书兼都察院左都御史，锡畴以父丧坚辞。旋奉命联络浙、直（南直隶，即江苏）抗清士人，并督师温州。次年，锡畴寓居温州江心寺。恰值温州总兵贺君尧因征军饷事挞辱甚至屠杀诸生，温人奔诉锡畴，将疏劾之。五月十六日夜，贺君尧遣朱姓杀手潜入寓所，刀刺其胸杀之，并投尸于江。一代名贤，他乡非命，极为可惜。温州人士于江中寻觅三日乃得，棺殓寺中，驰报其家，迎柩以归。附葬于吴县十九都二十六图陆家坞祖父顾允元墓侧穆位。清顺治十一年（1654）浙江兵备副使陈圣治建祠立碑于信国寺，康熙五十八年（1719）入祀乡贤祠，乾隆四十一年（1776）追赐谥号“节愍”。妻南京徐氏，累封恭人，加赠一品夫人；妾张氏。生子四，女十。

锡畴忠孝双全，与人相处恭敬谦逊。入仕后居官自守，正气凛然，不畏阉党与权贵，屡遭夺职，气节不屈。其节义文章足以传世生辉，生平被收入《明史》。著作有《纲鉴正史约》36卷、《秦汉鸿文》25卷、《尚书讲意》等多种。

顾炎武家族

亭林先生曾辑编《顾氏谱系考》，认为其家族本出吴郡，五代之际徙于滁，宋南渡时有讳“庆”者（为顾野王曾孙顾铉的十五世孙——笔者注），自滁徙海门县姚刘沙（后属崇明县），为本支一世祖。顾庆，字文仲，南宋人，妻陈氏，生子四。次子顾伯善，南宋人，由姚刘沙迁居昆山县东北隅二十四保［明弘治十年（1497）后太仓州六都］花蒲村（今属太仓市浮桥镇牌楼街道），为迁昆山始祖。伯善九世孙顾鑑，晚年率家迁居昆山县千墩（今千灯）镇，为迁千墩始祖。

第一世

顾鑑（1450—1530），字仲明，号默庵。父珩，字德润，号耕云。鑑为次子。少而克家，事双亲至孝，待兄弟友爱，还每年资助贫困者。喜阅经史，为人正直，体恤贫穷。曾建祠堂以祀祖先，立义塾以诲乡里子弟，设粥摊以济饥民。嘉靖三年（1524）率家从太仓州六都花蒲迁居昆山县千墩镇，购范仲淹裔孙范氏旧宅与田亩以居而生活。年80岁卒，南京太常寺少卿同邑方鹏为其撰墓志铭。妻王氏（1453—1532），夙禀贞懿，孝奉公婆，敬顺亲族，相夫教子，以得八秩高寿，封孺人。生子一，济；女一，嫁王氏。

第二世

顾济（1482—1525），字舟卿，号思轩，又号少山（一作少峰）。正德十二年（1517）进士。历官行人司行人、刑科给事中。临朝敢于直言，后乞养归。先于父母卒，年仅43岁，祔葬父茔，光禄寺寺丞同邑陆鳌为其撰墓志。妻陆氏，累封太恭人，高寿至83岁。生子二，枞、章志；女一，嫁沈绍庆。

第三世

顾枞(1503—1552)，字子绳，号玉阳。济长子。太学生。妻周氏，生子一，绍夔；女二。

顾章志(1523—1586)，原名乐，字子行，又字行之，号观海。济次子。少孤，2岁丧父，母陆氏辛勤哺育，艰苦万状。稍长依兄枞读书，克自砥砺，又负笈山中，坚苦无与。嘉靖三十二年(1553)中进士，累官至南京兵部右侍郎(嘉议大夫)。履职之所，均清正廉洁，颇有政绩。天性淳厚，忠信至孝，砺德砥行。以少年历经磨难故，平生自奉甚俭，然而周济亲友宗族无微不至。万历十四年(1586)卒于官，年63岁。同年十一月二十六日明神宗赠都察院右都御使，赐葬昆山县六保五图尚书浦西鸣字圩，礼部尚书嘉定徐学谟为其撰墓志铭。为炎武曾祖。原配王氏(1524—1556)，卒于京师官邸，年仅32岁，贤孝睦亲，累赠淑人，18岁嫁章志，生子六，唯绍芳长成，余均幼殇；继配孙氏(?—1603)，累封淑人，生次子绍芾、三子绍芬；女一，嫁归起霁。

顾章志像(马一平提供)

第四世

顾绍芳(1548—1593)，字实甫，号学海，又号宝庵。章志长子。8岁丧母。父携之一起生活。弱冠补庠生，万历五年(1577)中进士，选为翰林院庶吉士，七年(1579)九月授翰林院检讨。九年(1581)经请病假同意后，家居三年。十二年（1584）复以原官起用，参与修纂《大明会典》。十四年（1586）八月父卒，回乡丁忧。十六年（1588）前后在县城马鞍山南柴巷建筑新宅，内有遗清堂、背山楼等建筑。十七年（1589）服阕返京，晋经筵日讲官，又升左春坊左赞善兼翰林院编修，大学士王锡爵对其很是器重。十九年（1591）请假归乡。不二年，竟以疾卒。明神宗特命守臣致祭，赠左春坊左庶子。当年秋，祔葬父赐茔，王锡爵为其撰墓志铭。绍芳孝友廉介，尤善诗，工于五律，朱彝尊称其风格近孟襄阳。又精弈棋。著有《宝庵文集》20卷、《宝庵诗集》20卷（今存《宝庵集》24卷）。为炎武本生祖。原配太仓周氏，20岁嫁绍芳，29岁死于难产，端慧明淑，勤俭持家，赠孺人，生子二，长子同德，一子夭亡，女一；继配陆氏，封孺人，生子一，同应，女二。

顾绍夔（1550—？），字和甫，号二怀，又号恬庵。枞子。2岁丧父，由叔父章志抚养长大。万历十六年（1550）举人，选授海州学正，后升四川成都府郫县知县。卒于任，归葬尚书浦东杨巷能字圩。著有《恬庵集》《朐山唱和》。妻王氏，生子二，同文、同玄，皆为邑庠生。

顾绍芾（1563—1641），字德甫，号蠡源，又号梦庵。章志次子。邑庠生，遵例入国子监。苦志力学不怠，然数试未举。五十岁屏弃科举，悉心研究朝章国典、地形、兵法、盐铁、户口等经世之学，尤注重心节义行。工诗，所作歌行古体得李白遗意，而奇奥秀拔绝类李贺。又善书法，遒劲入褚遂良、虞世南堂奥，大书画家董其昌盛赞之，曾说："见德甫笔墨，令人怀退舍之想。"有《梦庵集》《庭闻纪述》行世。卒年78岁，祔葬父赐茔穆位。为炎武嗣祖（大叔祖）。原配周氏，早卒；继配李氏（？—1618）；妾二，一为黄氏（？—1646）。生子一，同吉（李氏出），早卒。抚侄同应次子绛（后改名炎武）为嗣孙，精心教诲。

顾绍芬（约1565—1637），字昌甫，号敏庵。章志三子。幼游邑庠。

研究典籍学问之余暇，留心钻研岐黄术，以治病济人为己任。平素热心公益事，次兄绍芾曾修葺千墩延福寺塔，绍芬不甘落后，决心造桥便民。崇祯十年（1637）临殁，还嘱两子在千墩浦上筑桥。次年桥成，遂取名“证愿”。卒葬吴县凤凰山。为炎武小叔祖。妻叶氏，生子二，叶墅、兰服。

第五世

顾同德（生卒年不详），字伯念。明末人。绍芳长子。少即成邑庠生。为人坦直和易，笃于孝友。以父官，当得荫，让与弟同应。堂弟同吉病殁无子，家产颇饶，当以同德子为后，谢勿立，让弟同应次子炎武嗣其后。晚年超然物外，自号无念居士。举乡饮宾。为炎武堂伯（本生伯）。妻周氏，生子三，缉、维、绲。

顾同应（1584—1626），字仲从，号宾瑶。绍芳次子。9岁丧父。长颖敏好学，文才出众，交多时望，萃三吴俊彦，结遗清堂文社，享誉东南。为邑学廪生，然屡困乡试，万历四十三年（1615）、四十六年（1618）两中副榜，后以父官恩荫入国子监。性豁达，家虽贫，然犹重义轻财好施予。工诗文，其《两京赋》盛传天下。惜英年早逝，仅42岁。墓在县西绰墩光逊圩。著有《遗清堂文集》《秋啸诗草》《药房诗草》等。湖广学政同学好友王志坚为之作传。为炎武本生父。原配何氏，性严肃，少言语，独喜读书，颇忧经史；妾黄氏。生子五，缃、绛（改名炎武，出嗣堂叔同吉）、纾、缵、绳，除纾为黄氏出外，余均为何氏出；女四。

顾同吉（1585—1602），字仲逢。绍芾子。17岁未婚而病亡。为炎武嗣父（原堂叔）。聘妻王氏（1586—1645），辽东行太仆寺少卿邑人王宇孙女、太学生王述之女。未婚守节，侍奉公婆，抚亡夫堂兄同应次子绛（明亡后改名炎武）为嗣子，爱如己出，悉心教导。曾断指疗姑，崇祯九年（1636）朝廷建坊旌表彰其孝。弘光元年（1645）七月十四日闻清军攻陷两京乃绝食殉节，至三十日而谢世，事载《明史》。夫妇合葬祖赐茔东。

顾叶墅（生卒不详），字季皋，号又昙。绍芬长子。少为邑庠生。崇祯十四年（1641）二伯绍芾去世后，与堂侄顾维一起构家难，指使人焚毁炎武家室庐，欲夺家产。明亡后入山为僧。为炎武堂叔。生子二，宗眉、宗麟，俱庠生。

顾兰服（1615—1673），字国馨，号穆庵。绍芬次子。以太仓州学生员援贡监生。多才绩学，肆力于诗文，好作长歌。与堂侄炎武极亲善（年龄相仿）。明崇祯十年（1637）冬秉承其父遗志，捐千金在千墩浦建证愿桥［清乾隆五十二年（1787）重建改名凝薰桥，俗称混堂桥，1991年11月拆去，重建新桥］。明亡后隐居田野，精究医理以济人。卒葬沺川乡七保空圩。为炎武堂叔。生子一，岩，太学生。

第六世

顾缃（？—1642），字遐篆。同应长子。天才俊逸，曾受业于长洲探花陈仁锡（1579—1634，著名学者，仕至南京国子监祭酒），崇祯六年（1633）中顺天府举人。以天下动荡不安，遂研究兵书。平生好义重诺，世传其时务诸策。年未四十，赍志以殁，袝葬父墓。为炎武堂兄（本长兄）。嗣子一，洪善（弟缵长子）。

顾炎武（1613—1682），乳名藩汉，谱名绛，庠名继坤，字忠清，又字宁人，明亡后改名炎武，又曾名圭年，学者称亭林先生。同应次子，同吉嗣子。14岁成昆山县学生员。毕生精究经世致用之学，清顺治十四年（1657）离乡远游鲁、苏、浙、京城、冀、秦、晋等地，行万里

顾炎武像（马一平提供）

路，读万卷书，精勤考察，发愤著书，终成一代大思想家和大学问家。一生著作闳富，有《日知录》《音学五书》《天下郡国利病书》《肇域志》等60多种。69岁时病逝于山西曲沃，当年三月由专程前往的堂弟岩、堂侄洪慎偕嗣子衍生扶柩归葬于曾祖赐茔东偏嗣父母墓之昭位。翰林院检讨门人吴江潘耒撰墓表，著名学者鄞县全祖望撰神道表。配王氏，系嗣母王氏侄女，未生育；妾四，韩氏、戴氏、某氏、山西静乐某氏。子二，诒穀，韩氏出，3岁殇；某，何氏出不详，康熙四年（1665）殇。嗣子一，衍生。抚堂侄洪慎长子宏佐为嗣孙。

亭林先生学识广博，尤注重“经世致用”，对国家典制、郡邑掌故、天文地理、河漕兵农、经史百家、音韵训诂和金石考古之学均有深湛的研究，并在经学、史学、地理学、音韵学、金石学、文学等众多学术领域取得了极高的成就。治学侧重考证，辨察源流，审核名实，力戒空谈，被誉为清代朴学（又称汉学，即考据学）的开山祖，开三百年学术风气，对后世具有深远的影响。他的名言“天下兴亡，匹夫有责”，几百年来不知激励了多少中华民族的志士仁人拍案而起，为祖国而献身。

顾纾（1620—1682），字子严，号介庵。同应三子，生母黄氏。为炎武大堂弟（本大弟）。自幼天资过人，少负经济才。居丧期间，因悲恸哭泣过度，目遂盲，因此弃举子业。隐居千墩旧庐，时值兵荒，遗产殆尽，几乎断炊。然能自立，殚苦耐劳，稍稍逾其先业。迨嫡母何氏殁，诸兄弟均已早逝，二兄炎武出嗣，纾独执丧事。炎武久游在外，留其原配王氏于千墩家中，待嫂事事甚恭。家族中一切事务均独肩承担，井井有条。炎武出游秦晋间，屡征不赴，其寄书益相砥砺，以完其节。炎武亡，命子洪慎奔赴三千里前往扶柩归里安葬。徐乾学诸甥位列高官，势隆一时，而纾修养自重，终生未曾轻访其庭。念叔祖绍芾自幼抚育之恩，以长孙宏佐嗣炎武亡子诒穀后，以承嗣叔祖一门。卒年62岁。同邑朱用纯（柏庐）为其撰墓志铭。配王氏（1621—？），寿至70岁后。早岁家甚贫，纺织之暇，兼管数十亩近舍田之农事以自给。勤劳持家，敦睦亲族。生子一，洪慎。

顾缵（1621—1645），字子叟，号南式。同应四子。邑庠生。清康熙年间因长子洪善官职，赠征仕郎、内阁中书舍人。清军攻打昆山城时，缵誓以身许国，持檄守城，白衣指麾，奋不顾家，城破被戮，才24岁。天炎尸腐，莫知死所，衣冠袝葬父茔侧。为炎武二堂弟（本二弟）。妻朱氏（1621—1694），清军攻打昆山城时，引刀刺喉自刎，僵卧瓦砾中，婆婆何氏守媳尸不离，被清兵游骑砍伤右臂，许久朱氏苏醒，发现婆婆臂被折损，即撕裂旧襦为之包扎，并自包其颈，相抱匿藏于破屋中，得以幸免。越日扶掖乘舟出城，逃生荒村。教子有方，后长子洪善成进士，官中书舍人，因封孺人。卒年73岁。生子二，洪善（出嗣长兄缃）、洪泰。

顾绳（？—1645），字子武。同应五子。明弘光元年（1645）七月初六日与兄缵一起殉难于清军攻陷昆山城之役。为炎武三堂弟（本三弟）。

第七世

顾洪善（1642—1681），字达夫，号柏亭。缃嗣子，缵长子。少补县学生员，康熙十五年（1676）成进士，官内阁中书舍人。天资敏捷，淹贯经史，文章纯正，议论卓然。时朝廷制诰高文大册，多半出其手。又通晓满文，精翻译。参决机务，颇能符合上峰旨意，诸大臣咸爱重之，拟荐大用，遽以疾卒于京师，年仅39岁。由堂弟（本胞弟）洪泰扶柩归葬绰墩光逊圩祖茔。为炎武堂长侄（本长侄）。生子一，世楷。

顾洪泰（1643—？），字来白。缵次子。邑庠生。资性机警，具经纬才。表亲徐乾学聘至京中管理家事，颇能胜任。徐氏罢官家居，洪泰亦杜门绝迹，囊橐萧然，然吟诵不废。为炎武堂次侄（本次侄）。生子一，世栋，又名梁，武学生。

顾诒榖（1650—1653），又名林元。3岁殇。炎武子。嗣子一，宏佐。

顾洪慎（1652—1700），字汝嘉，号学圃。纾子。弱冠游京师，补国子监生，屡试太学，名列第一，以资授州同知职。时表亲徐乾学、徐元文兄弟为当朝高官，谓可超擢，而洪慎不愿也，以亲老辞归。性伉爽拔尘，喜结宾客，倾家弗顾。于淞南汤墩房舍西隙地数亩，疏泉垒石，杂植竹木，结屋三楹，治为园圃，以娱老母，并与诸名士觞咏竟日。后家益困气益豪，无视世俗，耕读诗酒以终。有《学圃诗草》若干卷。卒年48岁，与妻合葬光圩祖茔。为炎武堂三侄（本三侄）。妻赵氏，生子七，宏佐（出嗣堂兄诒榖）、世棠、王槐、梦顾、世桂、世业、世榕。

顾衍生（1666—？），谱名洪瑞，字茂引。炎武嗣子，炎武吴江族弟鼎文（字暗公）子。配曲沃靳氏。后代失传。清潘道根补辑《淞南顾氏世系》时，其后代已失考。

明清昆山安亭的张家名门

马一平

明代昆山东乡安亭的张家是江南名门望族，其家族人才辈出，科举连捷，著作众多。张家又是闻名遐迩的书画收藏之家，尤以张丑为最。张丑是我国明代著名的书画收藏家和鉴定家。降至清代，后人中又涌现出一位著名医学家张璐，为中国“清初医学三大家”之一。笔者浸淫吴中文史四十多年，2013年起受邀参加《苏州通史·人物传》编写工作，承担撰写医学人物传与昆山人物传的任务，其中就有张丑、张璐传，因而广泛搜集有关古代文献资料，查找到一些有关张氏家族鲜为人知的资料，又深入详细进行考证辨析，终于理清了张氏世系。

在介绍张家名门之前，先简单介绍一下安亭镇。宋代时已有“安亭”之名称，秦汉时有“十里（此里非指长度，指人口户数，一里为一百户，东汉以降，历朝里的户数有变动，总体减少）为一亭（此亭非建筑物，乃指人口户数）”之制，以安名亭。北宋建隆元年（960），设安亭乡，属中吴军（苏州）昆山县。南宋嘉定十年（1218），析昆山县东南境安亭、春申、临江、平乐、醋塘五乡，置嘉定县（以年号为名），同属平江府管辖。明初形成安亭集镇，据明代弘治《昆山县志》（1504年抄本）载，安亭为当时昆山县仅有的五个镇之一，并设有税课子局；而万历《嘉定县志》（1605年刻本）载，嘉定县的市镇中也有安亭镇。集镇由昆山、嘉定两县合辖，大致以南北流向的漕塘河为界，东半部属嘉定，西半部属昆山。

始迁昆山安亭的张氏第一、二代

张家的祖先，原籍是崇明。明初苏州府崇明县长沙（今上海市崇明城区所在地）人张绘，字元素，娶同府昆山县安亭里吴氏，遂为昆山籍。张绘曾投入著名书法家沈度、沈粲兄弟之门，沈度曾书写《相鹤经》书法作品相赠。张绘筑兰香堂，迎父思明、母黄氏移居安亭。世业农商，潜隐不显，里中称善人。妻吴氏，生子二，张祯、张祥；四女，其中长女嫁同里尤鼎，生子二，长子尤敷［明嘉靖元年（1522）举人，宜兴知县］、次子尤彻［明嘉靖二十四年（1545）岁贡生］。

孝悌闻名的张氏第三代

张祯，字维庆，号梓庵。昆山籍。生于明正统十四年八月十九日（1449年9月5日）。少习举子业，不幸丧父，年纪少小就担当起支撑门户之责，放弃了举业。但还是雅好诗文，崇尚礼仪，每阅书史有所得立即记录，积久成帙。中岁好吟咏，所写诗感物写怀不事雕琢，时有新意，为人传诵，可惜书稿多散佚，今仅存其一二，如《梓庵集》。性笃朴，奉母吴氏30余年，以孝闻名。抚养胞弟张祥尽心尽力，关怀备至，为其择名师就学，勉励有加，不以家事相牵连，弟遂蔚有文名。张祯喜欢收藏书画，曾得唐代大书法家张旭《春草帖》，特建“春草堂”以珍藏，好友吴门大画家沈周绘《春草堂图》并题诗以赠。与人交往倜傥质直，不设城府。晚年家事日益衰落，处之泊然，唯读书教子而已。嘉靖九年（1530）因幼子张意官职，被追赠为工部营缮司主事、承德郎。

卒于正德二年九月二十三日（1507年10月28日），年58岁。墓在嘉定县安亭乡位字号一图顾浦。妻朱氏（没有生育），妾丁氏。生子三，张性、张情、张意；女二。

张祥，字惟瑞（一作惟粹），号子和。昆山籍。肆力于学问，有隽声，为庠生（秀才），正德年间成为岁贡生。与兄家同居共爨，终身无矛盾。嘉靖年间因嗣子张情官职，被追赠为南京兵部职方司主事。著有《张子和诗集》。墓在嘉定县安亭乡位字号某图。妻杜氏，嗣子张情。

耕读起家的张氏第四代

张性，青浦县庠生。生平事迹失传。

张情，字约之，号少峰，昆山县人，匠籍出身，过嗣叔父张祥。生于明弘治十二年（1499），父已50岁。8岁父丧后，与弟张意由叔父张祥扶养。叔授予诗，张情常手不释卷，刻苦攻读。入县庠（县学文庙）后读书于昆山县城，嘉靖元年（1522）中南直隶举人，但春闱屡次失利，直至嘉靖十七年（1538）才考上进士，晚了其弟9年。授浙江处州府推官，颇有政绩。迁升为北京刑部福建司主事，以母老乞求归养，改南京兵部职方司主事。后又相继升为南京兵部车驾司员外郎、武库司郎中。母卒守孝，服除，补南京兵部车驾司郎中。嘉靖三十三年（1554）出任江西九江府知府，会调三峒兵备，为政清静俭约。嘉靖三十七年

苏州沧浪亭五百名贤祠张情石刻像（马一平提供）

(1558)升福建按察司副使(充兵备副使)。时福建沿海倭患最为猖獗,次年其率一旅军队抗击倭寇,先后斩获数百人,趋解连江之围,功绩卓著。然因责重权轻,事多掣肘,不能一展抱负,遂以病告归。与弟张意白首徜徉林壑间,人们皆羡慕他们。张情历仕二十年,以廉自持。宅第在昆山县菜区四图西泗泾北岸(今上海市嘉定区安亭镇区西侧),又在昆山县城半山桥北筑宅院“不负碧山巢”和“奥旷巢筑”,在嘉定县城宫保桥西建“孝友余庆堂”(以其父辈兄弟孝道、友善闻名于地方而命名)。张情亦喜爱收藏,与吴门著名书画家文徵明为至交,文徵明曾为其作《少峰图》。著有《公余寄拙稿》五卷(已刻)、《少峰诗集》三卷(已刻)、《少峰文集》三卷(已刻)、《括苍案牍》和《浔阳案牍》。卒于嘉靖四十五年(1566)。墓在昆山县城西姑邈圩落霞浜。入祀苏州沧浪亭五百名贤祠,石刻像碑上赞语为:“听讼讼解,御倭倭窜,萧墅才名,为一时冠。”妻朱氏,生子三,张应文、张应武、张应忠。

张意,字诚之,号余峰。生于弘治十七年(1504)。3岁丧父,与二兄张情育于叔父张祥家。叔授诗于张情、张意兄弟,张意才情高,一阅读即能成诵,然而贪玩,二兄张情中举人时其犹作童子戏。而后折节读书,操笔作文有奇气。嘉靖七年(1528)24岁以嘉定籍(昆山人)中举人,次年联捷成进士,早二兄9年入仕。授工部营缮司主事,奉敕赴湖广采办木材,两年后升郎中,后因营造九庙大功告成,晋两阶。次年擢为山东按察司副使,后因处理一案件坚持公道,与巡按御史发生激烈争执而致仕归。长子张之梅善于经营,以织布、耕种起业而致家富饶。宅第在嘉定县安亭乡河号二图中市东岸,又在宅北练祁江边构屋三楹,题名“栎全轩”,好友归有光、徐学谟分别撰有《栎全轩记》。还修建“日涉园”。后为避倭寇,迁居嘉定西城,名其所为“四余”。日召好友欢饮其寓，弹琴、弈棋、赋诗，甚为快乐。又好游览山水，罢官后往来吴越，远至黄山、白岳、九华、雁荡诸山无奇不探。其文简雅有法，诗多潇散闲逸之致。著有《楚吟》《齐云岩浏览志》《涉日园稿》及《涉日园诗集》三卷、《涉日园文集》二集。性刚烈，不肯奉承人，为人坦夷，生平急于行义，救人急难而不顾己力，故终其生甚贫困。兄弟友爱至白首。归有光移居安亭讲学后，张情、张意兄弟与其成为挚友。卒于隆庆四年（1570），年66岁。墓在嘉定县安亭乡位字号某图。入祀苏州沧浪亭五百名贤祠，石刻像碑上赞语为："质直好义，不畏言官，淡泊名利，逍遥挂冠。"原配洪氏、继配王氏、妾陈氏。生子五，张之梅、张之松、张之桂、张之岱、张之昆；女二。

致力书画收藏的张氏第五、六代

第五代

张应文，字茂实，一字春唐，号彝甫，张情长子，昆山人。生于嘉靖十四年（1535）。少任侠，好击剑，致力于名画收藏，每为人调解纠纷如同长者。弱冠始有用世之志，嘉靖二十五年（1546）试入应天府学（后改苏州府学），为生员。次年随父丁祖母忧返乡居，始师从在安亭讲学的同邑名儒归有光，攻读儒学经典，无不悉究。然而六次乡试不第，至嘉靖四十三年（1564）秋才以府学生员成为太学生。万历四年（1576），再一次参加乡试失利，遂弃科举。因父母相继亡故，安葬双亲后，迁居府城长洲县界。日读道家书，既而又学佛学，自号闻闻居士，又号被褐先生。为学博综古今，旁及星学、阴阳学，善文辞，工书画，尤善兰竹。收藏古今书画甚勤，并具很高的鉴赏水平。所居之室图书满床，鼎彝镦缶杂然并陈，人比之"米家船"，一时家藏珍图法墨甲于中吴。与文徵明两子、著名书画家文彭、文嘉为莫逆交，且又是通家姻娅，朝夕过从，无间寒暑，寻源溯流，订考古今，为时所望。又与一代文宗王世贞极为友善，并是姻亲（其原配王氏为王世贞族侄女）。与大弟应武、幼弟应忠并称“清河三杰”。卒于万历二十三年（1595），年60岁。著有《罗钟斋兰谱》二卷、《彝斋艺菊谱》、《国香集》一卷、《巢居小稿》一卷、《罗钟斋集》、《张氏藏书》四卷、《清秘藏》二卷（卒后次年由三子张丑整理成书刊刻，清代被收入《四库全书》）等。原配王氏，系王世贞族兄王罗溪之次女。生子四，厚德、重德、谦德（后改丑）、慎德；女三，长女嫁给文嘉之孙文从简为妻。

张应武，字茂仁，号三江，张情次子，昆山人。幼颖异力学，师事归有光，系其为数不多的入室弟子，得其史学之真传。务穷根底，自成一家。上达六经，下钩诸史，精熟古今人物、山川扼塞与兵农战守。

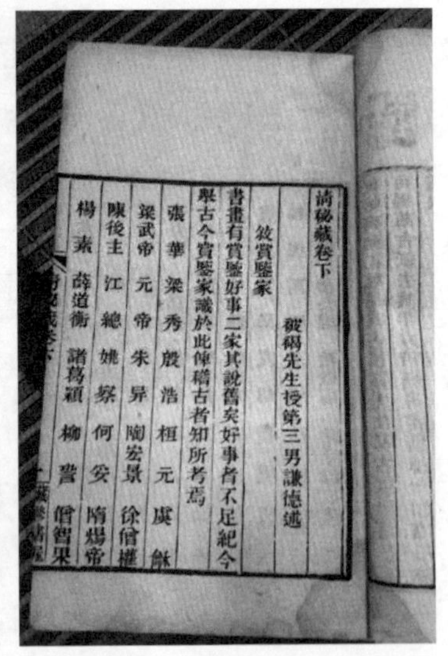

《清秘藏》清藏修书屋刻本（马一平提供）

少补秀才，即知名于时，然数试不利，未及壮年即弃科举。与内阁首辅、太仓王锡爵辨析《春秋》，王氏深为叹服地说："即吾家专门，弗及也。"应武感慨三吴水利失修，操小艇出没吴淞江、太湖间，著《三吴水利论》三篇，为时人所称颂，一时公卿县宰造访其庐。为人孝友，先辈遗业悉让于侄辈，终生布衣无悔。后隐居嘉定县北乡葛隆镇，耕读课孙以自娱。晚岁卜居嘉定县南城，同邱集、娄坚、唐时升、程嘉燧等嘉定名流讲论古学，寒暑无间。嘉定知县韩浚延请其编纂《嘉定县志》。生平雅慕浙西山水，至60余岁，方得策杖游览天台山、雁荡山，归后自书游记于壁。万历二十九年（1601）其居不幸遭火灾，别住一室，屋敝上雨旁风，安然处之，嘱友娄坚在坐侧壁上大书一联"锦溪碧海新经眼，明月清风旧赏心"，其豁达可见一斑。曾两举乡饮宾。万历三十五年（1607）夏起逐渐辟谷，至冬而逝。为诗清矫不群，著作有《文起斋集》六卷，诗一卷。墓在嘉定县一都翔圩。生子二，张安民、张安定。

张应忠，字茂良，一字谢墩，张情三子，昆山人。少警敏，受学于归有光，14岁即补庠生。及长博学高才，精治毛诗，好读《春秋》《左传》。所交皆一时名士，尽取高第者十余人，而应忠屡试不举。年已30余，叹曰："父母已不在，要干禄何用。"遂不再应试。读长生书，兼研西方宗教。性和厚，虽家贫而好行善事，闾里颂为"笃行君子"。校订古籍不辍，种竹艺菊，时游佳山水。善书法，楷书、草书直逼晋唐。崇祯年间因子张振德生前官职，被追赠兴文知县、文林郎。著有《谢墩集》。妻周氏，生几子不详，有张振德；长女嫁昆山王临亨（万历进士，刑部郎中），生子王志坚（进士）、王志长（举人）、王志庆（著名学者），有"一凤三雏"之誉。

第六代

张厚德，字伯含，登科后改名德程，字以绳，号坤甫，一号宁宇，张应文长子。嘉定籍，昆山人。生于嘉靖二十八年（1549）。少曾从王世贞游，隆庆元年（1567）18岁即中举人。美风姿。其酷爱书画收藏，继承了父亲的大部分藏品，后又不断购买，藏品蔚为大观，可惜后遭仇家烧劫，荡然无存。著有《张坤甫集》。妻章氏，生子二，一为诞嘉；女五。

张重德，字仲服，张应文次子。昆山人。亦喜书画收藏。著有《西鹿草堂诗钞》。妻沈氏，生子六，女五。

张振德，字季修，号岘孩，张应忠子。昆山人。生于嘉靖四十五年（1566）。8岁就喜读忠臣孝子书籍，长补庠生，试辄高等。著作典雅，力追前人。书法师虞世南，草书尤妙。万历年间成为贡生，万历四十四年（1616）选授四川兴文县知县。兴文为西部多民族杂居地。振德任内常问民间疾苦，卓有政绩，因而天启元年（1621）八月上级命兼署长宁县。同月奉檄至成都参与乡试考务事，恰在此时四川永宁宣抚奢崇明谋反叛乱，杀死巡抚徐可求，副使骆日升、李继周，占据重庆。九月乡试考事毕，振德毅然赶回兴文坚守。二十四日叛敌攻兴文，振德率乡兵迎战，不敌退入城中固守。恰遭大风雨，叛敌毁土城攻入，振德复率众与敌巷战，死伤殆尽，亟驰入县署，命妻钱氏及二女在后堂持剑自刎，其取二印系肘后，坐前堂，命家人点火，于火炽中自刎，以死明志尽忠报国，满门死

张振德画像（马一平提供）

者12人。叛敌至县署址，见振德尸面如生，左手系印，右手握刀，忿怒如赴敌状，皆骇愕，口称忠臣，罗拜而去。叛敌散后，兴文士民具棺殓之，藁葬邑之天坛山。后事闻朝廷，天启二年（1622）下诏赐祭葬，归葬家乡，墓在昆山县朱塘乡傀儡湖张泾口，赠光禄卿，谥号“烈愍”，在家乡昆山县城丽泽门外敕建张烈愍公祠；妻钱氏赠谥号“贞烈”，二女淑安、淑庆并赠谥号“孝烈”，附祠祭祀。后张振德入祀苏州沧浪亭五百名贤祠，石刻像碑上赞语为：“季修刚介，古之烈士，握节守官，名炳前史。”其生平耽于文史，遗著有《晏山吏牍》二卷、《烈愍公全集》四卷、《越游记》《大峨游记》。生子二，张纪、张绲。

张丑，原名谦德，一作广德，字叔益，后改字青甫，号米庵，别号亭亭山人。张应文三子。昆山人，随父移居长洲。生于万历五年（1577）。夙禀异姿，丰采秀逸，年少中秀才。少年勤奋，14岁即撰写《名山藏》（记载历代逸闻野史之书），至万历二十三年（1595）18岁完稿，皇皇二百卷。著名文学家、书法家王稚登见后惊叹不已，欣然作序。又嗜《史记》，历时十年为之考订注释，成《校订太史公史记》。爱好广泛，博学多才，对花草、鱼虫、服饰、茶、香、墨等也都有深入研究，撰成《瓶花谱》《朱砂鱼谱》《茶经》《野服考》《焚香略》《论墨》等著作。又喜好昆曲，创作编辑《新词定本》（含《海岳镜》《清烈乘》《字字锦》《颗颗珠》等）十八卷。虽才华横溢，却屡次乡试不中，于是自万历二十八年（1600）23岁起致力于对书画和古器的收藏、研究和鉴定，成为我国明代著名的书画收藏家和鉴定家。其所著《清河书画舫》十二卷是收藏鉴赏辩验书画真伪之名著，影响很大。后被收入《四库全书》。另著有《清河秘箧书画表》一卷、《法书名画见闻表》一卷、《南阳法书表》一卷、《南阳名画表》一卷、《真迹日录》五卷及《真迹日录二集》《真迹日录三集》各一卷等书画论

《清河书画舫》清乾隆二十八年（1763）池北草堂刻本（首刻本）（马一平提供）

著，后也被收入《四库全书》。一生编写六种书画著录，在明代乃至中国书画鉴藏史上唯张丑一人，其对明末清初及后世的书画鉴藏之风产生了广泛影响，对中国书画鉴藏发展贡献很大。妻郭氏。张丑卒于崇祯十六年（1643），墓在娄门外利字圩。

张慎德，字宾明，张应文四子。昆山人，随父移居长洲。县学生员。以教授生徒为生。著有《香雪居诗稿》。妻徐氏，生子二，张璐、张庆孙。

张安民，张应武长子。举乡饮宾。

张安定，张应武次子。字仲慧，早慧，5月能言，5岁习书，12岁会作文，15岁中秀才，然数试不举，益自刻励，好为五言古诗，清远有致。太仓王世贞十分器重之，以小友待之。惜患羸疾，卒时方29岁，遗有《仲慧诗稿》。

留守昆山和迁居长洲的张氏第七、八代

第七代

张诞嘉，张厚德子。昆山人。继承家族收藏遗风，从小就喜收藏书画，人间墨宝悉归秘囊。可惜未及十年，因“家事旁落，以婚姻逼人”，竟“日削月删，倾筐打箧”地售出藏品，致使其所藏书画流失殆尽。

张纪，字齐方，号金吾，张振德长子。昆山人。生于万历二十七年（1599）。生而颖慧，才思敏捷，9岁即能在扇上题诗。少补昆山县庠生。天启元年（1621）父殉难于四川，次年朝廷下诏优恤，授张纪武德将军、北京锦衣卫中所正千户，赐驰驿，扶榇入蜀。因道阻四年，终得将父之棺柩旋里。崇祯十七年（1644）闻都城陷，卖尽其负郭田半顷，至南京图报。次年后，披缁萧寺，自署僧名昭节，更字闰生，号菴庵，又号雪顶维摩。既而退居安亭江上，与二三遗老放情诗酒，其诗才情奔放，意中磊落，读之有“铿锵镗鞳”之声。清康熙四年（1665）卒，年66岁。著有《概庵集》。

张绲，字稚龙，一字稷源，张振德次子。昆山人。生于万历四十年（1612）。15岁时随父至四川兴文，19岁时永宁奢崇明谋反叛乱，阖门被难。绲奉父命携遗书，与家丁前一日避居城外，叛敌稍散，急赴署址，收拾诸亲骸骨。旋与家丁逃匿，经3月至叙州，官府给予兵卒杀叛敌，次年与兴文团练义勇一起斩叛招降，立下战功。闻将授都司佥事，辞不就。又明年，兄张纪至蜀，与兄嫂扶父榇归里。崇祯六年（1633）补苏州府学庠生。后遭世变，弃科举。更名潜，字寄余。生平行善，唯恐人知。清康熙十八年（1679）卒，年67岁。著有《启祯集》8卷。

张璐画像（王孟奇绘，马一平提供）

张璐，字路玉，晚号石顽老人。张慎德长子。长洲人。生于明万历四十五年（1617）。自少颖悟，博贯儒学，攻读之余研习岐黄。27岁逢甲申年（1644）明清鼎革，避战乱隐居太湖洞庭西山，遂弃绝科举而致力于医药。在西山15年中，搜览大量古今医籍，考察验证本草方剂，积累了丰富的医疗经验。顺治十六年（1659），42岁时回到苏州故园，以行医为业，因医术高超，名声大振。当时吴中医界高手云集，他积极倡导广交同道，切磋医术，反对相互诽谤与自私保守，深为医林所重。与叶阳生、程郊倩、李修之、沈朗仲、尤生洲、马元仪等名医常往来切磋。许多医生患病或经名医治而不愈者，常邀他前往会诊。从医60余年，在内、儿、妇、外、皮肤、五官诸科俱取得较高造诣，达到了“察脉辨证，辅虚祛实，应如鼓桴，故能运天时于指掌，决生死于须臾”（清周中孚《郑堂读书记》）的境界，声名卓著，被誉为“国手”，与喻昌、吴谦并称“清初医学三大家”。

其集30余年伤寒研究所得，康熙元年（1662）撰成《伤寒缵论》《伤寒绪论》各二卷，刊刻于康熙六年（1667）。《伤寒缵论》以诠解《伤寒论》原文为主；《伤寒绪论》针对各家评注依据经文原旨发表论见，以正本清源，翼仲景之法。他在温热诸证上亦深有研究，对温病学说的形成做出一定贡献。康熙二十八年（1689）撰成脉学专著《诊宗三昧》一卷，寓以三昧之水涤除诊脉流弊陋习异端玄说，分析脉学理论比较全面深入，颇有见地，对后世医学有较大的影响。因有感于古来医书“诸家各殊，互相辩击”“医书愈多，医学愈晦”（清朱彝尊《张氏医通·序》），令后学者无所适从，他自28岁开始即广搜历览，由博返约，着手撰写一部贯通各家而临床切用的医著，历时五十寒暑，“颖秃半床，稿凡十易”，参考了130种医著，引用98家医家医论，在诸儿的协助下，78岁时终于纂成综合性医书《医通》（又名《张氏医通》）。稿成后，他又邀当时名医48人及门人13人参校，其治学之严谨，求索之苦心，确非常人所能及。该书十六卷，仿明王肯堂《证治准绳》体例，汇集古人方论、时贤名言，参以己见，附录医案，刊于康熙三十四年（1695），为其学术思想代表作，影响极大，久负盛名，成为从医者案头必备医典。书刊行后即广为流传，迭经翻刻，且于康熙年间即已东传日本，乾隆年间被收入《四库全书》。

《张氏医通》上海图书集成印书局清光绪二十年（1894）版（马一平提供）

鉴于《神农本草经》所记药物数量较少，有些已失传，有些临床实用性不大，且其对于常用药物没能详细记载，张璐遂以《神农本草经》为基础，结合其一生药物研究心得和独到见解，经过反复斟酌，择取与临床密切相关的切于实用的药物784种，参考《本草纲目》的分类方法，列为三十二部，撰成《本经逢原》四卷，于康熙三十四年（1695）付梓。阐发药理明晰，介绍临证用药经验精辟，故流传甚广，影响很大。唐代名医孙思邈的《千金要方》（三十卷）是一部划时代医学巨著，由于其博大深奥，绵历1300余年，对其注释阐发却无一人敢于问津。张璐凭借一生潜心医学之体会，60多年的临证经验，乃汇取善本，参互考订，注释衍义。探赜索研数十年，至康熙三十七年（1698）以81岁高龄撰成《千金方衍义》三十卷，此书成为历史上唯一的《千金要方》注释之书。成书不久张璐即遽归道山，未及刊行，后于嘉庆六年（1801）付梓，出版后很受读者好评。

张璐还极重视培养后学，及门颇盛，已知门人有10多人。其年逾古稀行走不便时，犹趺坐绳床，耳提面命，诲人不倦地为弟子解疑答难。卒于康熙三十七年十一月（1698年12月）至翌年十一月（1699年12

月）之间。妻长洲顾氏，生子四，张登、张倬、张以柔、张讷。

张庆孙，字曾余，一字圣奇，张慎德次子。嘉定籍，长洲人。16岁即从明季遗老讲究咨访，精研儒学。顺治十一年（1654）中举人，三赴公车未中进士。退而筑室苏州相门溪上，聚徒讲学，生徒益众。家贫常不能举爨，然胸襟浩然，一有所入辄济人危急。所与游者唯耆儒方外，势位赫奕之达官贵人屏不往来。晚年益以赋诗课子为事，著有《尚书集要》八卷、《侣蛩斋诗集》六卷。卒年62岁。殁后，学者私谥“履素先生”，入祀乡贤祠。子大受在其学馆南（长洲县儒学东）葺孝廉船通小木桥，建张孝廉祠，江苏巡抚商丘宋荦为之题匾“履素”，著名学者秀水朱彝尊作《履素先生祠堂记》。配郑氏（女科世医郑中山之女），生几子不详，有子张大纯、张大受、张士琦。

第八代

张登，字诞先，张璐长子。长洲人。业医，著《伤寒舌鉴》一卷。

张倬，字飞畴，张璐次子。长洲人。业医，著《伤寒兼证析义》一卷。

张以柔，字安世，张璐三子。长洲人。监生，业儒且通医。

张讷，字逊言，张璐季子。长洲人。与诸兄共同参订父亲所编医著《张氏医通》。

张大纯，字文一，号松斋，张庆孙子。长洲人。生于明崇祯十年（1637），卒于清康熙四十一年（1702）。县学生。与吴江徐崧同辑《百城烟水》九卷，又自撰《三吴采风类记》十卷。具体生几子不详，可考有子霖（礼耕）、霑（曙来）、霈（佩卷）、霌（锦含）、霭（融如）、霐（不详）。

张大受，字日容，号匠门，又号拙斋。张庆孙子，大纯弟。嘉定籍，长洲人。生于清顺治十七年（1660），卒于雍正元年（1723）。

苏州沧浪亭五百名贤祠张大受石刻像（马一平提供）

大受自少凝重明敏，通洽古今，为文千言立就。十六岁赴郡试，知府高苍岩赞叹“江左无双”。弱冠请益于汪琬、韩菼，后又受教于朱彝尊，得到他们赏识，愈加识达才敏，洽闻博见。康熙二十九年（1690）考中江南举人（经魁），大受的闱墨传诵天下。数次春闱不第，退而筑室苏州相门清溪之旁，然名望日盛，四方登门受业者无虚日。弟子著录者数百人，砚席不能容，乃扩建其宅，筑拙斋、读书之亭、活碧之轩。临川李绂当时寒微，客游苏州，张大受非常器重他，破格奖励栽培，李绂日后也成为一代名贤。康熙四十六年（1707），康熙帝南巡，被召入御舟赋诗，得到康熙帝赏识并召入《御选宋金元明四朝诗》纂修馆，任职录选官。康熙四十八年（1709）考中进士，已近50岁，选为翰林院庶吉士。康熙五十一年（1712）四月九日散馆，授翰林院检讨。康熙五十九年（1720）五月，以翰林院检讨充任四川乡试正考官。等到归途，十一月初一日又授提督贵州学政。到任后甄选人才，建设书院，购置义田，教导贵州士民以读经、史为要务，奖励优秀者，黔中风气为之一变。雍正元年（1723），学政任期届满，雍正帝闻其成绩，九月二十三日诏命再任三年，然至当年冬疾作，卒于官，年63岁。附葬在昆山县城西姑邈圩落霞浜高祖张情墓侧。其诗文超隽，典雅渊博，人尤爱其骈体。康熙年间宋荦刻《江左十五子诗选》，辑入《张大受诗选》一卷，可见其诗受世人之推重。郑方坤称其诗“干以风骨，润以丹青，谐以金石”，

明清昆山安亭张氏世系图

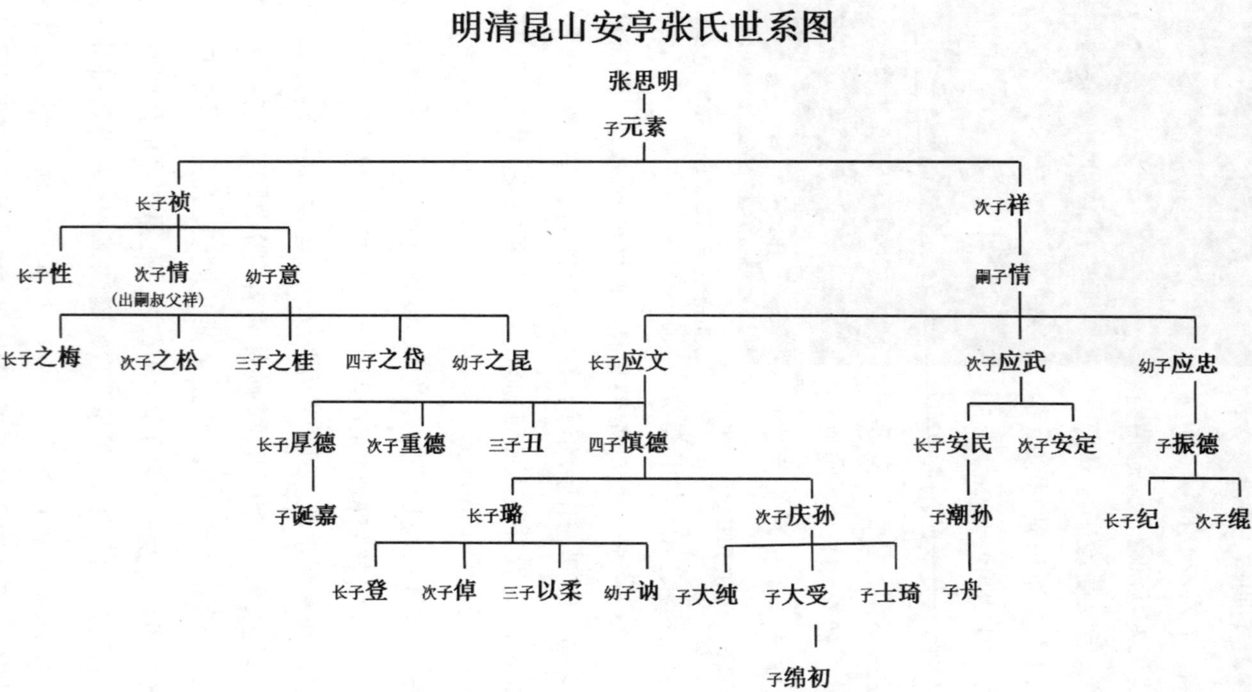

沈德潜则谓其“清新独出”。张大受晚年在黔中将毕生所作，删削至十之二三，手定成《匠门书屋文集》三十卷（诗十卷、词一卷、文十九卷），雍正八年（1730）由外孙顾诒禄校刻。另著有《侣蛩遗音》一卷。其传记被收入《清史列传》卷七十一《文苑传二》。子绵初，庠生，亦能文。

张士琦，字天申。张庆孙子，大受弟。长洲人。康熙二十三年（1684）副榜，参修《明史》，康熙四十一年（1702）出任江西永新县知县，有善政。亦能诗，著有《茧山诗草》二卷、《秋山小草》一卷、《秋山近草》一卷、《稷存草》一卷、《春树唱酬集》一卷。

昆山古代“追星族”的偶像

杨瑞庆

当代中国，如是科技精英、艺坛俊杰，或在某个方面具有特异功能的奇人或在某个领域具有特别业绩的高人，都会成为引人瞩目的明星，引来众多的崇拜者，这些崇拜者就是现代的“追星族”。昆山古代历史上也曾出现过多名流光溢彩的“星级”人物，除了昆山“三贤”外，还有多名昆山百姓的“偶像”，其中有些甚至还成为吴地百姓的崇拜人物。

笑星黄幡绰

曲圣魏良辅的《南词引证》中曾留下了一段经典评语：“惟昆山为正声，乃唐玄宗时黄幡绰所传。”意思是，当时的昆山腔是由唐玄宗时的黄幡绰所传下来的雅韵而发展起来的。魏良辅在世时，黄幡绰已离世数百年，但厚葬黄幡绰的绰墩山依然存在，并得到历代戏迷的叩拜。为什么外乡人黄幡绰会厚葬在正仪高墩？那要从唐玄宗时代说起。

唐玄宗当政期间，社会稳定，政治清明，经济繁荣，文化发达，史称“开元盛世”。音乐和戏曲是唐玄宗的两大业余爱好。音乐方面他能巧奏羯鼓，还会作词度曲。据说，流芳百世的《霓裳羽衣曲》就是他所创作的。他在戏曲方面更是成就卓著，曾首创以培养戏曲人才为

绰墩遗址边的黄幡绰雕像（杨瑞庆提供）

宗旨的梨园，并亲任校长，教授艺术，梨园最兴旺时有弟子300人。唐玄宗多才多艺，为中国的戏曲事业奠定了基础，因而被后人敬为“梨园祖师爷”。

黄幡绰是唐玄宗宫廷里的著名乐工，后来又成为梨园的出色弟子。由于黄幡绰才华出众，深得唐玄宗的宠爱。相传，如果唐玄宗一天不见黄幡绰，龙颜就会为之不悦。可见黄幡绰的艺术水平足以让皇上如痴如醉。黄幡绰具有灵敏的听觉，能听出乐声中的喜怒哀乐。黄幡绰有事要向皇上禀报，总选在唐玄宗演奏羯鼓时，并先要“锣鼓听音”：鼓声不悦时，他不会上前自讨没趣；只有等到鼓声欢愉时，他才见缝插针地上前诉说。

黄幡绰还是一个擅演参军戏的优伶。参军戏是中国戏曲的早期形式，有点像滑稽风格的“对子戏”，极富幽默感。由于黄幡绰伶牙俐齿，风趣幽默，常能逗得唐玄宗哈哈大笑。安史之乱时，黄幡绰陷入叛军，唐玄宗得悉后焦急万分。为了能留下一代名伶，唐玄宗立即为其说情开释，终于使黄幡绰有了流落到昆山正仪传授雅韵的机会。

黄幡绰到了正仪后，就投身教曲生涯，发挥他的诙谐特长，营造出当地独特的戏风。在《信义志稿》曾有这样的记载：“至今村人皆善滑稽。”这是正仪百姓追随谐星黄幡绰的结果，大家学他的趣味性语言和幽默性表演，故“皆善滑稽”，使正仪的戏风独树一帜。当时，百姓还叫出了“傀儡湖”和“行头浜”这两个与传授戏曲有关的地名，一直沿用至今。

为了表彰黄幡绰的传曲功绩，他逝世后就葬于当地的厚土高墩中。自从下葬黄幡绰后百姓就将高墩命名为绰墩，且此地从此受到历代文人的虔诚叩拜。

绰墩山历史悠久，底蕴深厚，故被评为全国文物保护单位。一位外乡人能下葬到当地的风水宝地，从中可以看出百姓对他十分敬重。因为黄幡绰来到正仪后，当地的演唱高雅了，腔调动听了，语言幽默了，戏风浓郁了，百姓只有厚葬恩师，才能表达“追星族”的缅怀之情。

考星卫泾

昆山人历史上在科举考试中，取得过令人瞩目的成就。从隋唐至明清的1300多年中，昆山共摘取过8次文武状元的桂冠。在漫长的历史长河中，南宋以前的昆山学子还少有建树，默默无闻，虽然也有追求功名的欲望，但都是名落孙山。这个沉寂的局面最终被南宋时的卫泾所打破。

卫泾（1159—1226），昆山石浦（现属千灯）人，1184年一举中榜，成为昆山历史上的第一个状元。当喜讯传来，全县百姓奔走相告，为之欢欣鼓舞，扬眉吐气。为了这一天，昆山百姓曾经翘首企盼，望眼欲穿。因此还流传着“娄江潮涌过唯亭就会出状元”和“文曲星降临玉峰就会出状元”的传说。

卫泾不负众望，为官期间，不畏权贵，刚正不阿，忧国爱民，始终一节，在昆山乃至全国留下了清正廉洁的形象。所以，昆山人对卫泾格外敬重，他也成为百姓心目中的杰出考星，昆山还有三处纪念胜景。

一是在昆山亭林园西山顶峰上矗立着的一柱纪念卫泾状元的“文笔峰”。明万历四年（1576），县令申思科将刻有“文笔峰”三字的牌坊移到了西山紫云岩上。1935年，改造成今日模样的“文笔峰”。如今只见一支巨笔挺立山顶，真可谓“峰上叠峰”，此峰象征着卫泾的高大形象。后来，许多追求功名的莘莘学子常会上山虔诚地叩拜文笔峰，以求科考好运。

今日文笔峰（毛宇龙摄）

二是在现石浦之西筑的一个小巧玲珑的鳌山园。当年卫泾辞职回乡后，就在镇西的六鳌山附近筑园隐居。卫泾一生以范仲淹的“先天下之忧而忧，后天下之乐而乐”为座右铭，在园内建起“后乐堂”，读书撰文，修身养性。卫泾逝世以后，后人就在“后乐堂”遗址上建有“状元坊”，并在镇西建有卫泾的衣冠冢，当地人称之为“状元山”。改革开放后，当地政府就在六鳌山的遗址上恢复了一些旧时的景点，供今人缅怀昆山历史上的第一位状元。

三是在昆山城西现玉山医院的西南留下的一个“状元泾”的地名。这里曾有“玉峰书馆”，而卫泾就是在那里苦读考学的，因此这里成了一举成功的风水宝地，后人就将这块地方称为“状元泾”。地名中镶嵌了“泾”字，不但表明区域中确有溪流潺潺的地形，而且直指卫泾的大名，真是一字双关，妙趣横生。昆山状元有多位，“状元泾”地名就是为纪念卫泾状元而命名的。在以后的日子里，状元泾成为圆满考学、追求腾达的福地，人气旺盛。

文星范成大

范成大，自号石湖居士，生于苏州吴县，少年时随父范雩迁居昆山。不幸的是父母早亡，范成大成了孤儿，幸亏得到了好心僧侣的资助，才有后来在荐严寺（俗称东寺，南宋咸淳年间，东寺外加建了七座小石塔，所以也称七塔寺）求学十年的经历，并留下了在那里刻苦攻读的“范公亭”和“范公藤”这两个人文景观。“范公亭”和“范公藤”由此见证了范成大在昆山发愤、崛起的那段历史。范成大在绍兴二十四年（1154）考中进士，后在朝中当上高官，曾出使金国，不辱使命。他辞官后著书立说，其诗文称雄文坛，本人也成为举国拥戴的一代文星。东寺因此被学子所敬仰，成为一块发愤读书、梦想成真的福地。

范成大离世后，昆山人十分钦佩他刻苦学习的精神，就在东寺内

昆山东寺前的七塔旧影（杨瑞庆提供）

建起了石湖书院，招生授学，发扬范成大的刻苦学风，同时争取在科考中继续获得优胜好运。

附近的苏州考生也慕名而来，经常追至石湖书院触摸旧景，聆听旧说，以盼能与范成大神交。苏州府看到了这个文人心目中的追捧对象，故就在明清期间将苏州府贡院“落户”昆山的荐严寺。

在随后的年代里，苏州的科举业绩确实引人瞩目，不仅进士接踵而来，而且状元频出，使苏州的科举业绩在全国范围内名列前茅。后来，年复一年的府试在东寺开考，前后绵延达四五百年之长。

苏州贡院何时迁往昆山不得而知，但落幕于清末，志书有记。康熙《昆山县志稿》载：“集街市，在县治东北。……试院于荐严左。”这说明康熙年间，苏州贡院还在昆山集街的荐严寺左侧。清咸丰十年（1860），设在昆山的苏州贡院毁于太平军和清军的兵火之中，科考被迫中断。同治三年（1864）恢复科考，贡院只得复回苏州。光绪六年（1880）编就的《昆新两县续修合志》中写道：“试院向在昆城，今则移建苏郡，昔年遗址，鞠为茂草，过其墟者，每感慨系之。”说明到了清末，原先设在昆山的苏州贡院已成废墟，触景生情，后人都会遗憾，因为那里曾经人才辈出，如今却是杂草丛生。

后来，东寺内的大部分建筑遭到毁弃，但东寺外的七塔还有幸长期保存，直到20世纪30年代还被拍摄到了一张七塔全景的照片，只见小巧玲珑的七塔一字排开，蔚为壮观，但七塔最后也毁于1937年的日军炮火中。至此，东寺彻底消失，那段苏州贡院的历史也逐渐被人淡忘，但那里仍有一些文脉在延续。如20世纪20年代初，当昆山首建初级中学时，曾经一度借用东寺的残屋用作临时校舍。中华人民共和国成立后，在贡院的地基上建起了“集街小学”，也算还为那里延续出一点文气。

雅星顾阿瑛

江南巨富顾阿瑛（1310—1369），昆山正仪人。顾阿瑛书画俱佳，诗文皆通，兴趣广泛，特长多样，他还特别喜好唱腔弹曲，是一个痴迷于曲坛的高层票友。当他一掷千金决定建筑雅集平台时，首先想到要为昆山腔的胜出助上一臂之力。顾阿瑛选择了以研究昆山腔作为雅聚的主要内容，为了营造高雅氛围，追求典雅环境，因此建造了亭台楼阁相映生辉、水石花木相衬成趣的设施，盼望宾客能触景生情，引发奇思妙想。

顾阿瑛不惜重金，在风光旖旎的绰墩山旁，建起了名闻遐迩的“玉山佳处”，筑有桃花轩、春晖楼、秋华亭、芝云堂、拜石坛等36处景点。这些充满着诗情画意的名字就催人去一睹为快，一饱眼福。

顾阿瑛在景区内除了种植江南常见的芳草翠竹外，还注重引进奇花异木，让人产生物以稀为贵的新鲜感。如他曾引进难得一见的并蒂莲，为玉山佳处增色添彩。并蒂莲生命力旺盛，至今仍然生机勃勃，现被移栽到城区的亭林园，成为“玉峰三宝”之一。玉山雅集中还广揽名伶，有名的伶人有“小琼瑛”“小琼花”“丁香秀”“南枝秀”等，每当聚会，丝竹和鸣，家班伴唱。一时间，玉山雅集中轻歌曼舞，赢来了“声伎之声，甲于天下”的美誉。

由于玉山佳处的风光令人流连忘返，家班的演出令人赏心悦目，顾阿瑛顿时成为富有人格魅力的雅星。人气旺盛的“玉山雅集”，也成为古代“全国三大雅集”之一。

“玉山雅集”为弘扬昆山腔而筑巢引凤，吸引着四面八方的能人志士来这里分享雅韵。“玉山佳处”成为各路曲家、各地戏迷的向往之地，他们在这块风水宝地上吟诗作文，吹拉弹唱，交流心得。如南戏剧作家高则城从浙江永嘉赶来昆山雅集，一见志同道合的贤能、山清水秀的庄园、歌甜舞美的家班，就不想离开，长期寓居佳处，并在此完成了经典名剧《琵琶记》的改腔定谱工作。更有昆山千灯的顾坚，为了昆山腔的进一步完美，而慕名“玉山雅集”，成为来这里拜师学艺的常客。他“与杨铁笛、顾阿瑛、倪元镇为友”（魏良辅语），与他们推心置腹，相互学习，为昆山腔“出乎三腔之上”而做出了重要贡献。

20世纪30年代并蒂莲倩影（杨瑞庆提供）

所以，“玉山雅集”的成绩有目共睹，当然，雅星顾阿瑛功不可没。

寿星周寿谊

周寿谊是昆山明代的百岁老人，人称“超级寿星”。嘉靖《昆山县志》记载：“明洪武六年（1373），周寿谊百有十岁……明太祖尝召寿谊至阙庭赐以酒馔复其家。百十六岁而终。”可见，寿星周寿谊的事迹不是传闻，而是史实，周寿谊也是沧浪亭五百贤士之一。

明太祖朱元璋在南京称帝后，于洪武六年（1373）召见了昆山寿星周寿谊。一是对他长命百岁的养身之道颇感兴趣。二是朱元璋对昆

周寿谊像（杨瑞庆提供）

山腔特别迷恋，很想当面聆听。所以，在百废待兴的国初，朱元璋就把昆山的这位平民老翁召到了南京。当朱元璋看到周寿谊银须飘拂，精神矍铄时，立刻追问他的高龄。当得知周寿谊已是110岁且耳不聋眼不花时，朱元璋不禁追问起他的长寿秘诀。当朱元璋知道只要进入清心寡欲的境界就能长命时，立即有所感悟。

随后，朱元璋关注起已经声名远扬的昆山腔。让他扫兴的是，周老竟然不会演唱昆山腔。这说明昆山腔确实高雅，凡民不善，情有可原。周寿谊没能取悦皇帝心有遗憾，正当不欢而散时，他灵机一动，唱起了吴歌小调，以求弥补皇帝的不快。皇帝非但没有动怒，反而有所感动，随后“赐以酒馔复其家”。周寿谊受宠若惊，如释重负。此时的皇帝虽然没有聆听到心仪的昆山腔，却看到了一个活生生的健康、快乐的长寿者，所以做出了一系列善待老人的举动来。

邑人周玄暐撰写的《泾林续记》中还披露，朱元璋召见周寿谊后，周老又活了多年，直到116岁才寿终正寝，那时周老的儿子98岁，几个孙子也都接近80岁了，周家真是一个令人惊叹的长寿家族。所以后世族人就在家宅内建起了“世寿堂”，以炫耀其家族世代长寿的成就，还请同邑进士顾潜（状元顾鼎臣之侄）作《世寿堂铭》一文，记录周氏家族可遇不可求的长寿家史，此文也成为后人世代拜读的美文。

明王彝的《乡饮酒碑铭》曾载：“昆山周寿谊，年百有十岁……形充神定，行坐有礼，越五日，周老人还昆山，观躬出娄门外，再拜以饯郡之士女，观者快焉，以为幸见。”将那次隆重的苏州乡饮活动详细地载入史册，流传后世。

在这段史料中可读出几个信息：一是周寿谊至110岁时还被选为苏州的乡饮宾，说明周老在苏州范围内也是屈指可数的高寿老人，并且体健思敏，出行如初；二是周寿谊在酒礼上的举动令人叹服，不但“形充神定”，而且“行坐有礼”，即使经受了五天的折腾考验后，还精力充沛，没有倦意；三是由于周寿谊在那次乡饮仪式上出足了风头，所以当他步行回昆走到娄门时，还有士女叩拜，百姓送行，大家都来一睹这位世纪老人的迷人风采。

周寿谊以健康老人的绝代形象在吴中大地上产生了深远的影响，所以产生了“观者快焉，以为幸见”的追星效应。

官星顾鼎臣

顾鼎臣，玉山镇人，出身低微，但人穷志高，经过不懈努力，终于摘取明弘治乙丑（1505）科的状元桂冠。顾鼎臣中榜后，由于才华横溢，一直受到皇室的重用，历经三朝，接连晋升，最后官至礼部尚书。最引人瞩目的是嘉靖皇帝南巡时，顾鼎臣代朝三月，一时成为美谈。

昆山人对顾鼎臣的感恩主要得益于他为家乡人所做出的三大贡献。其一，为民请命，减免税赋；其二，修筑城墙，抗击倭寇；其三，秉公执法，仗义公断。所以有关顾鼎臣的民间故事和戏剧传奇特别多。一则村妇用“红嘴绿鹦哥”（菠菜）去招待恩人顾鼎臣的故事家喻户晓。清末民初，曾有昆剧《顾鼎臣出世》（又名《昆山记》）在上海盛演不衰。

今日亭林园顾鼎臣祠(杨瑞庆提供)

其中值得一提的是,由顾鼎臣发起,为昆山百姓筑起了一座固若金汤的砖石城墙。明嘉靖年间,昆山屡遭倭寇抢盗,城里百姓常处在水深火热之中,乡民纷纷要求官府筑一座坚固的砖石城墙,以求城池万无一失。当时的顾鼎臣已入内阁,他利用进谏的机会,递交了由他亲自撰写的《昆山修筑砖石城墙》奏折,他发挥熟悉民情、文笔畅达的优势,将奏折写得有情有义。经过据理力争,他终于感动了皇帝,昆山获批建造,并由朝廷拨出了部分经费。

顾鼎臣对故土怀有拳拳爱心,带头捐出了他积累多年的俸禄,以此作为倡导,动员乡绅、百姓出钱出力。经过昆山官民的共同努力,昆山只用了两年多时间,就在元朝土城的基础上,经过扩充和加固,终于建成了具有“六城门”之巨的砖石城墙——宾曦门、迎薰门、朝阳门、丽泽门、留晖门、拱辰门,就是现称的东门、东南门、南门、小西门、大西门、北门。此后,昆山军民凭据这座坚固的城墙,多次击退倭寇的侵犯。大家从心底感谢顾鼎臣为民请命的筑城壮举。

后人为了纪念清官顾鼎臣的丰功伟绩,在他去世后的嘉靖三十八年(1559),于风景如画的玉峰山麓建造了“顾文康崇功祠”。“文康”是嘉靖皇帝加封于顾鼎臣的谥号，褒扬他“文采康亮”。至于“崇功”，就指百姓崇敬顾鼎臣，感恩其功劳。祠堂小巧，但位置醒目，建在今亭林园大门的左侧。祠内金桂飘香，玉兰绽放。祠边还栽种了许多高挺的松树，象征着顾鼎臣的高贵气质，人称状元松。改革开放后，“顾文康崇功祠”修缮一新，后来，还在祠堂东侧边竖起了两块“公生明”“廉生威”的碑石，既为顾鼎臣歌功颂德，又成为昆山弘扬廉政文化的教育基地。

义星葛成

葛成——明代抗税领袖。由于在他身上经常散发着打抱不平的江湖义气，因此人称义星，被百姓世代追捧。由于葛成长期生活在苏州城区，所以大多昆山人对他的事迹不甚了解，但只要听到“葛将军”的名号，还有葬于苏州“五人墓”旁的史实，就不得不对他刮目相看了。

明代隆庆、万历年间，苏州的丝织业已出现“机户出资，机工出力”的雇佣关系，这是资本主义萌芽的重要标志。由于苏地丝绸业十分发达，从而引起了明王朝的重视，陆续下派监官收缴税赋，大肆掠夺民脂民膏。百姓面对苛捐杂税怨声载道，对税吏的暴行已经到了无法忍受的地步，抗税斗争一触即发。

明万历二十九年（1601），皇上委派太监孙隆到苏州征税。孙隆手段毒辣，横征暴敛。时逢水灾，桑蚕无收，但税款还照收不误，因此将丝织业者“逼上梁山”，唯有群起抗税，否则只得等死。于是一场风起云涌的抗税斗争就在苏城爆发了。

一时间，税民自发地揭竿而起，但群龙无首，一片混乱，眼看官兵

葛将军墓（杨瑞庆提供）

动武镇压，抗税队伍吃亏在即，正在这千钧一发之时，有一个人挺身而出，他就是义星葛成。

葛成生于昆山，因有撒丝手艺，青年时就去苏城打工赚钱。在抗税期间，他亲眼看见税吏孙隆在苏城设卡收税的恶行。孙隆还雇用地痞流氓对税民进行恐吓威逼，无恶不作。百姓此时已在死亡线上挣扎，只能别无选择地揭竿造反了。因为葛成平常就有号召力和凝聚力，所以被大家推举为造反队伍的首领。他将1000余人分作6个小分队，发出了“见税官尽杀之”的命令。葛成胸有成竹地站在苏州玄妙观前，手执蕉叶扇，指挥若定，一呼百应，俨然像个运筹帷幄的大将军。抗税队伍中有了义星葛成在幕后“调兵遣将”，下属各部，所向披靡，吓得税官孙隆连夜逃窜，其他税官死的死，伤的伤，抗税运动大获全胜。百姓沿途“追星”，声援葛成，表现出势如破竹的大好形势。

朝廷闻听苏地有人在造反，立刻派兵镇压。当四处搜捕为首者时，为保护同伴生命，葛成又一次挺身而出，不幸被捕。当朝迫于民愤而不敢杀葛成，而将他囚于牢笼，关押了13年之后才释放。

葛成出狱后，吴人敬若神灵，尊他为葛将军。1626年，葛成因景仰在反对奸臣魏忠贤的斗争中而殉难的五位义士，而自愿为其守墓。崇祯三年（1630）葛成病殁，苏人就将他葬于“五人墓”侧，让他的英名也能流芳千古。葛成的英勇事迹不但被明末的剧作家李玉写进了《万民安》的昆剧中，而且还在《昆新两县续修合志》中也留下了百姓对他的追星记载。

戏星梁辰鱼

昆山人梁辰鱼，字伯龙，是“百戏之祖”昆曲发展中的里程碑式的人物。从昆曲到昆剧的跨越，虽然只有一步之遥，但经过梁辰鱼呕心沥血地艰难打造后才得以实现，这也使得梁辰鱼成为彪炳史册的昆剧鼻祖。梁辰鱼独得魏良辅真传，并发挥自身优势，终于成为写、唱、演皆能的昆曲全才。梁辰鱼最大的功劳就是编创了一部具有里程碑意义的传奇《浣纱记》。该剧以吴越争霸为背景，描述了越国西施忍辱负重出使吴国，为了国家的东山再起，委曲求全地当起了献媚取宠的虚假角色，最后完成救国使命后胜利而归。

剧本将史实和虚构巧妙交织在一起，塑造了昏庸的吴王、不屈的越王、睿智的范蠡，特别将西施的爱国情怀刻画得淋漓尽致。在精美文字的铺陈中，设计了“一波未平，一波又起”的情节，故事扣人心弦，感人至深。

剧作公演后，梁辰鱼声名鹊起，好评如潮。当时的文坛领袖王世贞曾写下了“吴阊白面冶游儿，争唱梁郎雪艳词”的诗句，描绘出当时剧坛因追逐梁辰鱼所产生的争演盛景。

《浣纱记·寄子》邮票（杨瑞庆提供）

自从《浣纱记》一鸣惊人后，梁辰鱼周围簇拥着鲜花和掌声。由于才貌出众，艺术冒尖，他成为“追星族”热捧的偶像。后人徐又陵在《蜗亭杂记》中有这样的评语：“梁伯龙……为一时词家所宗。艳歌清引，传播戚里间。白金文绮，异香名马，奇技淫巧之赠，络绎于道。歌儿舞女，不见伯龙，自以为不祥也。其教人度曲，设大案西向坐，序列左右，递传叠和。”从中看出，那时的梁辰鱼追求耀眼的打扮，喜好鲜衣怒马，并不反感痴迷者对他走火入魔般的狂热崇拜，而且还讲究师道尊严的传授形式。

梁辰鱼一表人才，又有一身绝技，加上拥有好作品，简直成了当时一个无可比肩的明星。一些崇拜他的歌儿舞女拼命追星，每天寻觅梁辰鱼的踪影，跟东追西，哪怕看上一眼也觉心满意足。如果真是一天不见梁辰鱼，他们就会坐立不安，自以为不祥。这些信徒对他迷恋得简直有点不可理喻，还附上了能预示吉凶的迷信色彩，把心中的偶像彻底神化。面对此番景象，梁辰鱼似乎沾沾自喜，并不反感，而且还摆出架势，听之任之。

至此，梁辰鱼再也静不下心搞创作了，整天游山玩水，虚度光阴。所以自《浣纱记》后，梁辰鱼再无新作品诞生。有识之士都为他捏一把汗，担一份心——照此下去，梁辰鱼将沦为纨绔子弟而毁于一旦。

后来梁辰鱼终于醒悟了，在这段人生弯路上悬崖勒马，并在昆曲传承中竭尽全力，做出了有口皆碑的实绩。所以在北京的“中华世纪坛”上，出现了“公元1593年，癸巳，明神宗万历二十一年，戏曲家梁辰鱼约本年卒，作《浣纱记》”的记载，在这一字千金的铭文中，记取了戏星梁辰鱼的卓越功绩。

孝星王硕人

孝星王硕人是昆山“三贤”之一顾炎武的嗣母。明末清初大思想家顾炎武的命运也不是一帆风顺的。虽然他出身名门望族，但到他父亲这一代时，家中发生了变故。顾炎武刚出生不久，他的叔叔顾同吉就不幸早逝。为守贞操，还未过门的媳妇王硕人毅然嫁到了顾家，并准备一世守寡，为公婆养老送终。顾家族人都为王氏的贞孝表现所感动，同时又同情她今后膝下无子孤苦伶仃的处境，于是，顾炎武的生父顾同应就将尚在襁褓中的顾炎武过继给了王氏，了却她无后的遗憾。从此，顾炎武成了王硕人的嗣子。

随后，王氏就对顾炎武倾注心血，关爱有加，胜过亲母。由于王硕人也出身书香门第，且知书达理，知识渊博，因此，她不但在生活上无微不至地关怀顾炎武，而且在学问上、思想上对他从高开发、从严管教。不仅向他灌输四书五经的艰深文理，而且还教以岳飞、文天祥的忠义大节，塑造他爱国爱民的高尚品格。所以后来在保卫昆山城的反清抵抗中，顾炎武能够英勇不屈，大义凛然。由于寡不敌众，顾炎武只得趁乱夺围，和嗣母逃至常熟的语濂泾避难。在悲观失望中嗣母绝食而亡。临终留下了“勿为异国仕臣”的遗言，让顾炎武一辈子刻骨铭心。此言促成了顾炎武“行万里路，读万卷书”的壮举，最后促其呼喊出“天下兴亡，匹夫有责”的惊世名言。

除此之外，王氏在家侍奉公婆的事迹也有口皆碑，特别是她做出了一件感人至深的“断指疗姑”（旧时称丈夫的母亲为姑）壮举，成为至尊贞孝的千古佳话。

某年，她的婆婆得了重病，寻遍当地名医求药，都是劳而无功的结果，被认为得了不治之症，只能无奈等死。

旧时为王硕人树立的贞孝坊（曹渭清提供）

今日重建的顾炎武墓(杨瑞庆提供)

偶然间,有一位巫医献出了一张家传秘方,说是只要获得亲人的一节手指做“药引”,就能药到病除。媳妇王硕人闻听此言,虽然感到心惊肉跳,但为了挽救婆婆一命,毅然做出了献身决定。她忍痛砍下一节手指,将其煎入药中,婆婆服后果然转危为安。从此留下了可歌可泣的“断指疗姑”的美谈。

王硕人的贞孝事迹不但感动地方,而且震动朝廷。明崇祯九年(1636),皇帝下旨御封王硕人为“贞孝”典范,并拨款为她树碑建坊。其事迹载入《明史·烈女传》,最终使她的孝举扬名天下。贞孝牌坊立于顾炎武墓之前。后在漫长的岁月中,人们每当叩拜顾墓,第一眼就看到那座古朴的贞孝牌坊,感知顾炎武因得益于其嗣母王硕人的孕育而成了一代伟人,所以也对王硕人肃然起敬,涌起了对这位孝星的无尽敬意。

歌星陈圆圆

陈圆圆原是江苏常州奔牛人,由于从小父母双亡,她只得被昆山姨父领养,住在盆渎村,从此投入昆山怀抱。由于得到了昆曲的熏陶，具有艺术天赋的陈圆圆如鱼得水，成为一代歌星（旧时称昆曲为歌）。清朝学者陆次云在《圆圆传》中曾有表述：“圆圆姓陈，玉峰（玉峰为昆山别称）歌妓也……声甲天下之声，色甲天下之色。”所以，陈圆圆被视为昆山人，并是色艺双绝的一代歌星。

后来，陈圆圆被昆山戏班相中，她以秀美的扮相和委婉的唱腔，总能倾倒四方戏迷。陈圆圆不但有柔情似水的演唱，而且还有胜人一筹的演技。在许多文人的文章中曾有生动记载：“有名妓陈圆圆者，言辞娴雅，额秀颐丰，有林下风致。年十八，隶籍梨园。每一登场，花明雪艳，独出冠时，观者断魂。”（钮琇语）“吴门娼陈元能讴，登场称绝，余尝选声评第一。”（《国寿录》）“陈圆圆，女优也，少聪慧，色娟秀，……纤柔婉转，就之如啼。”（《十美词纪》）“陈姬某，擅梨园之胜，不可不见。”（冒辟疆语）这些关于陈圆圆的赞言，不但描绘出她的貌美，而且描绘出她的艺高，令人痴迷，令人追捧。

后来，陈圆圆在昆曲的繁华地苏州崭露头角，其影响力与日俱增。那时，只要挂起“玉峰女优陈圆圆”出演的招牌，就会引起狂热的追星效应。她扮演的西施和红娘角色绰约灵动，有口皆碑。从此，陈圆圆声名鹊起，但也使她身不由己，走上了一条错综复杂的不归路。

陈圆圆画像（杨瑞庆提供）

当时，明王朝四面楚歌。在一次演出中，吴三桂发现了美丽的陈圆圆，一定要娶她为妾。但吴三桂还有镇关重任，他只得和陈圆圆依依惜别，说好待凯旋后再完婚厮守。但这一等，却等来了国灭人掳的命运——李自成攻破京城，崇祯皇帝景山自尽，陈圆圆落入李自成之手。当吴三桂听到这个不幸消息时，一怒之下竟当了引清军入关的千古罪人。

吴三桂配合清兵打败了李自成，重新夺回了朝思暮想的陈圆圆，终于抱得美人归。吴三桂由于倒戈有功，所以被清廷封为平西王。当吴三桂带了陈圆圆远走云南准备欢度余生时，陈圆圆已看破红尘，出家做了尼姑，最后自尽于莲花池，演绎了一部耐人寻味的爱情悲剧。

虽然历史上的陈圆圆曾有无限风光，但对她的评价还有不少偏见。特别是让她背上了红颜祸水的骂名，颇为不公，其实，吴三桂为她"冲冠一怒"叛国投敌，不应由陈圆圆担责。所以，仍有后人追捧她，追的是陈圆圆的亮丽夺目，追的是陈圆圆的迷人歌声。"听之最足荡人"的昆曲竟能产生倾国倾城的魅力。

沈万三传奇

郑涌泉

沈万三在江南

人们对沈万三这个名字大多耳熟能详，他是元末明初“雄赀巨族闻于海内”的大富豪，是一位蜚声商界的传奇人物。关于他的资料在正史上少之又少，而在野史、笔记小品及民间却被传得风生水起，到了当代，他被誉为“黔商鼻祖”和“中华商圣”。

对于沈万三的出生地众说纷纭，学界多数意见认为他出生于浙江南浔沈庄漾村。他的人生轨迹是：出生于南浔，成长于周庄，发展于苏州，发迹于南京，终老于云南［明永乐十一年（1413）贵州才有省建制，现在贵州的中西部地区当时属云南］。有人将他与昆山顾阿瑛、武进倪云林相提并论（见焦竑之《国朝献征录》、朱国帧《开国臣传》），然而那两位都是富有文化的人，沈万三则是位农民出身的商人，与另两人是完全不同的类型。沈万三究竟因何致富？当然不是捡到了“聚宝盆”或学到了“点金术”之类，那都是民间传说。有人认为沈万三是因为元代江南巨富陆道

沈万三画像（郑涌泉提供）

源赠予了家产（见杨循吉《苏谈》、徐复祚《花当阁丛谈》）而成了一位大富豪。

陆道源是元代平江府长洲县甫里（今苏州市吴中区甪直镇）人，字静远，又字宁元，号杞菊，是唐代著名文学家陆龟蒙的后裔。他为人正直，诚信经营，轻利重义，又热衷于兴学立教，对地方做出过贡献。据传，陆德源五十大寿这一天，经过深思熟虑，决定将其财产赠送协助其经营并得到信任的沈万三、葛德昭两人。陆道源郑重地对他们说："古人云'功以才成，业由才广'，你俩都精明强干，我能富甲吴中，也有你俩的功劳。古人又说'义'是'利'之本，有了钱应当行'义'，聚集财富而不行义散，那是会招来祸端的。你俩都懂经营和理财之道，我内心十分喜悦，但我仍有忧心，财产可能会给你们俩带来祸害（对于沈万三而言，这最后一句话似乎是一语成谶）。"陆道源将全部财产赠送掉后，在张三丰道长的协助下，在澄湖岸边筑"瑞云观"，并在旁侧修筑"笠泽渔隐"，改名为"宋静"，过起了隐士生活，探讨清静，览观大化，颐养天年，于元至元六年（1340）九月初三突发疾病逝世。

沈万三借助陆道源的财产和自己积累的经营经验回到周庄，继续经商，又利用周庄发达的水运交通，过洋通番，资本日益雄厚，成为富可敌国的巨商。如果没有陆道源赠予的财产，沈万三不可能富甲天下。然而，这种说法仅存在于笔记小品或野史中，并没有得到确切资料证实。也有说他是靠打渔发家（所谓"秦淮渔户"），此说同样经不起推敲，因为他在周庄时是个大农户，后来到苏州经商，再后来才定居于南京，此时的他已经成为巨富了。

有资料显示，沈万三致富是通过两条途径：务农和经商。他的成功完全是他自己努力的结果。沈万三的父亲沈佑堪称是一位农业专家。他之所以带领家族从浙江吴兴南浔迁到长洲周庄定居，是因为“爰其水田膏沃，土俗忠朴”（明刘三吾撰《故吴兴处士沈汉杰墓志铭》，沈汉杰是沈万三的侄子）。那时的周庄似乎是人少地多，所以当地人“以汙莱归之”（黄瑜：《双槐岁钞》），将那些水资源丰富、长满了杂草的肥沃土地以低价向沈佑出售。沈佑带领家族子弟勤劳耕作，合理施肥，有效灌溉，他都有研究（“粪治有方，潴泄有法”，见《双槐岁钞》），产量要比别人高许多，家境便慢慢开始富裕起来。《故吴兴处士沈汉杰墓志铭》还说沈佑的“二子（指万三、万四）世遵先训，益大厥家”，两位都是勤俭朴实的庄稼人，把家族的事业做大了。作为长子的沈万三承担了家族主要责任以后，“嗣业弗替，尝身率子弟力穑事，又能推恩以周急难，乡人以长者呼之”（见《故沈伯熙墓志铭》，沈伯熙是沈万三的侄孙，沈汉杰的次子）。后来，发家致富了，他依然勤勤恳恳务农，并且乐于助人，接济弱者，得到周庄乡亲们的一致好评。沈万三以农业为基础，在周庄掘到了第一桶金，完成了资本的原始积累，后又“力田致富”，“田产遍吴下”（其实远不止吴下，在他的原籍南浔也有大量的田产）。可以这样认为，是周庄便捷的交通条件、富饶的土地和淳朴的民风，让沈万三走上了致富的第一步。

接下来，他开始将目光投向商界，进一步拓展他的事业。当然，这也同周边环境有关。周庄附近的苏州、嘉兴等地当时都是繁华的商埠，太仓的刘家港又是南北海道上的大港。这样优越的环境对经商是非常有利的。康熙《吴江县志》中说：“沈万三……富甲天下，相传由通番（指对外贸易）所得”。尽管是“相传”，但看来比较符合事实。然而他涉足商界一开始并不是做外贸生意，对此他完全没有经验，他是一个农民，处事比较小心，他需要一步一个脚印地有一个渐进的过程。

据《盛湖志》所载，沈万三先是在周庄附近一带进行试探性投资。经过考察，他在吴江盛泽镇建南胜坊、北胜坊，这似乎相当于如今经营生活资料和生产资料的综合性市场，吸引东西南北各路商家到此租场地、租柜台做生意。特别值得一提的是，沈万三非常关注投资环境和人居环境，认为这同把握商机有直接关系。他大搞绿化，"植红梨万树于湖滨"，让经营者与消费者都能够置身于秀丽的风景之中，这不仅仅是构建人与自然的和谐，也有助于构建买卖双方的和谐，积聚更多的"人气"。试问有谁愿意在脏乱差的环境里做买卖呢？沈万三在这方面肯花钱甚至花很多的钱，在当时是一种全新的理念。

沈万三还十分关心长年独自在外的商贾们的业余生活，"设南书房北书房以处女闾"。"闾"，原意泛指老百姓，这里的"女闾"是"歌舞伎"的意思。在当时的社会环境特别是商业环境中，这不但是允许的，合理的，而且是必要的。业余时间总得提供点娱乐生活，这样才留得住远道而来的客商，也算是完善投资环境的一种措施。

一些野史中说沈万三致富以后生活十分糜烂，"衣服器具拟于王者"，妻妾成群，住宅的围墙有几里长，屋内陈设豪华之极，还有什么"秉烛轩"（白天玩不够，夜深了还不肯休息，还要点着蜡烛继续玩乐），"春宵洞"（取"春宵一刻值千金"之义）之类（见《云蕉馆纪谈》），真是穷奢极侈，后来终于招致皇帝朱元璋的忌恨，落得个身败名裂的下场。这样的传说充斥于坊间，版本无数，似乎已成定论。但细细推敲，这样的"定论"可信度是比较低的。前面说到沈万三在周庄做大农户时忠厚本分，"乡人以长者呼之"，应是一个明事理懂道德的人。他并不是一个暴发户，他靠勤劳致富，然后"农而优则商"，一步一步走上富裕的道路，吃尽千辛万苦尝遍甜酸苦辣，有这样经历的人一般不会有极度糜烂的生活方式，"世遵先训，益大厥家"的他应该不至于蜕变到如此程度。而且当时的政治形势十分险恶，越是富有就越是朝廷榨取的对象，能战战兢兢地保全身家性命已属不易，所谓“财不露白”，沈万三不会不清楚这一点。

传说中沈万三主动出资犒赏皇家军队、积极要求出资修建南京城墙等设想或举措就算存在，那也并不是炫富招摇，应该理解为是主动向皇室示好的委曲求全之举，说白了就是想拍拍朱元璋的马屁，求得一时的太平。万万想不到的是，这反而招致朱元璋对他的忌恨，差点招来杀身之祸，最终被流放。这恰恰也反证了沈万三虽然发了大财却还跳不出小农心理。再说经商是很不简单的，须勤于打理，试问一个整天在金银堆里、温柔之乡打滚之徒还会有什么发展？还会受到什么尊重？且以他当时在商界的地位身份，必然重视名誉和形象，否则如何会被人称道“甚见信用”（朱国祯《涌幢小品》）。杨循吉在《苏谈》中说：“沈万三家在周庄，破屋犹存，亦不甚宏壮，殆中人家制耳。”当然，这是老宅，银子浜的新宅也并不如想象中的豪华，“然亦仅中人家制耳”，也只是中等人家的规模（清陶煦《周庄镇志》），可见沈万三致富后的生活还是比较节俭的。

沈万三在贵州

2015年11月19至23日，昆山市政协文史委组织去贵州学习考察。我们一行在安顺市平坝区天龙屯堡古镇参观了沈万三故居，会见了沈万三第二十代孙沈向东先生，后又在福泉市政协领导陪同下，拜谒了位于福泉山的沈万三原葬墓，获取了沈万三被发配到贵州后的一些资料，也得知了沈万三在云南泸江、镇雄和贵州毕节、平坝等地都有后裔存在。

地处贵州的沈万三故居(郑涌泉提供)

沈万三被朱元璋发配至现在的贵州省安顺市，在此生活了十五六年。在这块土地上，他再次将他的经商才华发挥得淋漓尽致。其在黔中的商业活动主要以马帮运输为主。当年沈家人一直在古驿道上跑马帮，实力雄厚，鼎盛时期有200多匹马，是那一带的首富。当时穿过安顺的滇黔古商道曾被山洪多次冲毁，也都是沈万三出资予以修复，驿道沿线的许多古桥至今还能找得到。古道上的石板被南来北往的行人和马蹄踩得十分光滑。贵州缺盐，沈家马帮就到四川贩盐，一定程度上解决了老百姓吃盐的问题，这是最“惠民”的实事。沈万三圆满完成最后的事业，在他78岁之时，毅然做出回归大自然的决定，追随张三丰到贵州福泉县福泉山修炼，直至88岁终老。云贵一带适宜的经商环境，使一代代的沈氏后裔得以兴盛，某种程度上促成了史书中所说的安顺“商业之盛甲于全省”的盛况。

关于沈万三充军到贵州后的情况，《明史》中没有片言只字，但在云南大理的古代地方文献《三迤随笔》中倒是有一些记载。《三迤随笔》的作者是明代的李浩，这部随笔记载了大理的一些逸事，都是作者耳闻，不一定全部符合史实，但有参考价值。《三迤随笔》中有一篇文章叫《沈万三秀戍德胜驿》，从中可以了解到一些沈万三在云贵的事迹。沈万三在贵州做了不少好事。明代张继白的笔记小品《叶榆稗史》中有一篇《沈万三入滇》，里边是这么说的：沈万三在地质地貌方面具有很丰富的知识，他根据“地脉”就能判断哪座山里有银矿，后来他为南衙府君探到一座藏量极为丰富的大银矿。当时南衙府君手下有3000多人为他开矿冶炼白银，这些人过得就像囚徒一般，毫无自由。沈万三很可怜这些人，就去劝说南衙府君减轻这些人的劳役，让他们可以与当地女子结婚成家，繁衍后代，南衙府君最终同意了，这真是一件极大的功德。沈万三还将江南腌制食物的手艺传播到了平越（今贵州福泉一带），制成“糟辣椒”，解决了当地人“以辣代盐”的困难。

明洪武二十六年（1393）沈万三辞世后葬于福泉山，一百多年后的明弘治十年（1497），沈万三的五世孙沈廷礼将其遗骸运回周庄，葬于银子浜下，沈万三也算是落叶归根了。

沈万三与张三丰

张三丰，元末明初武当派道人，被奉为武当派创立者，精拳法，其法主御敌，非遇困危不发，发则必胜。《明史·方伎传》载：“张三丰，辽东懿州人，名君实，一名君宝，字全一，三丰其号也。”还有一种说法说张三丰是福建邵武人，出生于今福建邵武市和平镇坎下村，名子冲，一名元实，三丰是他的号。出生地一南一北相距数千里，还真搞不大清楚。由于张三丰神通广大，明朝皇帝先后赐了他三个号。明英宗赐他为“通微显化真人”，明宪宗特封他为“韬光尚志真仙”，明世宗赠封他为“清虚元妙真君”。史书上记载张三丰龟形鹤背，大耳圆目，须髯如戟，寒来暑往都身穿一件单衣，雨雪天气再加一件蓑衣。一餐能吃升斗米，或几天只吃一顿，甚至几个月不吃东西。至于张三丰的年龄那更是匪夷所思。传说他生于南宋淳祐七年（1247）。可是在清雍正元年（1723），有位名叫汪梦九的还曾遇见这位张真人，此时张三丰起码400多岁了。

关于沈万三与张三丰的缘分，民间有很多说法。元至顺三年（1332），在江南巨富陆道源过五十大寿之时，张三丰游学来到苏州角直镇，作为陆氏大管家的沈万三第一次相遇并相识了张三丰道长，从此结下了道缘。元至正初年（1341），张三丰返故里扫墓，这时他已年近百岁。侨寓金陵，传道与沈万三。元至正十九年（1359），张三丰离别金陵时就已经预知沈万三有发配边疆之祸，便叮嘱他，东部“王气”正旺，你要小心。今后我们会在西南方再相会的，还留诗一首，题为《别万三》。诗云：“群雄扰扰尽征戡，我与先生把道谈。今日东南王气盛，他年晤子到西南。”

后来，张三丰来到云南。这时，沈万三因得罪朱元璋，遂被治罪全家发配云南。沈万三在云南恰遇张三丰，正应了张三丰日后当于西南会面的预言。沈万三在旧州（原安顺府）与张三丰结伴至平越（今贵州省福泉市福泉山）建观炼丹，取名“三山道人”。但据专家考证，沈万三死于元朝灭亡前十二年，又怎会在至正十九年（1359）与三丰在南京再相遇？这恐怕是牵强附会编造出来的。

明洪武二十六年（1393）农历八月十二，88岁的沈万三卒于贵州平越福泉山。张三丰道长亲自为他选择墓地：墓穴吉地背靠大阳山，前向九九峰（叠翠峰），右为玉屏山，左有太极犀江环绕，墓前有三座石塔，墓口有六尊石刻像，寓子孙兴旺之意。还有碑文记载了张三丰赠沈万三诗："浪里财宝水底藏，江湖英明空荡荡，平生为仁不为富，舍却红粉入蛮荒。"贵州学者沈赤兵先生也在他的文章里讲到沈万三在平越去世，死后葬于道教圣地福泉山下。600多年前的沈万三与福泉这个地方以及在福泉山修道的张三丰祖师确有一段深深的情缘。

昆曲中的沈万三

沈万三身后留下很多故事，有些故事被改编成为昆剧脚本并被搬上演出舞台。

据当代戏曲研究专家、俗文化研究专家和藏书家傅惜华先生所撰的《缀玉轩藏曲志》记载，《聚宝盆传奇》出现在清乾嘉年间，抄本两册，未题编撰者姓名，这应该是最早关于沈万三的昆曲剧本，为梨园世家所珍藏。后有《古本戏曲丛刊》三集影印本，为梅兰芳所藏，上有梅兰芳印章，现存于中国艺术研究院图书馆。而清高奕《传奇品》、清黄文旸《曲海总目》以及无名氏《传奇汇考目》则均作"清朱素臣撰"。高奕认为朱素臣与沈万三同为吴县人，对于沈万三的传说耳熟能详，这个脚本是他所撰可信度较强。朱素臣，清初吴县人，名确，字素臣，号笙

沈万三铜像（郑涌泉提供）

庵，是一位传奇作家，所著传奇作品多达十九种，关于他的生平事迹暂无确切资料可查。《聚宝盆传奇》一共有三十出戏，上册十七出，下册十三出。全部正文均点板眼，可惜没有标上工尺谱。

《聚宝盆传奇》从民间传说而来，经作者深化加工变成脚本，并被搬上演出舞台。此戏描述的是沈万三偶得聚宝盆而致富，后受到太祖朱元璋忌恨及小人进谗，险些丧命，最终化险为夷，宝物回归家门的故事。这个本子在正剧开演前先有一曲《满庭芳》，对剧情进行纲领性的提示："吴县沈郎，万三名字。钓鱼穷隐江边，偶从滩畔，聚宝得奇盆。富甲王侯第宅，建楼台接近宫围。刘基伯温，预言祸福，义子认为亲。张尤儿算计，把丽娘娇妹，巧结婚姻。更进谗天子，建城城堙，竟把家资扫尽。险惊回死去还魂。儿双捷，惩奸斥佞，奇宝返家门。"

傅惜华先生对这个剧本的点评是："此曲关目排场甚有可观，曲律词章亦复工美，故高奕称素臣之作为少女簪花，修容自爱，实非过誉。"可惜的是，这个剧本已失传，不能被搬上演出舞台了，这恐怕是本子上没有标注工尺谱的缘故吧。

清代黄文旸撰《曲海总目提要·卷三十七》记载了昆剧剧本《天燧阁》，为无名氏之作。剧情脱胎于《传宝盆传奇》，内容有很多雷同之处，但侧重点各不相同，《天燧阁》的情节更加跌宕起伏，且人物众多，牵涉到徐达、常遇春、刘伯温等多位大明开国元勋。剧中说沈万三与樵夫张留儿（《传宝盆传奇》中作张尤儿）向来过从甚密。一次两人偶然认识了刘伯温，刘伯温预言沈万三一个月之内富可敌国，张留儿可以做到三品大官。这个预言很快成为事实，沈万三果然得到了聚宝盆。后来刘伯温去看望沈万三，觉得他的宅第有"寒冰压鲤之势"，早晚必有奇祸临身，"欲解寒冰，必借太阳。令于宅后隙地起三层高阁。名曰天燧。最上一层悬灯一盏，以仿太阳烁冰之象。题匾曰天燧阁"。

于是，沈万三在天燧阁里设立了朱皇帝、马皇后两位的“生位”，率全家早晚叩拜。不料张留儿为人狠毒，他嫉妒沈万三巨富，便几次三番向朱元璋进谗使沈万三受尽磨难、家财散尽，甚至又说沈万三在天燧阁中竖牌诅咒皇上、皇后，致沈万三险遭丧命。后马皇后亲临天燧阁，见有龙位两座，“始尽悉其冤”。刘伯温奏请杀了张留儿，最后聚宝盆也归还给了沈万三。

这个剧本起初是以昆曲演唱，后来皮黄渐兴，有人将此本子搬上了京剧舞台，戏名就叫《沈万三》。

传说中的沈万三

民间关于沈万三的传说很多，主要是关于他是如何致富的，这也反映了百姓对改变贫穷生活状态的渴望，在此选录几则。

水中钓来聚宝盆

一个中秋之夜，沈万三和老婆坐在小渔船的船头上，一边吃糖芋艿一边抬头看月亮。恍惚之间，一件东西从天上掉了下来，正好掉在沈万三老婆眼前，被沈万三老婆拾起，一不小心一口吞了下去。三个月之后，沈万三老婆生出一个血球，夫妻俩很害怕，将血球剖开来一看，是只白玉雕成的走兽。

那个时候已是入冬，沈万三好多天连只小虾也捉不到，夫妻俩饥寒交迫。没办法，沈万三就将那只玉兽拿到一家玉店里出卖。店主一看，不得了！这是月亮的精华呀！他不敢买下来，怕老天责怪会大祸临头。不过他告诉沈万三说：“你把它系在绳上，扔到河里，就可以钓起水底下的宝物。”沈万三半信半疑，想这么好的东西你会不买？你怕这个玉兽是我偷来的会连累你吃官司是吧？没办法，沈万三只好又拿回去。一路，他想不如我来试试，放到河浜里钓钓看，结果钓上来一只半新不旧的钵头。这哪里是啥宝物呀，放在船上盛米用，还马马虎虎。不料，米袋子里只有残余的几把米刚放进去马上变成满满一钵头，而且放啥满啥，原来这是只聚宝盆啊！后来沈万三就成了天下首富。

青蛙发现聚宝盆

沈万三虽然家里贫穷，但他为人老实善良。一天，他去集市卖菜，看见一个乡下人在卖青蛙，沈万三觉得这些青蛙很可怜，现在活蹦乱跳的但很快就会变成盘中餐，就掏钱把青蛙全都买下来装在一个布袋子里准备带回去放生。回到家后，他把布袋子随便往门前场地上一放，那些青蛙全都钻了出来。可是它们并不往附近的池塘逃去，反把场边一个破旧的瓦盆团团围住，不晓得在做啥。

沈万三觉得很奇怪，那只破瓦盆不知何时被扔在那里，以前也没注意到它的存在，青蛙把它团团围住，莫非有啥蹊跷？沈万三就把那些青蛙驱赶到小河浜里去，把那只瓦盆拿进屋，并把刚才的奇事跟老婆说了。老婆想这瓦盆会不会是传说中的聚宝盆？就把一小块碎银子放进盆里，没多久那盆里居然满满的全是银子。果然是只聚宝盆呀！就这样沈万三发了大财成了富翁。后来不知怎的消息传到了明太祖朱元璋耳朵里，朱元璋下旨要沈万三将聚宝盆交到宫里去，朱元璋亲自试验，却连一块银子都没多出来，便将盆子发还给沈万三，后来想想又不对，不能这么让你沈万三一个人发财啊，就又把盆子充公了。

扳环带来财富盈

沈万三起先很穷，后来靠勤勤恳恳种田打鱼，家境慢慢开始好起来了。有一天半夜里，一对寻亲不着流离失所的夫妻不知不觉走到了沈万三家门前，在门口上坐下休息。那个女的已经怀胎十月，即将分娩。突然间，那妇人肚子痛得不得了，下身已经见红，就晃晃悠悠站起身来两只手紧紧扳住沈家大门的门环，产下一个女婴。正在这个时候，还在呼呼大睡的沈万三做了个梦，梦里一位白发苍苍的老者对他说："有个女小囡生在你家门外了。是她娘扳着你家门环生下来的，你就给她起名'扳环'好了。以后她会给你家带来财富，你发了财千万不可辜负她的全家啊。"老头说完话就一下子不见了。沈万三从梦里惊醒，不晓得外面发生了什么事情。

天刚蒙蒙亮，沈万三赶紧开门出去看，看见一对夫妻抱着一个刚刚生下来还没洗净胎血的女婴。沈万三赶紧把他俩请到屋里去，喊醒老婆给他们烧吃的，把小囡也擦洗干净。当下决定把他们留下来，刚生的女小囡就起名"扳环"，定好将来给沈万三的儿子做媳妇。果然如梦里老人所说，这个扳环来了以后沈家的家境越来越好，成为当地首富。而且这扳环长大后异常聪明，沈万三曾跟她比赛设计建造一座桥，还是这个扳环先设计造好，而且非常精致合理，名叫"赛公桥"。

昆山名门联姻佳话

陈柏华

昆山地处吴中胜地，经济繁荣，民殷物阜，造物主赋予昆山人优厚的生活环境，使之安居乐业。晋人陆机于《吴趋行》中吟咏道：“山泽多藏育，土风清且嘉。”此话常为后人概括苏地人文环境、群贤毕至、英才辈出之缘由。

特定的社会背景、人文环境，孕育了一大批家传户诵、土风清嘉、诗礼相传的名门世家。这些诗礼世家，有着严格的家教、丰富的藏书，在诗礼承传、德行熏染的作用下，他们通过世交、求学、提携、引荐等营造出一个相互砥砺、相互影响的交际网络。

现只从姻亲脉络，谈谈名门之间的紧密关系。儿女成家时，尤其选择品学兼优、家学渊博的英俊人才为女婿；选择知书达理、贤淑聪慧的女子为媳妇。男才女貌，才子佳人成为封建社会理想的婚姻偶配，以求根深叶茂，传承基业。

归有光背后的三位女性

以归有光为代表的归氏家族，在入籍昆山之前，早已是吴中名门望族，声名显赫。

南宋后期，归氏家族分居吴中各地，十五世孙归罕仁是昆山玉峰归氏始祖，子归道隆移居项脊泾（今太仓境内），其孙归子富于明洪武元年（1368）举家迁至昆山东南门定居。

等到归有光于明正德二年（1507）出生时，归氏家族已定居昆山宣化里。时归氏家族日渐衰落，但仍属乡邑望族，在乡民中仍有一定威望，当有“县官令，不如归家信”的俗语为证。

归家虽然科举功名难以为继，但举家恪守儒家文化的传统始终未变。归有光曾祖归凤精通《尚书》，倒背如流，由于不愿束缚于官场，后以病由辞官回乡。归凤为了传承家学而特意选择门当户对、知书达礼的女子进入归氏家族，营造良好的家庭环境。

归凤育有三子，亲自为二子归绅（有光祖父）择妻夏氏。夏氏是昆山著名书画家夏昶孙女。夏昶，明永乐十三年（1415）进士，因擅长画竹，有“夏昶一箇竹，西凉十锭金”之说。夏氏也具有深厚文化积淀，能文善书、品行端正、相夫教子，给风光不再的归家带来了盎然生机。

归绅与夏氏育有四子，长子归正，庠生，子有光。归正早年在县学读书，勤奋好学，但时运不济，多次科考金榜无名，布衣终老乡里。但仍以读书为乐，深受乡里推崇。此时的归家，不仅科举功名上尚无建树，且经济上也捉襟见肘，陷入途穷日暮境地，但归绅夫妇二人仍为归正选择了知性贤惠的周氏为媳，以辅佐归正，撑起了处在风雨飘摇之中的归家。

归有光母亲周（桂）氏，昆山千墩吴家桥人，其曾祖周明、祖父周行均是太学生，家道殷实。周氏为人敦厚简朴、勤劳善良，属于典型的贤妻良母。

母亲周氏对归有光的成长产生了重要影响。在母亲由于过度操劳而早逝的十六年后，即嘉靖八年（1529），归有光写下了《先妣事略》

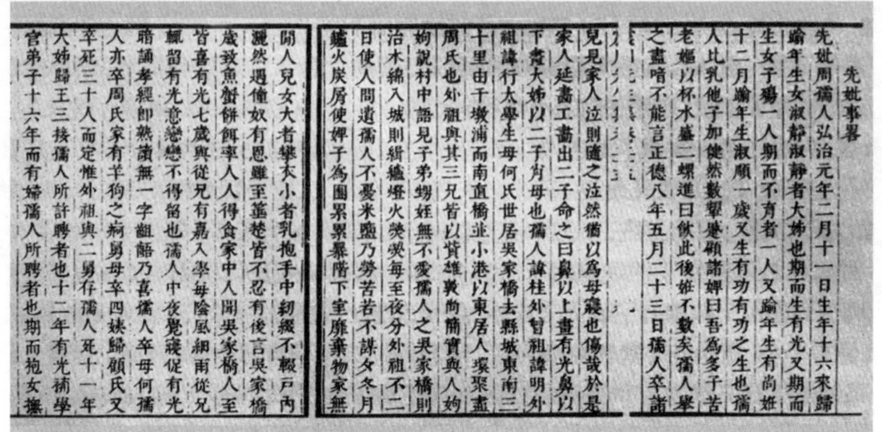

先妣事畧

先妣周孺人弘治元年二月十一日生年十六來歸
踰年生女淑靜淑靜者大姊也期而生有光又期而
生女子殤一人期而不育者一人又踰年生有尚妊
十二月踰年生淑順一歲又生有功有功之生也孺
人比乳他子加健然數顰蹙顧諸婢曰吾爲多子苦
老嫗以杯水盛二螺進曰飲此後妊不數矣孺人舉
之盡喑不能言正德八年五月二十三日孺人卒諸

兒見家人泣則隨之泣然猶以爲母寢也傷哉於是
家人延畫工畫出二子命之曰鼻以上畫有光鼻以
下畫大姊以二子肖母也孺人諱桂外曾祖諱明外
祖諱行太學生母何氏世居吳家橋去縣城東南三
十里由千墩浦而南直橋並小港以東居人環聚盡
周氏也外祖與其三兄皆以貲雄敦尚簡實與人姁
姁說村中語見子弟甥姪無不愛孺人之吳家橋則
治木綿入城則緝纑燈火熒熒每至夜分外祖不二
日使人問遺孺人不憂米鹽乃勞苦若不謀夕冬月
鑪火炭屑使婢子爲團累累暴階下室靡棄物家無

閒人兒女大者攀衣小者乳抱手中紉綴不輟戶內
灑然遇僮奴有恩雖至箠楚皆不忍有後言吳家橋
歲致魚蟹餅餌率人人得食家中人聞吳家橋人至
皆喜有光七歲與從兄有嘉入學每陰風細雨從兄
輒留有光意戀戀不得留也孺人中夜覺寢促有光
暗誦孝經即熟讀無一字齟齬乃喜孺人卒母何孺
人亦卒周氏家有羊狗之痾舅母卒四姨歸顧氏又
卒死三十人而定惟外祖與二舅存孺人死十一年
大姊歸王三接孺人所許聘者也十二年有光補學
官弟子十六年而有婦孺人所聘者也期而抱女撫

归有光《先妣事略》(陈柏华提供)

一文，追忆了母亲平凡而又高尚的风范：归家经济窘迫，母亲白天操劳家务，晚上纺纱织布，拖儿带女，甚是辛苦。家境虽困，但在周氏调理下窗明几净，生活正常。最使有光难以忘怀的是母亲严格督促其读书的情景始终历历在目：“余始五六岁，即知有紫阳（朱熹）先生，而能读其书。迨长，习进士业，于朱氏之书，颇能精诵之。”有光七岁入学，塾师为宿儒周寅之先生。因年小，偶遇雨雪交加时便流露不想上学念头，可周氏从不应允，“有光七岁，与从兄有嘉入学，每阴风细雨，从兄辄留，有光意恋恋，不得留也”。甚至夜深人静时，周母仍督促有光研读儒学经典，“孺人中夜觉寝，促有光暗诵《孝经》，即熟读，无一字龃龉，乃喜”。周氏苦心孤诣对有光的教养，为一代大儒归有光的成长打下坚实的基础。

嘉靖七年（1528）冬，归有光21岁，在家乡迎娶了魏氏。其母亲在生命终结前，独具慧眼地选择出身诗礼之家的魏氏作为长媳，让她辅佐、照料儿子。

魏氏父亲是光禄寺典簿魏庠，叔叔更是大名鼎鼎的吴中大儒魏校，归有光曾拜他为师，甚得魏校器重。有光迎娶魏氏后，虽遭乡试落榜，但经常得到贤内助的安慰。魏氏家境富裕，但嫁到归家后，就挑起了料理归家的重担，甘于劳累，毫无怨言。同时，她常常激励有光要成为大有作为之人，不要忧惧眼前困难，相信自己一定会实现抱负。嘉靖八年（1529），魏氏生下第一个女儿，这给初为人父的有光带来莫大欢乐，缓解了科举考场上的失意。嘉靖十二年（1533），魏氏又生下一男丁，有光祖父归绅为第一个曾孙的降临而喜不自禁。谁知好景不长，魏氏同年十月突然病故，抛下两个年幼孩子，大的4岁，小的尚在襁褓之中。有光苦于无奈，只得将两个小孩寄养于他人。

后来，为抚养小孩，料理家计，28岁的归有光于嘉靖十四年（1535）迎娶了18岁的继室安亭王氏。王氏的家族也十分显贵，曾祖父王致谦是宋真宗时丞相王旦后裔。曾祖父王致谦为人豪放洒脱，广交善友，时吏部左侍郎叶盛、大理寺卿章格都曾与之通婚。明成化年间，王致谦在安亭江边营造豪宅，取名“世美堂”。王氏为人恪守妇道，入归家后，对有光前妻所生孩子倍加呵护，甚于己出。时有光科举落第，生活潦倒。王氏不辞劳苦，维持一家生计。后归有光随王氏迁居安亭，一边开馆讲学，一边继续赴试应考，开始了一生中重要的二十余年安亭生涯。

明嘉靖年间，王致谦的曾孙因拖欠官府赋税，打算变卖“世美堂”。王氏力劝有光设法把房子买下，有光向亲朋好友借钱买下了“世美堂”作读书讲学之所，五六年后才还清借贷。王氏深知有光喜爱读书，且好收藏书籍，就拜托亲友邻居四处留意，几年下来，竟收得藏书好几千卷。王氏对所藏之书十分珍惜，对珍稀名籍均要加盖夫妇二人收藏专用印章“世美堂印”。常熟铁琴铜剑楼收藏的宋刻本《邓析子》、清代官府藏书目录《天禄琳琅书目》等都有标注有光夫妇的印章。这一枚枚印章成为有光夫妇伉俪情深的见证。

嘉靖二十九年(1550),43岁的归有光应试再次落第,回到家里,王氏备酒菜为之接风。王氏的贤良、大度可见一斑。然命运终究对有光不公,嘉靖三十年(1551),父归正去世;王氏也不幸去世,终年仅34岁,王氏育有二子一女,女儿不满周岁夭折,有光连续遭受丧父、丧妻、丧女之痛。

天资聪颖且又才华横溢的归有光偏偏屡困考场,好事多磨。从嘉靖五年(1526)到嘉靖四十四年(1565),用了近40年时间,才考中三甲进士,令人唏嘘不已;在家庭情感上又屡受打击,幼年丧母,青年丧妻,中年丧子的巨大痛楚。幸运的是,年幼时得到母亲春风化雨般的熏陶,中青年时家境贫困,得到贤妻魏氏、王氏的鼎力相助。有光一生发奋读书,幸得闺门之贤妻相伴,日夜操劳,哺育子女,以延归氏门庭,但她们未享夫君成功之喜悦,诚为世间憾事。

幸运的是有光子孙秉承归氏诗文传统,出现了一批学有专长、术有专攻的人才,成就了在昆山地区熠熠闪光的名门望族。有光子归子慕,万历举人,崇祯七年(1634)赠翰林待诏;孙归昌世,庠生,少称才子,与李流芳、王志坚并称"嘉定三才子";孙归世桢,名士,曾孙归庄工诗文,善草书,精墨竹;归有光与这四子孙于道光七年(1827)荣列在苏州沧浪亭"五百名贤祠"中。归有光更是昆山人引以为傲的昆山"三贤"之一,后人为其建碑立园,供世代缅怀!

琅琊安阳支昆山王氏族的两位顾氏

琅琊安阳支昆山王氏世族始祖王安贞在元明鼎革时南下入仕。据王氏后人王颂文于民国三十二年(1943)冬在《续修安阳支王氏宗谱跋》中记："吾族迁昆世祖吉卿公元延祐初（1314）来知昆山州事，二世祖君德公因世乱路梗阻梗遂居湖州塘之摩罗泾（今属太仓），六世祖敬斋公迁昆城之山塘泾，至今已达六百余年。"王氏世代簪缨，英才辈出，家世显赫，百年不衰，遂成昆山知名望族。

王安贞，字吉卿，元大德七年（1303）任浙永嘉县尹。葬于今太仓茜泾河滨，列太仓、昆山两地名宦录，昆山县治西景德寺旧有"集贤堂"祀名宦五人，安贞名列其一。其后数十年，王氏在乡邑虽有一定声望，但后裔仕途鲜有建树，他们承家风，秉遗训，守门规，勤耕读，子孙发愤磨砺，攻读经典，以求功名，入仕问政，光耀门庭。

王氏六世祖敬斋公诂精心抚育子王秩，王秩终成大器，百年厚积，终成夙愿，迎来琅琊昆山王氏第一个中兴、光耀之时。

王秩（1460—1515），字循伯，号前山，安贞王氏族七世孙。秩自幼聪颖好学，读四书，通五经，承自良好的家学，成化二十三年（1487）中丁未科进士，成为王氏家族首位进士，后授永康知县。时宦官刘瑾专权，结党营私，而王秩独不往刘瑾处钻营，获朝中同僚称羡。秩后转任广东佥事，奉剿广西叛蛮，声名鹊起，擢任江西兵备副使，又生擒盗张士锦，伪党悉平，使社会安宁，又在省内推行盐法，收取钱粮以资军用，后升任江西按察使。因军功擢升为云南右布政使，成为地方大员，时人誉之"文武宏才，珪璧重器"。

王秩因父78岁高龄，久病卧床，而母亲早辞而身在外，不能侍奉，常愧疚于心，三次上书求乞养，正德九年（1514）恩准终养。但王秩回乡侍亲仅四月即逝，享年56岁，令人不胜惋惜。其死后入祀于浙江、江西、广东、太仓、昆山等处名宦乡贤祠。

王秩育有五子，可久、可大、可能、可学、可道。可久娶太仆寺少卿杨润卿女，可能娶兵马副指挥吏部左侍郎金坪女，可学娶按察使李希颜女，可道娶兵科给事中叶盛曾孙女，侄可欲娶南京监察御史许立女。她们都是家世显赫、名倾一时的世族之后。更令人称羡的是次子可大娶御史顾潜女、文康公顾鼎臣从孙女，从此王氏家族与顾氏家族成为姻亲，更光耀无比。

顾潜之女系独女，父母甚爱，视为掌上明珠，择婿时物色异才。然而，可大体弱多病，每临考场均不能自持，影响仕途，屡试不举。顾氏性端谨善，入王家后甚得婆婆沈孺人赞许。可大勤于诗书，后终因染病不能自理，顾氏不辞劳苦，日夜服侍，熬汤喂药，从无怨言，服侍达十余年，后可大撒手人寰，终年41岁。二个月后，顾氏生下次子执法。可大身后留下子执礼（年仅10岁）、尚在襁褓之中的执法及三个女儿，当时顾氏年仅30多岁，便要承担起奉养公婆、抚养五个子女之重任，其艰难可想而知。

顾氏不愧出生于名门，把培养子女成才作为头等大事。执礼年仅10岁，顾氏就委父顾潜辅佐执礼学业，舅梦圭、梦川均为饱学之士，也责无旁贷地承担起外甥执礼的学业辅导。执礼稍事长大，又带领弟执法一起读经学文。兄弟俩互进互学，学业渐成，分别补博士弟子。昆山名儒归有光收执礼为徒，执礼从其研读经史。名师延学，后生勤读，执礼儒学更是日臻佳境。

嘉靖四十四年（1565），44岁的执礼与58岁高龄的恩师归有光金榜题名，同登进士及第，执礼年富力强，开始其顺畅的仕途之路。

执礼高中进士后，即远离家乡，北上任职。常顾及七旬高龄慈母在家无人侍奉，多次欲迎母同赴以颐养天年。明隆庆六年（1572），朝廷颁封诰于高龄的顾氏，誉其："夙禀贤明，恪修内政，训育兼备，玉子于成……封尔为太安人。禄养方宁，恩华为艾。"对顾氏几十年辛勤教养王氏子孙高度褒誉。时执礼正在福建司任职，得知母亲得朝廷褒奖后，仿效祖父王秩，三乞终养侍奉父亲之举，也回乡伺候母亲。执礼在侍母十年期间，悉心钻研医学，岐黄之术日精，为左邻右舍医病。其子协嘉、协康也粗通医术，后王氏族人行医悬壶，名医辈出，追其渊源，执礼为首者。

顾氏卒于万历六年（1578），终年80多岁，这在当时是福寿双至了，而距夫君可大病逝已48年矣。

有关顾氏在王氏族内还有几事。顾氏养育二子三女，长女少通经史，18岁时婚嫁太仓诗礼之周家，夫镒其父周土为工部都水司主事，祖父周烨官封监察御史。周镒婚后染病不起，王氏尽责精心护理，五年后周镒身亡，留下二名年幼孩子，继而均患病，延医整治不见成效，长者七岁而死，幼者疹愈后复病，王氏多年为之废寝忘食照料，百方求瘳之不可得，亦于七岁时而亡。王氏年轻守寡，含辛茹苦抚养遗孤却未能长大成才，于是也意自缢孝夫尽慈。母顾氏闻之，始哭之恸，谓死者得其所矣，吾弗之及，其慷慨有丈夫气。执礼也对其感恩极深，常忆及姐从小对他关怀有加，哀痛欲绝。

协嘉，顾氏孙，执礼子，娶昆山正仪魏氏女。魏氏其祖乃理学名臣魏校，父希正由太学生仕至光禄丞，年十九即嫁王家（文坛巨匠归有光娶魏校侄女为妻，执礼又是有光得意高足，王家与魏校联姻

申愍綸以彰遺澤是用贈爾爲承德郎刑部福建清吏司主事賁
其泉壤庇爾後昆
勅曰昔雋不疑治獄其母聞有所平反則喜故不疑稱良吏爲今
吾刑曹以明允業其官則其母訓章已可無恩數以寵嘉之哉爾
顧氏乃刑部福建清吏司主事王執禮之母夙稟賢明恪修內政
訓育兼備玉子于成惟予郎署之良實奉慈闈之迪及爾康壽錫
之寵章用是封爾爲太安人祿養方寧恩華未艾
隆慶六年五月十三日
奉天承運皇帝勅曰朕嘉慕古帝王欽恤之義乃深詔執事罪疑
者予民庶幾刑措之治非司寇之屬得人其孰與致此爾刑部福

明隆庆诏封顾氏的家谱记载（陈柏华提供）

这也更便于王、归、魏、顾四户名门望族联姻）。魏氏进王家后，孝顺公婆，相夫教子。协嘉由于屡进考场未有建树，心情忧郁，积郁成疾，魏氏侍汤喂药，常焚香跪拜祈求夫君康健，但协嘉年仅三十二岁便病逝，魏氏悲痛欲绝。然后，魏氏挑起抚养二子二女之重任，不仅日夜督促两儿读书，还纺纱织布以资家用。苍天不负有心人，魏氏辛劳育子，二子终成大器，长子景阳庠生，娶给事中张栋女；次子焕如府庠生，娶都御史李鲁林孙女。

魏氏辞世后，乡邑感其操守德行纷纷上奏为其建坊立传，万历四十一年（1613）、天启七年（1627）、崇祯三年（1630）均获准。崇祯十二年（1639），次子焕如赴京奏请朝廷奉旨旌表立祠，子孙奉祀不绝。

封建社会，凡书香门第、达官显贵的儿女亲事，除了用来光耀门庭、继承家学外，还可通过姻亲关系通家结交往来，彼此相援，提携乡里。一旦有人夺魁摘冠，入朝为官，就慕名提亲，蔚然成俗。

明清鼎革，中国社会几经坎坷，历尽磨难，后终于迎来了康雍乾盛世。出生于嘉庆年间的琅琊安阳支昆山王氏第十九世孙兆宽上承家学渊源、累积丰厚，下启家传户诵、熏陶渐染，迎来了王氏族又一中兴盛举。

王琳（1748—1820），兆宽祖，岁贡生，选赣榆县教谕。年幼聪慧，14岁时丧父，17岁补博士弟子员。学馆设于县东郊，辰出酉归，从不间歇，勤于学业。李公（南宋忠定公名臣李纲之后）深感琳有大志，文大奇，逐以女嫁之琳。李家多藏书，琳常去勤读之，是学益进。李氏嫁入王家后，见夫君家人口众多，家境较为窘迫，就放下身份，亲自操持家务。后子侄相继外出求学，李氏均妥善安排钱财资助读书，李氏74岁时夫君病逝，李氏又主持叔、伯妥善置放田产，妥善处理家庭关系，李氏品行高尚，族人无不赞叹。

王嘉俊（1777—1825），兆宽父，庠生，以子兆宽职，诰赠奉政大夫。妻顾氏，其父为昆邑望族翌梁公讳大山，母潘太孺人生顾氏而卒。顾氏自幼丧母，7岁父又早逝，年幼懂事聪慧，哀毁如成人孝事。继母郎氏患颈疡，暑热其味难闻，顾氏小小年纪必亲调药料理，并早晚念经拜佛祈求郎氏病愈，并愿以己代之。顾氏年二十嫁王氏嘉俊，上事舅姑，下和妯娌，操治家务，阖府无闲语，甚得称誉，相夫教子，甚为辛劳。道光五年（1825），嘉俊年仅48岁卒，留下五子二女托付顾氏抚养，并对所属家族创建敦善堂事宜一一交代于顾氏。

顾氏44岁丧夫后，便把抚养、教育长子兆宽作为传承家业首事。未达数年，子兆宽、侄兆侃相继成为庠生；大弟兆祁，国子监生，议叙八品，精医理；二弟兆龄，国子监生，配陕西知县周公赓盛女；三弟兆仪，昆庠生，保举训导加五品职衔，均成才立业。

顾氏将夫君遗膳田所收历年余息，作为公产，为建祠筹建费用，后来得偿所愿。咸丰年间，太平天国兴起金陵失陷，越八年，太平军至苏常，昆山旦夕垂陷，邑人纷纷避难出城。而顾氏坚决不出城，谓自己老矣又能去何方，如军至死于宗祠，后经兆宽等反复劝说，才勉强入小舟避难于乡泽湖滨。城陷后，住家与宗祠均毁于兵火，顾氏闻此几近厥倒，自此卧病不起，于咸丰十年（1860）卒，终年79岁。顾氏一生至行卓著，为王氏家操劳一生，临难思殉，饮恨以殁。

同治二年（1863）官兵收复昆山城，兆宽回城拜谒祖祠，见满目荆棘遍地，瓦砾伏地，断壁残垣，不禁恸哭。兆宽遂遵宜人嘱，节衣缩食以建祠。同治十年（1871）春，兆宽稍有蓄积，乃召工匠集料重建节愍公祠及北海圩祖茔，并祭告顾氏，列诸石，并作《琅琊安阳支重建祠堂记》，以慰顾氏地下有知。兆宽完成其母顾氏遗嘱外，唯尽心教养子孙，亲自制订《王氏家训》，告诫熟读之，效之成人之道。

王兆宽（1804—1891），官名逢源，号荫槐，以附贡报捐训导，以随同办理兵差善后局案，遇缺，用训导保举加五品衔。

王氏族人遵家训、清门风，后杰出英才辈出，延续家族兴旺。如：

王德森，兆宽侄，幼习古文辞，肆志于诗文，修《昆新两县续补合志》，任分纂，精医务各科，兼习中医，著有多集诗文、医学集。

王颂文，兆宽侄孙，热心昆山教学、公益，创建樾阁、县中、县立图书馆、马鞍山公园等，并任县图书馆馆长、劝学所所长、县农会会长等职。

王仁辅，颂文表弟，美国哈佛大学理学士，回国后曾任北京大学教务长、教学系主任等职。

王传爵，颂文孙，复旦大学土木科毕业，教授。

王传文，北京医科大学毕业，著名妇科专家、医学家。

王安，博士，世界著名华人实业家。

一门“三鼎甲”徐氏的母亲顾氏

清代，昆山徐乾学、徐秉义、徐元文三兄弟，两个探花，一个状元，显贵人极，光宗耀祖，高门显赫，一时名噪天下。

徐氏一族家世显赫，儒学传承，世代书香。徐氏祖居常熟，其九世祖徐良自常熟迁至昆山。徐应聘，少有才名，万历十一年（1583）进士，官居太仆少卿，居南街太史第。昆山方志载其曾与明代著名戏剧家汤显祖交往甚密，以文章、风义，为后世所尊（韩慕庐语）。《明史》有其传，为三兄弟曾祖父。徐应聘孙徐开法，15岁即为邑诸生，乐于行善，为三兄弟父亲。徐氏一族承世代书香，能熏陶、孕育出子孙“三鼎甲”，也属顺理成章之事。

徐开法育有三子，三子在科举仕途上，喜事连连，捷报频传。徐氏三兄弟中，先是老三徐元文于顺治十六年（1659）高中魁首，当时年仅25岁，少年状元，仪表堂堂，谈吐典雅稳重，思维敏捷灵巧，甚得顺治帝钟爱。徐元文后官至大学士，成为清朝苏州地区第一位状元大学士。接着长兄徐乾学于康熙九年（1670）探花及第，后官至刑部尚书。三年后的下一科，康熙十二年（1673），老二徐秉义以一甲第三名中探花及第，后官至内阁学士兼礼部侍郎。同胞三鼎甲，高官显位，史称“前明三百年所未有”。

顾氏为江东四大姓之一，世传“江东无二顾”，但《顾氏谱系考》记载，自宋代以来，顾氏族人大多是普普通通读书人。顾氏之祖顾章志、顾绍芳曾中进士，但到此为止。至明嘉靖年间，顾氏已家道中落，但家中仍藏书众多。虽屡经战乱兵灾，但藏书所幸大部完好。明亡后，虽有部分书散失，但仍有数千卷之多，为顾氏后裔求学创造了极好的条件。至顾同应，秀才，自奉经学传家，精心辅导顾炎武等研读经书，全家养成了良好的学习氛围。顾炎武的五妹自幼聪慧，有远识，知书达理，四岁能诵唐诗，会对联句，父亲同应特别钟爱她，常抚摸着她的头叹息道：“此女可惜不是一个男孩啊。”父亲去世后，顾母接着教其习诗书及织任祖训之事，稍长，其在女红和书道方面无不精通。15岁时，便嫁给徐开法为妻。

徐开法长期奔波在外，交友远游，顾氏承担着育子做人读书明理之任务。她常教育孩子要择善向从，多与正人端士交往，要把“慎交”作为处安立身之原则，这一原则对孩子今后人生路上影响较大。时苏州地区盛行文人结社，时人推崇徐氏三兄弟，组织起“沧浪社”，顺治六年（1649），“沧浪社”因分歧，分为“慎交”和“同声”两社，徐乾学为“慎交”社骨干，这也是徐乾学牢记母亲教诲之佐证。

“三鼎甲”之徐元文像(陈柏华提供)　　“三鼎甲”之徐乾学像(陈柏华提供)

据《徐氏家乘》记载，顾氏“性明敏，有远识。夫游学在外，综理家政，条理具备。训子极严……所读之书，必会背诵，师或他出，即亲为训读；常潜至书室听子谈论，如讲经史则喜，间或语博赛游戏事，即怒而责，至加复楚”。在长子徐乾学六岁时，顾氏即为孩子启蒙设学，由族内长辈徐开任、徐开禧和顾锡畴（徐开法姐姐的公公，后任礼部尚书）执教。开馆之日，顾炎武也亲临祝贺。在母亲严厉管教下，徐氏三兄弟“课诵恒至午夜不辍”，学业日进，早年间即以文才闻名乡里，受人推崇。

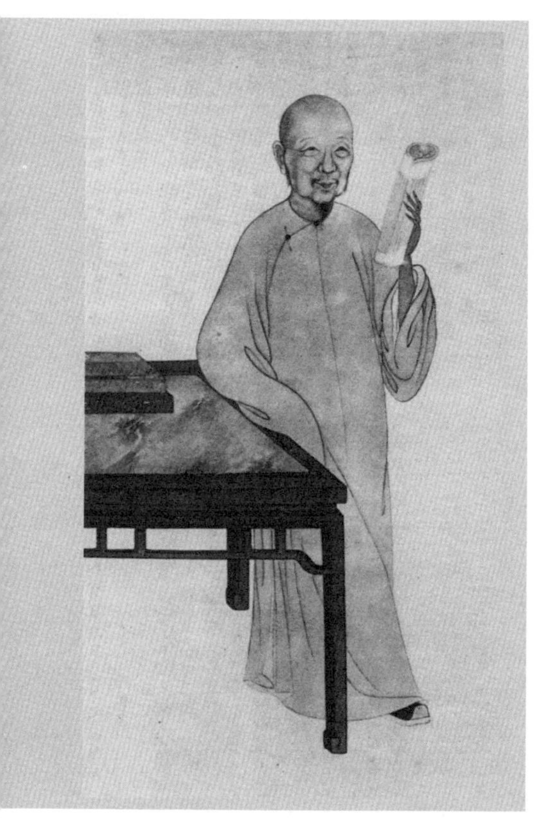

“三鼎甲”之徐秉义像（陈柏华提供）

顾氏对孩子学业要求极为严格，但对家师却极为尊敬。岁祲谷贵时，自己节衣缩食，食粗咽杂不让孩子知道，而给老师的饭菜极为丰盛，礼物按理赠丰。顾氏身挂家中众多门室钥匙，唯恐发出声响妨碍孩子学习，总是紧攥手中，蹑手蹑脚走动，并亲自纺棉布为孩子缝制衣衫，女红、家务无不亲力亲为。农忙期间，还要和佣工一起田间劳作。

1645年，清兵南下对昆山进行了野蛮的屠杀，昆山几乎成了一座空城，许多人死于兵乱中。顾氏母亲被清兵砍伤右臂，两个弟弟遇害，弟媳朱氏举刀自刎，昏在瓦砾中幸免一死。当时徐开法来往于云南吴门两地，无暇顾家。顾氏携三子一女避难于张浦、周巷一带，于兵荒马乱中幸得无恙，一家人居住在仅有一方丈大的柴扉茅屋中，艰难度日。在此窘境下，顾氏仍不放松孩子学业，严令读诗学文不辍。

待社会基本稳定后，尤其在顺治三年（1646）清廷举办第一次开科选士，一大批读书人顺应朝廷，徐开法知大势已定，反清事不可为，便回家闭门，不理政事，一心把希望寄于三个孩子身上，以期重振门庭，光宗耀祖。

徐开法夫妇督促子女读书简直到了枯灯夜读，焚膏继晷的地步。孩子读书到深夜，他们陪读到底，从不自己先睡。徐开法亲自选定历代佳作文选，令兄弟三人诵习，还将收集到的故实、志乘和前明朝甲乙两榜文章进行整理，亲自抄录让孩子们发愤苦读。闲暇时向他们讲述历代名人成才故事，以激励上进毅力。每次令他们作文后，都要亲自批阅，若不如意，轻则责骂，重则痛打不怠。在父母严格督促下，有时还得到舅父顾炎武、诸大伯、亲友指点，三兄弟学问大进，为科举成名，仕途顺达奠定了坚实的基础。

当时，徐家生活较为贫困，三兄弟赴南京考试，父母需借债促其成行。三兄弟参加吴门文会，有时款待学友聚餐，顾氏多方设法借钱供其开销从不使三兄弟有难堪之意。聚会交谈中，顾氏对于古今治乱，当世得失所知甚详，常使听者无不钦佩。顾氏无骄色、无躁容，气平心和，和亲可霭，至明且智的气质常使人敬仰。因此顾氏被推为东南大家之贤妻良母的楷模。

顾氏母亲晚年多病，顾氏常迎养于家，百般侍候，精心调理直至其去世，含殓周至。后每逢祭日，顾氏必先祭扫徐氏祖茔，再祭父母，顾氏笃孝，也深深影响其子。

元文、乾学科举高中、金榜题名后，顾氏再三叮嘱："这是你们策名之始立，以后交友切记不可不慎。"为教育孩子成才，顾氏真所谓备历艰难，荼苦百端。

康熙十五年（1676）夏，昆山遭遇特大水灾，连日阴雨，田禾尽淹，秋冬大饥。江苏各级官吏勤恤民生，首让俸金，设厂供粥赈灾。重病在床的顾氏把秉义叫到身边，也叫他捐出千石余米，设厂施粥，为乡邑避荒之备。光绪年《昆新两县续修合志》对此义举也载之："邑绅徐秉义等筹募设粥厂全活甚众。"

康熙十六年（1677）顾氏病逝，终年61岁。顾氏15岁入徐门，含辛茹苦抚养三个儿子成长。昆山“三徐”创造了一门“三鼎甲”的奇迹是空前绝后的，徐乾学后人的“五子登科”也是让人难以望其项背的，这是徐家的光荣，也是昆山的光荣，都将永远被记载在中国的科举史和教育史上。

县后街上的陈年往事

郭志昌

现在的县后街位于亭林路中段的东侧、北后街中段的西侧，全长360米，路宽7米。这条街道大致形成于公元751年，至今已有1200多年的历史。不过，它的命名较晚，直到光绪六年（1880）刊印的《昆新两县续修合志》才第一次出现“县后街”的地名，并且也没有目前的宽度。顾名思义，因为它在县衙的后边，所以被叫作县后街。

小河与道路

旧时，县后街的南边紧靠着县衙后院墙外的一条小河，长二百二十九丈四尺，宽二丈，底宽一丈五尺，官方叫它“北市河”。宋淳熙《玉峰志》中说，当时县衙后的河上已有三座桥：由西向东，分别为鳌峰桥、北仓桥和安定桥。

鳌峰桥数十年前还安卧于北市河的最西边河段上，桥下的河水向西流去与西市支河相交汇，交汇后再向南流入了后浜。元代《昆山郡志》记载：“旧州鳌峰桥桥东即县仓，宰以民乐然输致故曰乐输桥。”

明洪武初年（1368），邑人陈百川对这座桥进行了重建，使得老桥换新颜，继续给昆山人的南来北往带来方便。鳌峰桥称得上是昆山老城里的一座名桥。本来叫乐输桥，桥名的意思是老百姓高兴地缴纳皇粮国税，显然是一位喜欢溜须拍马的县官特意命名的。文人雅士站在桥上，向北可以看得到像巨鳌望海一样的玉峰山，因此又叫此桥为鳌峰桥。喜欢开玩笑的老百姓们又演绎出一位习惯于走路看书的老学究（传说是辅佐山神的朱国公）在桥上不慎将书掉入桥下水中的故事，所以又将此桥叫作落书桥。

北仓桥是三座桥中间的那座桥。因唐宋年间北岸上建有一座粮仓，人们便把它叫作北仓桥了。以后的几百年中，北仓桥曾多次维修或重建。

安定桥是东头的那座桥。建在后市河口上，元代时还存在，也被人叫作天心桥。洪武五年（1372）由本地人徐守铉再次建造。到了明永乐三年（1405），邑人杨子华将其重建。这座桥连接起北后街上塘的南北两段。

离现代最近的一座桥，是建在小河的东部，时间应在19世纪的八九十年代，名字很响亮，叫作凤凰桥。其实它是由先前的北仓桥改建改名而来。1824年，诸寿贤祠在这里的路北建成，朱叔鸿写了一篇文章，其中指出了祠堂的位置，在“凤凰桥”头。《昆新两县续修合志》中记载：“凤凰桥在县署东，北天区二图、南天区七图。”

老县衙的后墙上曾开有小门，两尺多宽，直通河边。河的对岸就是县后街。日寇侵入昆山以后，这条河道日益淤塞，最后竟然被填成了平地。中华人民共和国成立以后，干脆铺成了一条街——将原来的河道与街面合并，成了现在的县后街。

现在的县后街，是从历史上的县后街逐步演变而来的。2002年9月，完成了最近一次的拓宽改造，它属于亭林路的一条支路。沥青混凝土铺路面，两旁各有宽达2.5米的人行道，道边栽植了近百棵法国梧桐树，因此成为一条绿树成荫的车道。

因为有北仓曾建在这里，这条街先前曾叫作北仓巷。它是昆山县城里最早出现的27条巷道之一。

20世纪五六十年代时，几座桥下已经堆满垃圾，原来的河道被隔成了几个小池塘，顽皮的男孩子经常跳进河塘去捉鱼。1984年，为了拓宽县后街，使之成为一条能够通行汽车的单行道，流淌了千百年的县后街河被彻底填埋了。

国内每个县衙门建筑群落的后边，必然有一条街道，这条街道顺理成章的都会被人们叫作县后街。在县衙前的，则被叫作衙前。

唐朝时，昆山县衙里有一位县尉叫作孟庭玢，分管全县的军事和治安。他的长子叫孟郊。孟郊长大以后，曾经问母亲自己生于何时，母亲回答说，是在父亲任昆山尉时。今天，在县后街昆山市实验小学大门的对面，有一座花园式的长方形小广场，最东头有一棵红枫和数株芭蕉，旁边立有一座小型雕塑，展示的就是孟郊伏案抬首，握笔托腮，苦吟诗句的神态。雕像的背景墙上，镌刻着他的名诗《游子吟》。

今日里厍弄（郭志昌提供）

现在地名意义上的县后街，指的是从西边街口进来，到里厍路牌为止的这一段距离。现在的县后街已经在原来的长度上向东延伸了。

祠墓和义庄

明清时期的县后街，曾有五座有名的祠堂——诸寿贤祠、吴家祠堂、沈家祠堂、王节妇祠和顾节母祠，还有一座“俞氏义庄”和一座“朱国公墓”。

县后街的东头原先有一座规模不小的庙，就是诸寿贤祠。先前建在迎薰门，明亡清兴之后被废掉。嘉庆六年（1801）诸寿贤的八世孙秉源、秉升等重建于县后街凤凰桥东，置祠墓祭田141亩，并勒石祠中。朱叔鸿曾撰写过一篇碑记。咸丰十年（1860）该祠堂毁于太平天国战火。到了同治年间，其裔孙又在原址重建，但该祠堂大致到了民国就不复存在了。

吴凯、吴愈父子曾居住于县后街，吴愈为女儿招的上门女婿就是顾鼎臣的父亲顾恂。吴家宅第的旁边，建有一座祠堂，这就是吴家祠堂，曾保留数百年之久。中华人民共和国成立后废弃，20世纪七八十年代，这里曾住过一位和尚。

有一户沈姓人家的祖孙三代十几个人也住在县后街，他们不是名医，就是名臣，或者是名士。恩泽绵延，数世不绝。沈家祠堂也就成为这里的著名建筑。

另一座是王节妇祠，祭祀的是节妇封安人王时雨妻项氏，她是进士王任用之母，其娘家是太仓大户王家。王任用是明嘉靖二十六年（1547）进士，授太常博士，迁礼部主事。王任用从北京护送母亲回到昆山，赶上倭寇围城，与知县祝乾寿、朝官朱隆禧、书生归有光等一起，登上城墙，同心抗倭，后抽空回家探望老母。他担心一旦城陷，无法掩藏母亲，便背上简单的被褥和一袋枣子，搀扶着母亲来到马鞍山的西山，将她安置在半山坡的长阳洞里。迎着洞口，有一巨石，上刻“瑞光深处”和一“佛”字。后来，等到守城胜利，倭寇败退，才将母亲接回家中。有一个叫孙慎的御史，在背后诋毁祝乾寿，散布谣言，败坏他的名声。王任用当面驳斥，说祝县令捍城有功。孙慎怒羞成怒，怀恨在心。第二天假惺惺地请王任用喝酒，没想到王任用未终席而病发，扶归旅舍即倒地而亡，死时才54岁。昆山曾有“一弄十进士”的传说，王任用就是这“十进士”之一。王任用死后，其母被封为“节妇”。

王节妇祠初建于明隆庆年间，除了有一通王世贞撰书的高大的碑刻之外，更重要的是有嘉靖皇帝的“敕命碑”，因此扬名远近。

顾节母祠是另一座著名建筑，地处鳌峰桥东，祭祀的是明诸生顾升明的妻子朱氏，康熙年间初建，咸丰之际毁于太平天国战争。光绪初年，由其裔孙进行了重建。

俞氏义庄建在聪明弄的东面，光绪八年（1882），俞氏国莹、祖植、慰祖合捐田517亩，建庄屋三进，用以赡族。

朱国公墓在鳌峰桥北杨家巷东的民居内，朱国公即山王神侍从，元时封“武信显忠公”。明万历九年（1581）知县刘应龙曾为之立碑。

祁烈妇麟章媳，也曾在县后街居住过，夫亡投井死，昆山孝廉顾鼒临终为其立传表之，惜已佚。

贞节妇女顾氏，是鳌峰桥下林绍昌之妻，嫁三月夫故，守志61年，卒年81岁。昆山夏学政曾给匾额表之。

院落与建筑

其实，县后街并不适合民居。不外乎有三个原因：第一，它与县衙太近，又在其背后，县衙开有后门，县后街不能作为正常通道。第二，从郑氏老宅门口沿着小河边上的小路向东走，真正的家户并不多。第三，县后街曾是县衙的北仓所在地，小河上的桥是专门为仓库的存在而修建的，居民在这里居住确实不太方便。

明朝初期，这一带曾经住着一吴姓人家。父亲叫吴凯，儿子叫吴愈。后来，顾良的儿子顾恂成了吴愈的上门女婿。顾恂有了儿子顾鼎臣之后，几十年之内也没见有多大起色。想不到顾恂80多岁时，顾鼎臣考取了头名状元，顾恂欣喜若狂，但仅仅两个月后便驾鹤而去。顾恂死后，他的子孙们一直住在这里，而且留下了好名声。

今天，位于路中段的昆山市实验小学，几乎占去了县后街的一半地盘。另有不少居民楼的底层也都用来开成了商店。路南边除了麒麟新村外，再就是后来建成的玉山艺术学校的三层综合楼。它的南边隔着十几米，就是原来的县政府（后来的玉山镇政府，现在的市老干部活动中心）的大楼了。历史上，县衙后墙的里边，是县衙的办公用房和

今日麒麟新村（郭志昌提供）

院子，院子西南角上设置有监狱。

当时昆山县城里有一位医师叫沈士怡，家住鳌峰桥北，术业甚精。一次，有一个病人带了二百文钱，自城北来请他看病。沈士怡给他诊脉以后发现此人已经危在旦夕了，自己回天乏术，便婉转地对他说："我治不了这个病，也没有药能治你，你不要耽搁，赶快另请高明吧！"那人可能是不相信自己的病有多么严重，没有直接回家，而是继续朝南走去。士怡知道桥南有卖药的，立即赶去询问，对方说给他抓了一些药，病人已经回去了。士怡担心这个人可能要死在半路上，便派人向北寻去。果然，那人已经死在北城门下，手里还紧紧地握着刚抓的药。沈医生竟能断人死活，简直就是神医了，这一传说不胫而走，于是求诊者甚众，从此，"鳌峰桥下沈医生"声名鹊起。

其实这位医生叫沈贞，字士怡，别号绝听老人。沈贞为宣和六年（1124）状元沈晦之后，自浙迁吴县竹桥，再迁来居于昆，生活在鳌峰桥下。他志操简澹，不事华饰，志在济世，学于医者尤精，未尝嗜利。沈贞将从汉代到当时为止的所有医生论伤寒的书，集而为传，名曰《伤寒会通》。他最擅长的是对于患上伤寒病的病人的救治，他所汇集的那本书，弥补了张仲景著作中的不足。他对于中医学和中医药学的贡献是很大的。

北仓巷的东边有一条秦家巷，也就是后来的任家弄，为南北向。现在的聪明弄由北向南直通过来，过县后街，正对着的就是原先的任家弄。任家弄的走向就像一把木工师傅使用的曲尺，由路边走进去，一路向南，到包家花园土墙外向东拐去，直抵后市河边北后街路边。西太平弄和它并肩平行，是县东街向北过来的第一条弄堂。它的北头正对着凤凰桥（又叫北仓桥），一弄两行住有二十来户人家。20世纪50年代，俞平伯老先生给昆曲艺人徐振民的一张明信片上写的地址就是“昆山凤凰桥某号”。这一片房屋并不整齐，高高低低，出出进进，弄堂也就跟着弯弯曲曲。

昆山义塾先前建在凤凰桥南，这是由知县熊肃镇在康熙六十年（1721）建立起来的。雍正十一年（1733），知县赵瑄予以重建，到了嘉庆末年荒废了，存在了近百年。后来迁移到别处去了。

现在的县后街最西边的路北，有一条小巷，历史上叫它“红市巷”，也有人叫它“红布巷”的。很可能是地方志的编纂者始终没有搞清楚两个字的原因，而且两个字的字形在外表上是相近的，特别是手写的话，往往容易搞错。现在大多数人并不知其名，因为没有明显的路牌标志。这里的住户把这里叫作“百花里”，派出所在编制户口的时候，也这样称呼它。1958年，县上要在正阳桥以南的盆渎村一带开辟大片的蔬菜地，村民们便被安置到了这里，由于西边紧靠原来的百花街，“百花里”一名就这样顺理成章地形成了。

中华人民共和国成立以后，柴王弄毕厅进驻了大约一个排的解放军运输兵。他们将路南的废墟清理出来，辟作大操场和马厩，每天在那里操练。这里成为当年昆山城里的一处军营。驻军在的时候，每到周末，就在操场上放映电影，吸引着周边的居民前往观看。后来解放军撤走，这里改成了教师进修学校，以后又成了聋哑学校。现在成为实验小学的校址。

那些曾经住在县后街及周围的大户人家，房屋均毁于抗日战争的战火，后来再也没有恢复起来。聪明弄东边，已经成为一大片私人菜地，弄口的西北角上，有几间破烂不堪的旧房子。

中华人民共和国成立初期，市镇农民先是单干，以后又成立互助组、初级社、高级社，这里和柴王弄一带被划为“六大组”，北边的东塘街被划为九大组。县后街西头靠近今昆山市实验小学的地方，曾经是县后街居委会的“读报组”所在地。几年后，县政府曾办过一所“农业合作干部学校”，专门为农村培训基层干部，直到1954年停办。

1958年，在党和政府的号召下，人民公社成立。同时全国各地城乡纷纷上马，开办各类大学，昆山县也积极响应，在“农业合作干部学校”的东边，办起了一所“红专大学”，南京大学派来了几位老师前来执教，后来大部分人都被调回，但也有几位留在了昆山。

当时是教师进修班，后来成为教师进修学校。“红专大学”办学时间不长。学校停办后，校长王青石被调到隔壁的实验小学当了校长。

1960年，由县文教局于西街琅环里创办了昆山县师范专科学校，后改名为昆山县师范学校，迁到县后街继续办学。校园里，建造有东西各三排平房作为教室和办公用房，每排5间。以后，该校又搬到亭林路体育场南边继续开办。当时正赶上三年困难时期，学校被迫于1962年停办。

1962年，创办于1958年的实验小学由旧址迁来此处。校园占地面

今日昆山市实验小学校门（郭志昌提供）

积较小，1974年至1986年，先后建起3幢教学大楼，并有200米跑道的操场。学校占地面积达到7157平方米，建筑面积扩展到2047平方米。

今日昆山市实验小学对面的孟郊雕像（郭志昌提供）

1964年，在县后街昆山师范学校旧址上曾建成昆山县青少年活动中心（原名“少年之家”），1966年停办。1974年，在亭林路19号恢复重建。

1973年，苏州地区教育局决定在玉山镇开办一所聋哑学校。次年1月，县政府选定县后街少年之家原址作为校址，这是苏州地区第一所聋哑学校，定名为苏州地区昆山聋哑学校。1983年，更名为苏州市昆山聋哑学校。1987年，该校学制由原来的六年改为八年。毕业后的学生被分配到福利厂工作，为一些特殊家庭解除了后顾之忧。

现在的县后街路北一带，被一条小巷和一道围墙分割为三部分，东边以聪明弄为界，以东为里厍新村北区的居民小区，坐落着十几栋居民楼；以西是实验小学的校区，呈长方形坐落于中部。围墙的东面为实验小学的校区，西面是由南向北顺序排列的三栋居民楼，分别为96、98和93号楼。

路南的情况则比较简单。从东向西，先是并肩排列的四栋住宅楼，接下来是社区的办公场所和一座阶梯式的小广场，小广场的背后是里厍新村的8栋楼房，由北向南依次排往前进路的路边，楼房西边是一条可走汽车的通道，两旁栽着行道树，辟有人行道，路牌上标识着“里厍”两字。此名似不妥，里厍应是地名，作为路名则显牵强。

小巷和名人

鳌峰桥一带似乎是名医辈出的地方，在那位沈贞医生身后的百年，家住这里考上状元并做了大官的顾鼎臣在繁忙的政务之余，竟然还编纂出了《眼医方》一卷，对医治眼病有其独到的见解。

说到顾鼎臣，又要从他的父亲顾恂说起。顾恂并不与常人交往，而与当年的画竹名家夏昶，著名的文化名人沈愚、沈鲁兄弟俩为忘年交，其喜欢吟咏，感时触事，创作诗歌。以忠孝勤俭训子孙，乡里后生，若问修身之要，必谆谆告之。晚年在鳌峰里建起宅第，读书著书，计有《鳌峰吟稿》《啖蔗余甘》《西湖纪游》《桂轩先生全集》。

因为这一带先后出过举人、进士、状元和高官，就很自然地成为昆山城里牌坊建得最多的一个地方。其中，有在鳌峰桥北为举人黄琳所立的“天衢文锦”坊、为主事吴凯立的“承恩昼锦”坊、为御史顾潜立的“仪凤”坊，在县后为按察使顾梦圭立的“鸣凤”坊。而最多的，则是为顾鼎臣立的“状元”坊、“起凤”“宫谕”二坊和“状元宰辅”坊等四座牌坊。顾鼎臣一人就拥有四座牌坊，而且在玉峰山下的“霖雨堂”门前，还有一座四柱三门的大牌坊，因此顾鼎臣成为昆山历史上拥有牌坊最多的一个人。顾鼎臣死后，生前经他推举而做了高官的翟銮和赵贞吉报请嘉靖皇帝批准，在县城隍庙旁顾鼎臣的故居处建起了一座顾文康公崇功祠。顾的孙子甚至没有向地方政府申请地皮，只是在属于他家的地盘上搞建筑，很得后人称赞。

清末到民国中期，鳌峰桥下又出了一位名医——郑伯均。郑伯均原姓吴，16岁入赘于鳌峰桥下郑氏，改姓郑。天资聪慧的他由岳祖亲授医术，四年后即开始悬壶于本宅，很快便门庭若市，求诊者遍及苏、沪、常、太诸地。32岁在沪开设诊所，分单双日在昆沪两地应诊，十余年间从不间断，后终因劳累过度于45岁逝世。他的两个儿子继承祖业，在医学上也取得了不小成就。长子郑绍先曾任昆山中医医院副院长和名誉院长，为“江苏省名中医”，是“郑氏妇科”第二十八代传人，被誉为“女科圣手”，1991年被国家遴选为首批继承老中医药专家。昆山“郑氏妇科”现在属于江苏省的非物质文化遗产项目。

现在，聪明弄的西侧，是实验小学的校园，东侧是里厍二村的住宅楼。穿过一条不宽的街道，正对着的是一座石板平桥。走过桥去，是一条小街，东侧，现在叫里厍一村，有5栋家属楼。再向南，是朱福元夫妇曾经住过的小洋楼。任家弄在小街的南侧。小街的西侧，是著名的包家花园，占地比朱福元家的大，但没有朱家的阔绰和洋气。其中有一棵高大的雪松特别有名。

1967年，县革委会成立后，将大雪松移到了大门前的圆形花圃中，这棵大树向四方展开的枝叶又宽又大，而且离地面很近。夏天的晚上，孩子们经常在这棵树下捉迷藏。改革开放以后，县政府大门先后进行过两次大规模的改造，大雪松在迁移中被暴晒而死。

在北市河石板平桥西边十多米处，原有一座拱形桥——凤凰桥。凤凰桥虽然体量不大，但它独特的桥身，并且又是建在老城内的河流上，已足以引起人们的赞叹了。

如今，老城里的拱形石桥，仅剩下几经重建的高板桥这一座了。当年的半山桥，也是一座拱形桥，后来为了城市建设和通行汽车的需要，被改为平桥了。

县后街的千年沧桑历史，也是我们国家、我们昆山这一段历史的缩影和折射。它的演进和变迁，也折射着一个个时代的痕迹。它在地表上面貌的不断变化，也是整个社会变化和时代进步的缩影。

于路日撰《牡丹亭》

顾侠强

汤显祖(1550—1616),中国明代戏曲家、文学家。江西临川人。出身书香门第,不仅精通古文诗词,而且知晓天文地理。34岁中进士,在南京先后任太常寺博士、詹事府主簿和礼部祠祭司主事,在南京任职期间完成了传奇《紫钗记》。明万历十九年(1591),他目睹当时官僚腐败愤而上疏,因此触怒了皇帝,被贬为徐闻典史,后调任浙江遂昌知县。五年中,勤勉理事,政绩斐然,却因压制豪强,触怒权贵而招致上司官僚的非议和地方势力的反对,终于万历二十六年(1598)愤而弃官归故里。

家居期间潜心于传奇创作。其传奇作品《杜丽娘暮色还魂记》后世人称之为《牡丹亭》,加上《南柯记》和《邯郸记》,以及在南京任职期间所著的《紫钗记》,由于都有梦境情节,故合称“临川四梦”,其中,《牡丹亭》是他的代表作,盛演不衰,成为昆曲舞台上的经典作品。

汤显祖画像(杨瑞庆提供)

《牡丹亭》的剧情梗概是:贫寒书生柳梦梅梦见在一座花园的梅树下立着的一位佳人,佳人说同柳梦梅有姻缘之分,从此柳梦梅经常思念她。南安太守杜宝之女名

《牡丹亭》剧照（顾侠强提供）

丽娘，才貌端妍，从师陈最良读书。她由《诗经·关雎》一诗而伤春寻春。从花园回来后，在昏昏睡梦中梦见一书生持半枝垂柳前来求爱，两人在牡丹亭畔幽会。梦醒后，杜丽娘从此愁闷消瘦，一病不起。她在弥留之际要求母亲把她葬在花园的梅树下，嘱咐丫鬟春香将其自画像藏在太湖石底。后其父升任安抚使，委托陈最良葬女并修建"梅花庵观"。3年后，柳梦梅赴京应试，借宿于此，在太湖石下拾得杜丽娘画像，发现就是原先梦中见到的佳人。杜丽娘魂游后园，和柳梦梅再度幽会。柳梦梅掘墓开棺，杜丽娘起死回生，两人结为夫妻。

《牡丹亭》故事的由来

《牡丹亭》初名《杜丽娘暮色还魂记》，汤显祖定稿后曾自题："情不知所起，一往而深，生者可以死，死可以生。生而不可与死，死而不可复生者，皆非情之至也。"这一段话成为当今研究汤显祖《牡丹亭》的经典名言。《牡丹亭》的故事出自流行于江西的民间传说，并且当地还流传多个版本。

一说，某郡守的女儿与某书生在府署后花园相会，女儿被责骂后忧郁成病，终至命赴黄泉。另一说，南安府后花园中一株几百年的番蕉吸收日月精华竟然成精，常常变成英俊男子，与府衙小姐幽会，事败后，小姐羞愧忧郁之中逃出闺房投井而死却尸身不腐，后托梦于路过南安的举子，许以婚配，最终还魂后与书生成亲团圆。

有学者发现宋代洪迈在其著作《夷坚志》中，记载了一则谪居在南安的太尉解元的孙子解俊，遇到前抗金将领邵宏渊女儿鬼魂的传奇故事。同时，又记载了张太守亡女在南安嘉祐寺变成厉鬼，去迷惑解潜孙子的故事。两个故事大体相似。解潜、解元、邵宏渊都是当时具有一定名气的人物，而且确实在南安待过一段时间，传说中的宝积寺、嘉祐寺也都是南安有名的寺庙。

故事的作者洪迈，号容斋，南宋绍兴年间进士，他数年出任赣州知府，并在南安有过多次活动。至于他所撰写的文章，为何既有历史人物的影子，又有神话怪异的成分？如用现代的眼光来看，作为高官的邵宏渊、张太守年轻漂亮的女儿死了，又葬在寺庙边，自然会引起人们的各种猜测传闻。解氏的子孙因故住宿到寺中，听到传闻引起遐想，甚至恍惚间见到貌美姑娘来到跟前，上床与之共枕。日复一日不能自拔，罹至疾病丛生身体羸弱，人们便说是女魂缠身了。这种事情后来广为传播，自然也会传到那个年代的洪迈耳里，于是被他记载在他的著作中。《夷坚志》成书二百多年后，在明代中期出现了《杜丽娘暮色还魂记》话本，又称《杜丽娘慕色还魂记》。

目前昆曲界认为汤显祖之《牡丹亭》取材于明话本《杜丽娘慕色还魂记》，与《夷坚志》记载的故事内容大同小异，足以推断《夷坚志》记载的故事是话本《杜丽娘慕色还魂记》的雏形。而且该话本正文的开头有一首诗："闲向书斋览古今，罕闻杜女再还魂。聊将昔日风流事，编作新闻励后人。"就是作者运用了这个素材，演绎了"昔日风流事"而编撰出这部轰动曲坛的戏剧作品。

正因为《牡丹亭》日后声名远扬，影响深远，所以很多地方都争抢写作源头，并且都拿出所谓的证据。事实上，一部脍炙人口的优秀作品，不可能在一个地方一挥而就，可能是借用了多个地方的写作素材，而且在多个地方不断修改、不断完善，才成就了一部伟大的作品。康熙常熟人江熙在《扫轨闲谈》中说得比较客观："汤于路日撰《牡丹亭》。"就是说，汤显祖是在颠沛流离的游学、任职生涯中积累素材、形成雏形、不断修改、最后定稿的。现根据作者的生平行踪、作品内容、志书记载及学者论述等多条途径，去探寻《牡丹亭》的创作地点。

《牡丹亭》创作于南昌说

汤显祖所写诗文和《牡丹亭》中所倡导的"情至"追求有着高度契合，因此引起了有识之士的关注。汤显祖在与南浦（南昌别名）有关的十首诗文中，就写出了作者对"情"字的感悟，这是汤显祖有关"情"与"理"的理念在南昌诗文中的重要阐述，因此《南浦送友》是汤显祖喜怒哀乐思想情感在南浦的总爆发。南昌萧德齐先生在对南昌西山实地考察后，再查阅了大量相关资料，发现在汤显祖的诗文中，有三百首与南昌、西山、萧峰的人事有关，并且还发现《牡丹亭》的内容与萧峰的动人爱情故事也有一定的关系。发生在南昌萧峰的浪漫爱情故事与追求自由、反对封建的《牡丹亭》主题如出一辙。杜丽娘和弄玉一样，可以为"情"而挣脱"理"的束缚。可能萧史、弄玉因情私奔双双来到萧峰的故事，激发了汤显祖创作《牡丹亭》的灵感和思路。因此可以推测《牡丹亭》的创作与萧峰密切相关，所以，《牡丹亭》就有写于南昌的可能。

《牡丹亭》创作于徐闻说

万历十九年（1591），汤显祖上奏了一道《论辅臣科臣疏》。皇帝朱翊钧见后大怒，把他贬职到广东徐闻县去做小官。根据昆剧史研究专家金虎的研究，他认为《牡丹亭》很有可能写于徐闻。现摘录他的三个观点：

其一，《牡丹亭》思想情节中寄寓作家的贬官感受。汤显祖在南京时曾官至六品礼部祠祭司主事，所以，春风得意理所当然。贬至徐闻屈任县典吏后，不免委曲求全。所以，汤显祖在徐闻倡办教育，在柳梦梅身世中也有表现："赖有始祖柳州公，带下郭橐驼，柳州衙舍，栽接花果。橐驼遗下一个驼孙，也跟随俺广州种树，相依过活。"这柳州公"栽接花果"乃暗喻自己树人树木，而在广州、柳州种树不过是个假托，其实是指在徐闻办教育树人的隐曲暗示。在第二十二出《旅奇》中，汤显祖借柳梦梅之口又提起岭南被贬经历："香山墺里打包来，三水船儿到岸开。要寄乡心值寒岁，岭南南上半枝梅。"这便形象地概括了他由南京经岭南至徐闻的历程。查有关史料，汤显祖当年的行程是：先到广州、韶州，之后舟行到香山蕃、恩平、阳江等地。这一路的岭南行，其实就是汤显祖当年被贬历程的艺术再现，已在剧中曲折地表现出来了。

其二，《牡丹亭》思想情节中寄寓他的教育思想与报国情怀。从思想主题看，汤显祖作为明代著名的戏剧家与教育家，他的戏剧创作自然要体现他的教育思想与爱国情怀，尤其是他在徐闻办贵生书院这段教育实践，更丰富了他的戏剧表现。因此，在《牡丹亭》中不但间接地反映了贵生书院的办学体制，还进一步将汤显祖教育报国思想加以表现，主要有反映书塾生涯的书生形象。其中第三出《训女》中，塑造了父亲及书塾先生形象；第四出《腐叹》也将陈最良的儒雅迂腐表现得淋漓尽致，这不无作家本人的身影在内。但这些努力对于个人仕途并无帮助。所以他才以陈最良自况："灯窗苦吟，寒酸撒吞。科场苦禁，蹉跎直恁！可怜辜负看书心。"（第四出）而为了实现教育救国目的，这位曾为太子侍读（太常寺）的京（南京）官，便化为戏剧人物，抒写个人理想抱负。……总之，汤显祖创作《牡丹亭》有徐闻的影子，有贬官的体会。

其三，《牡丹亭》艺术场景巧妙移植贵生书院办学体制。《牡丹亭》的创作不但在人物设置、情节设计上与汤氏被贬到徐闻办教育有关，还与他一路由南京抵岭南的经历有关，并与贵生书院办院制度——官田设置有直接关系。

《牡丹亭》创作于遂昌说

汤显祖在徐闻当典史不多久，就被派往浙江遂昌担任县令，在与当地贤达文人的闲聊中，他了解到《夷坚志》中关于谪居南安的邵宏渊笄女死后化成鬼魂，在当地宝积寺与谪官解太尉孙子情爱之传说，结合《杜丽娘慕色还魂记》的故事，汤显祖就把这些素材穿插、糅合在一起，一个《牡丹亭》的框架结构就在他的胸中逐渐形成了。

学者钟大生认为汤显祖《牡丹亭》中隐含了徐闻、遂昌、临川元素。据粗略统计，《牡丹亭》剧本中写到的土特产有110种，其中植物有77种，动物有33种。在33种动物中，徐闻有32种，遂昌有5种，临川有12种。在77种植物中，徐闻有70种，临川有20种，遂昌有10种。

由此可见，汤显祖从徐闻来到遂昌生活后，通过细致观察，很多地方土特产引起了他的广泛注意，并融入了《牡丹亭》中，或介绍环境，或渲染气氛，或烘托人物心情，丰富了人物形象，起到了推动剧情发展的作用。

《牡丹亭》创作于昆山说

《牡丹亭》的创作地点还与昆曲发源地昆山有关。《昆新两县续修合志》中记载："太史第。太仆寺卿徐应聘所居，在片玉坊，有拂石轩。注：应聘与汤显祖同万历癸未科，显祖客拂石轩中作《牡丹亭》传奇。国朝张潜之诗：梦影双描倩女魂，撒将红豆种情根。争传玉茗填词地，幻出三生拂石轩。"

编此志时，《牡丹亭》仍以一花独放之势傲立戏曲舞台，各地都在"争传玉茗填词地"，但邑地（昆山籍）诗人张潜之考证出还有写于拂石轩的轨迹，因此就在他的诗作中披露《牡丹亭》写于昆山的精彩一笔，然后写进县志，以传后代。

那个"注"中推出了"国朝张潜之"，他是道光年间的昆山诗人，结栎社，相唱和，对邑地历史景点深有考究，曾经写过数十首对昆山景点具有追根寻源内容的诗作，其中就有《拂石轩》一首，因为其内容"潜伏"着《牡丹亭》写于拂石轩的信息，而被采入县志中。

从这段县志文字来看，是在介绍片玉坊太史第中拂石轩后，引申出的"题外话"，属于意犹未尽的补充。编志时，这个拂石轩中发生的事件已过去了将近300年，也不知这个姗姗来迟的"回忆录"是否正确？由于之前昆山的十多部县志中都未提起此事，即使离该事件最近的明万历县志也未提及，所以还应郑重地考量这个新鲜的史料是否真实。

根据史载，汤显祖确实到过昆山。明万历十一年（1583）癸未科，江西临川汤显祖为第三甲第二百一十一名，直隶昆山徐应聘为第三甲第二百一十二名。两个人不仅名次靠近，仕途也有相似的坎坷，徐应聘于万历二十一年（1593）弃官回籍，汤显祖则在万历二十六年（1598）弃官还乡。显然由于志同道合，又对戏曲有相同爱好，汤显祖离京还乡，顺道来到昆曲发源地昆山，曾居住在徐应聘家中的片玉坊的拂石轩中，随后进行修改《牡丹亭》。

清人江熙在《扫轨闲谈》中说："王文肃家居，闻汤义仍到娄东，流连数日不来谒，径去，心甚异之，乃遣人暗通从者，以观汤所为。汤于路日撰《牡丹亭》，从者亦日窃写以报。迨汤撰既成，袖以示文肃。文肃曰：'吾获见久矣。'汤内惭，谬曰：'吾本撰"四梦记"，此其一也；余尚有三。'文肃急欲索观，乃一日夜撰成焉。"

汤显祖关注发生在常熟就近之娄东一带的昆曲之事是很自然的事。这一段文字告诉我们，《牡丹亭》是汤显祖"于路日撰"而成，用今天的话说，是在旅行途中完成的。那么，当时的汤显祖又在哪儿呢？

当时，万历首辅王锡爵是太仓人，雅好昆曲，且与汤显祖有师生之谊，他听说汤显祖在昆写作《牡丹亭》，马上派人接近汤显祖，窃写后拿回太仓，交给家班演出。上述史料可作为旁证材料，说明汤显祖确实在昆山撰写过《牡丹亭》。

另有相关的旁证材料，那就是明代昆山籍盲人评论家张大复在《梅花草堂笔谈》中的有关文字。他与汤显祖相互敬仰，常有书信往来，汤显祖曾为他的家史《张氏纪略》作序，其中评说："读张元长先世事略，天下有真文章矣。"张大复也认为《牡丹亭》的文本写得特别精致、细腻，让人爱不释手。张大复在《梅花草堂笔谈》中还披露了一个催人泪下的故事：“娄江女子俞二娘，秀慧能文词，未有所适。酷嗜《牡丹亭》传奇，蝇头细字，批注其侧。幽思苦韵，有痛于本词者。十七惋愤而终。”这是昆山人对近在咫尺的一位女性戏迷的动情描述。虽然昆曲幽雅，曲高和寡，但自有才女对昆曲十分痴迷。况且不是看戏的戏迷，而是读戏的戏迷。当她拜读完剧本的文词后就情动于胸，与剧中人物的命运同生共死。这个痴迷者就是娄江女子俞二娘，可能她因和杜丽娘有着相同的命运而百感交集，读完剧本后，泪如泉涌，最终伤心而亡。

后来，当汤显祖读到张大复撰写的这段介绍文字时，已快寿终正寝，虽然老眼昏花，但还忍不住写下了《哭娄江女子二首》一诗：“画烛摇金阁，真珠泣绣窗。如何伤此曲，偏只在娄江。何自为情死，悲伤必有神。一时文字业，天下有心人。”写了俞二娘读文本而惋愤的情态，认为自己埋伏在剧本中的神灵被“有心人”读懂了，不枉为曾经呕心沥血的“文字业”。汤显祖伤感的理由既有对娄江女子的同情，也有对自己作品的慰藉。

张大复在《梅花草堂笔谈》里还写道：“昔临川翁一曲才就，为玉云生朝歌夜舞而去，斯其人欤？”意思是：当汤显祖的《牡丹亭》文本刚写好后，立即被玉云生（也可能是昆山玉山的云生）拿去日夜演出，不但看出新剧作立即受人欢迎，而且也见证了《牡丹亭》完稿于昆山后发生的另一种场景。

当然《牡丹亭》完稿于昆山的命题成立与否，还需学术界进一步考证。

《牡丹亭》创作于芜湖说

此外，于路日撰《牡丹亭》，还有一个可以作为旁证材料。嘉庆二年（1797）《芜湖县志》卷二十四中有记载：雅积楼在今学舍西……世传汤临川过芜、寓斯楼，撰《还魂记》……如此记载，说明汤显祖确实在罢官回家途中，不仅在昆山，而且回家途中经过芜湖也创作过《还魂记》，即《牡丹亭》。

县志上有记，不可能无中生有，可以基本确定汤显祖在安徽芜湖也对《牡丹亭》修改过。

《牡丹亭》创作于临川说

但是，大多学者认为，万历二十八年（1600），汤显祖回到家乡江西临川县的乡村闲居，这一年他50岁。生活积累已丰富厚实，写作水平已炉火纯青，他在生活中耳闻目睹了一些青年男女的爱情遭遇，这些经历激起了他的创作激情。回乡不久，他就开始了《牡丹亭》的写作。

也有人认为，汤显祖在当官期间一路采风、一路构思、一路创作、一路修改，最后到了临川，全身心地投入加工，最后定稿的。

综合上述勾勒，可以梳理出这样一个脉络：汤显祖之成名作《牡丹亭》，最初在南昌、徐闻时积累素材，万历二十二年（1594）在遂昌当县令之际动笔写作初稿，后至万历二十七年（1599），汤显祖来到昆山徐应聘家修改，还在罢官回家途中，路经芜湖也对传奇进行润色，最后回到老家临川完善、定稿、印刷。

高士归庄

葛　欣

所谓高士，就是志行高尚之士，多指隐士。《顾亭林诗文集》中以“处士”“节士”“隐君”相称者有二十余人，而以“高士”相称者仅四人，归庄居首。顾炎武曾赋诗《赠归高士》《哭归高士》《吴兴行赠归高士祚明》《送归高士之淮上》等，清代朱绍成编撰《归高士遗集》。可见，时人称归庄为高士，如按他的品性再细分，可称呼他为奇士、志士、文士和寒士。

奇　士

归庄像（葛欣提供）

奇士必有不同常人之处。归庄一名祚明，字玄恭，生于万历四十一年（1613），卒于康熙十二年（1673），昆山人。归庄生平与顾炎武最为友善，其以博雅独行相推许，俱不谐于俗，故有“归奇顾怪”之称。他佯狂愤世，游名山大川，凭吊今古，常声泪俱下。有人评价晚年顾炎武不怪，归庄却更奇。归庄对自己的字号，颇有戏谑说法：“归子名庄，字元公，别号鏖鏊钜山人，平生字号屡更，以十数计，今名从其旧，字从其新，号从其怪者云。”苏州沧浪亭五百名贤像赞曰：“草圣张颠，酒狂阮籍，野服终身，嗜奇成癖。”其狂草如唐代张旭，嗜酒如竹林七贤中的阮籍，布衣一生，追求奇特为他的癖好。

好酒之徒。自撰与酒的文章：《戏拟淳于髡诸公书》《募米汁文》《酒德颂》《醉乡记》等。归庄有关酒的名言，云：“一日不饮，口燥唇干；二日不饮，舌本强，喉棘；三日不饮，五官不灵，肌肉死，腑脏龟坼；四日五日以往，便当以所荷之锸埋于陶家之侧矣。”另有一首《夜晚玩瓶中诸梅，口占绝句》：“得花未赏梦余惊，开户中天东井横。谁道养生禁卯酒？老夫霑醉候鸡鸣。”他参加诸生考试，边饮酒多瓶，边以篆、隶、楷、草不同书体分别作字，因此引起监考官的不满。

逐花狂客。归庄号称“逐花狂客”，且“素爱名花”，自言为看花而“不遗余力”，自称“乱离时逐繁华事，贫贱人看富贵花”。他在文中写道：“春则玄墓之梅，虎丘之兰。夏则昆山、太仓、嘉定之牡丹。而虞美人、罂粟、蔷薇、芍药，又皆极其繁盛之时，到处追逐。”归庄到了中晚年时期，在江南四处逐花赋诗，沉醉其中。昼对饮花前，夜醉卧花下。先敬花，然后饮酒三大杯，然后再与友共饮。

普明头陀。有人说他在昆山城破后，就逃入庙中，出家为僧。其实不然。他是无处安身才到庙中暂住，骨子里仍是一位斗士。他还是一位儒者。其师钱谦益在《归玄恭恒轩集序》中说：“余好佛，玄恭不好佛；余不好酒，而玄恭好酒。”归庄在《净上人募缘序》中说：“余平生不奉佛，亦不辟佛。不奉佛者，以为儒者有治世之责，不当从出世之教；不辟佛者，以彼教中多有人，高明者从禅，才辨者从教，笃实者从律。而儒风顾日衰，思一振之而力未能，不遑他也。”归庄出家了，但他的心事不在此，而在振兴儒教。昆山抗清斗争失败后，归庄装僧亡命，长期寄居寺庙中。

善骂人。明朝灭亡后，归庄痛定思痛，用民间说唱套曲形式创作了一曲《万古愁》，站在民本立场上，评说千秋功罪，对历代帝王、圣贤冷嘲热讽，列数他们误国殃民的种种过失，饱含着对几千年封建法理的反思和叛逆。顺治帝曾听此曲后大加赞赏，命乐工歌唱助兴。有一折【龙吟怨】："恨的是，左班官平日里受皇恩，沾封诰，乌纱罩首，金带围腰，今日里向贼庭稽颡得早。那如鬼如蜮的文人，狗苟蝇营，还怀着几句劝进表。那不争气的蠢公侯，如羊如豕，尽斩首在城东隩。那娇滴滴的处子，白日里恣淫嫐；俊翩翩的缙绅们，牵去做供奉龙阳料。更可恨九衢万姓悲无主，三殿千官庆早朝，便万斩也难饶！"骂得如此痛快淋漓。他还痛骂过金圣叹，《诛邪鬼》云："一日席间，友人盛叹其才，余以其人虽死而罪不彰，其书尚存，流毒于天下将未有已，未可以其为鬼而贷之也。作诛邪鬼！"他指责金圣叹的文章皆为倡乱之书、诲淫之书，虽然金圣叹已因祸而死，但即使他做了鬼也不可饶恕。

与朱柏庐不合。朱柏庐的父亲朱集璜和归庄是叔侄关系，一同参加复社，一同护城抗清。归庄大朱柏庐4岁，国破家亡后，两人皆为当地著名文人，又是表亲，常有来往。有一次，归庄拜访顾士鳌，朱柏庐当时正在顾家，琴师沈君也一同集会。归庄赋诗一首："寻花兼访友，饮酒复弹琴。所在闻芳气，相逢尽素心。樽前仍独醒，弦外有知音。江左风流在，何须羡竹林。"起初他俩是忘年交，彼此撞身取暖。五年后，归庄为朱柏庐的父亲朱集璜写过祭文，也曾为朱母的60岁生日写过寿文。可惜，朱柏庐大为不满，认为归庄"称道未尽"，于是反目为仇。归庄在给一位朋友的信中写道："过去表叔朱集璜殉国，我敬仰其节操，特为作传以表彰之，流传四方，朱柏庐不知文章之体，以为称道未尽，殊不快，复作书一篇传后，让他明白；今又因朱母的寿文跋语，立即作深仇。

朱柏庐粗知文义，欲自附于清流，一旦忽与归庄为难，咄咄怪事！且昨日情状，竟类市侩无赖所为，当年表叔朱集璜醇谨家风，一变至此，可叹！”虽然朱柏庐和归庄的身世相同，但是性格不一样，朱柏庐不苟言笑，态度庄重严肃；遇世变，崭然不挠；讲规矩，有点迂腐。归庄是放荡不羁，嬉笑怒骂，写文章不虚誉，有一说一。朱柏庐和归庄同处一地，性格上和观念上的差异造成两位大家发生矛盾在所难免。后来他们重归于好，归庄帮朱柏庐找回祖传的宋代名画《睢阳五老图》。但是，归庄过世后却没有见到朱柏庐的祭文和评价。他们之间有许多共同的好友，然而彼此还是有隔阂，不投机。当时吴中三高士之一杨无咎在《朱柏庐先生传》中说：“我生平知己不多，而昆山就有两位。归庄其才不可一世，而独心服于我。其殁也，我恸哭之。与朱柏庐的交情是后来的事，而其相得也最深。其理学之精醇，世无有出其右者。是应该享其天年，使同心志道之人得所尊崇，然而也先我而去，可悲！”

志　士

归庄虽然一生颠沛流离，穷困潦倒，但颇有骨气，傲立世俗，忘却荣华富贵，主动放弃甚至谢绝不是朋友送来的厚礼。他认为人应该气节清高，形象要轩昂，为人遇事不能低头，因此自号恒轩。

忠义者。他说：“士大夫仕则有益于一方，居乡则当有补于桑梓。”还说：“士君子既立朝，上则有补于衮职，中则有裨于世道，下则有造于乡里。”明崇祯二年（1629），张溥在苏州成立复社，以天下为己任，在尊经复古的旗号下，励精图治地开展改良运动。昆山当时推荐了优秀生员18人加入复社，他们都是布衣，且是有为青年，顾炎武、归庄、朱集璜、归尔复都位列其中。16岁的归庄拜师并跟随张溥。

清初，归庄又参加爱国诗社——惊隐诗社，又名逃社，意即暂时逃避而潜谋再举。他与东林党领袖之一的钱谦益来往密切，亦师亦友，暗中与西南和东南海上反清复明势力联络。大哥归尔复随史可法战死扬州，尸骨无存，归庄为其立衣冠冢。二哥归尔德在浙江长兴做官，抗清殉国。归庄曾撰文悼念《先兄监纪君行状》《哭仲兄尔德》《亡兄忌日》等。两位嫂子皆为有节操之人，昆山城破拒绝逃离，先后身亡，归庄撰文《归氏二烈妇传》，深切悼念她们。后来，归庄在钱谦益等师友的资助下，“泣血负土”，归葬三世七人于新阡。

杀县丞守城。1645年，明清易代，清军南下，“履天圮地裂、国破家倾、流离奔走、靡有宁宇之遇”。江南的抗清斗争延续了十多年，以复社成员为代表的江南名士为之杀身成仁，各地相继起义，昆山发动了护发斗争和护城战斗。昆山县丞阎茂才投诚复降，被命为知县。为了显示清朝统治者的淫威，新主以衣冠发型的改变作为征服标记，而下达“剃发令”，时有“留头不留发，留发不留头”的说法。归庄带领百姓发动了护发义举，归庄有《断发》二首：“发乃父母生，毁伤贻大辱。弃华而从夷，我罪今莫赎。”又云：“华人变为夷，苟活不如死。所恨身多累，欲死更中止。”归庄宁死不屈，坚持留发，并鼓动群众杀死投清县官阎茂才。城溃后，清兵屠城三日，“总计城中人屠戮者十之四，沉河堕井投缳者十之二。”全县共四万人，死难者已达二万四千余口。这是一段不应忘却的历史。归庄作诗《悲昆山》，记录当时昆山的惨状：“呜呼，昆山之祸何其烈！良由气懦而计拙。身居危城爱财力，兵锋未交命已绝。城陴一旦驰铁骑，街衢十日流膏血。白昼啾啾闻鬼哭，乌鸢蝇蚋食人肉。一二遗黎命如比，又为伪官迫慑头半秃……”

遗民。改朝易代，国破家亡，对布衣文士的影响是极大的，何去何从？生存还是毁灭？比之为国死难的亲友，不管变节者还是遗民，都有着因“不死”而引起的羞耻感。归庄选择了生，不是苟且偷生，因为父母年老，两位哥哥战死沙场，家中已有6人在昆山城破前后遇难或失散，不久父亲病故，只留老母和妻儿。既然选择了生，该往哪里去？这是一个值得关注的问题。他选择成为遗民，布衣终老。归庄毅然坚持了十年的反清复明活动。但最后大势已去，复明无望，便遁迹山林，逐花赋诗，以酒为乐。41岁时，归庄因忠义，曾被州县学政助理向上级推举题名表彰。归庄写信推辞，信中有政治动荡，不应给当局带来麻烦之语。

营救顾炎武。清初，顾炎武因杀了仆人陆恩而惹上官非，归庄挺身出来调停。归庄写信给叶嵋初，请他宽宏大量，不要去追究。信中写道：“……兄能杀宁人之身，能并其生平之著述而灭之乎？使天下后世读其诗古文者，以为如此文人，而杀之者乃叶嵋初也，此名美乎

归庄《墨竹图》（葛欣提供）

不美乎？……凡此之言，皆所谓爱宁人即所以爱兄也。情溢言切，垂省览！”归庄还求救于钱谦益，但钱谦益要顾炎武自称弟子。归庄私信一封给钱公，说顾炎武表示同意。顾炎武知道后，颇不爽，要求归庄急索信还，并列标志于大街上以自白：“我不是钱谦益的弟子。”钱谦益是明代大儒，曾投靠清朝，顾炎武比较鄙视。顾炎武的做法让归庄难堪。此事可看出归庄厚道，急兄弟之所急，肝胆相照。后来顾炎武考虑到官司打不赢，命案在身，就离开昆山，北上游学。好朋友们都带着酒为他送行。酒喝到一半，归庄站起来，说：“宁人之出也，其将为伍员之奔吴乎？范雎之入秦乎？吾辈所以望宁人者不在此。夫宣尼圣也，犹且遭魋畏匡；文王仁也，不殄厥愠。宁人之学有本，而树立有素，使穷年读书山中，天下谁复知宁人者？今且登涉名山大川，历传列国，以广其志而大其声施。焉知今日困厄，非宁人行道于天下之发轫乎？若曰怨仇是寻，非贤人之志；别离是念，非良友之情。”友人皆喝彩，请求高歌一曲来为他壮行。归庄建议顾炎武“穷且益坚，不坠青云之志”，面临逆境越要坚守风骨与节操，走出去才可能有大天地、大作为。看得出，归庄的志向不在顾炎武之下，所以“归奇顾怪”，归庄在前，顾炎武在后，是有道理的。

“惟存孤竹心。”归庄喜欢画竹，仰慕古代隐士伯夷、叔齐独行其志，耻食周粟，饿死首阳山之举。自语：“画竹不作坡，非吾土也；荆棘在旁，终非其伍也。亭亭高节，落落贞柯，严霜烈风，将奈我何！”他在《题墨竹寿叶允文》题跋中写道：“昔人美君子而托于竹，取其筠也。不改柯而易叶，独凌霜而干云，是以子猷目之为此君，子瞻记之为墨君。幽人高士，每写之以自娱，而不轻赠人……”归庄向往竹子的不“改柯易叶”品性，提倡人品不应蜕变。

文 士

文士之文以文采胜，学人之文以学术胜，儒者之文以理学胜。归庄可入文士，顾炎武自为学人，而朱集璜、朱用纯则为儒者。归庄出生文学世家，曾祖归有光，嘉靖进士，曾为南京太仆寺丞，昆山“三贤”之一。父亲归昌世，明代诗人、书画家、篆刻家。继而又师出高门，受复社领袖张溥、文化大家钱谦益影响颇深。好友吴梅村曾题诗《题归玄恭僧服小像四首》：

岂是前身释道安，遇人不著鹿皮冠。
接篱漉酒科头坐，只作先生醉里看。

金粟道人道者装，玉山秋尽草堂荒。
劫灰重作江南梦，一曲伊州泪万行。

共道淇园长异材，风欺雪压倩谁栽？
道人扫向维摩壁，千尺苍龙护讲台。

中山绝技妙空群，智永传家在右军。
为写陀头新寺额，笔锋蒸出墨池云。

四首诗各以“好酒”“能诗”“画竹”“工书”赞之。

工书。当代书法史研究专家刘恒评价归庄：“其书法以行草书见长，所作或流畅蕴藉，或纵肆跌宕，无不与其狂怪奇峭的性格相合。”尽管归庄自己称其书法：“不过兴会所至，游戏及之，不能如古人之工。”但在文人眼中，这些兴会游戏之作，其实是作为遗民的归庄在

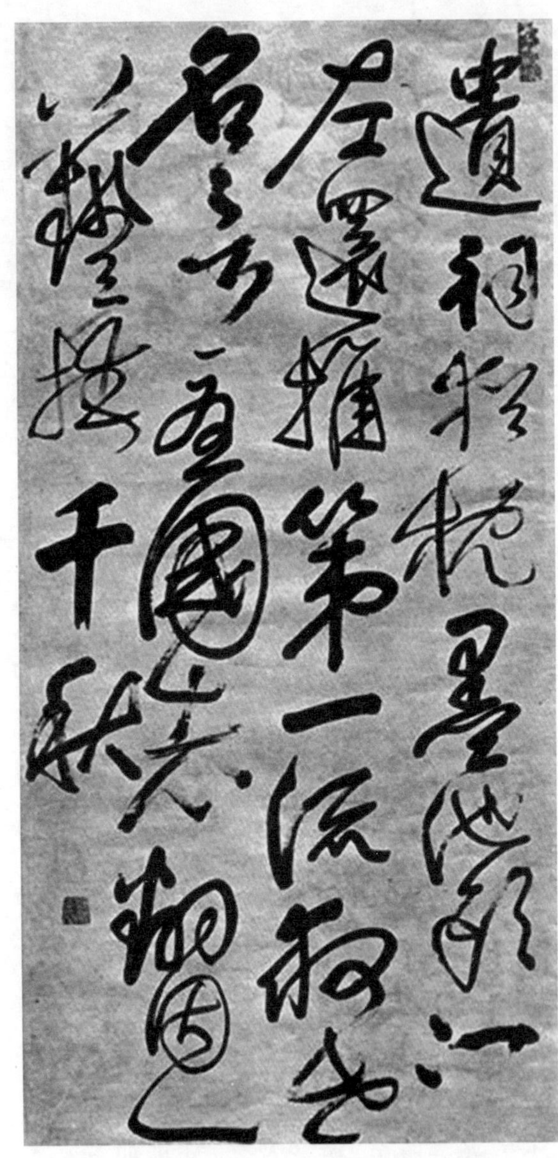

归庄书迹（葛欣提供）

天崩地裂的沧桑之际的种种忧愤与无奈的寄托和宣泄。

画竹。归庄的绘画天赋也高。《题墨竹卷子》云:“人之学问,与年俱进,杂技亦然。余于墨竹,本游戏为之,初无意求进,然相去十余年亦遂觉大异。此卷殊不工,但不至如近日画工之俗耳。”

能诗。有人说归庄的诗文胎息深厚,是娘胎里带来的。以散文为主,十之八九为经解、题跋、议论、赠序、寿序、墓志、碑铭、祭文、行状以及制义之作,其中有些作品表述了对当时政治的不满,有些作品表现出对人民的同情,但也有不少作品内容空洞,思想陈腐。以文取胜,记录当时许多趣事,诸如《祭陆孝子钟烈妇文》等。顾炎武《与归庄手札》云:“弟诗不足观,以与兄作则瓴甋之于宝鼎。”顾炎武的诗与归庄相比,顾以“砖之于鼎”相喻,认为自己的诗不足以看,只是一块砖,而归庄的诗如鼎。鼎是古代视为立国的重器,是政权的象征,足见其推崇至极。归庄言:“余尝论作诗与古文不同,古文必静气凝神,深思精择而出之,是故宜深室独坐,宜静夜,宜焚香、啜茗。诗则不然。本以娱性情,将有待于兴会。”为文必须“静气凝神,深思精择而出之”。写诗当“以娱性情,将有待于兴会”。这些文字实在是高人之言。

耻为文人。归庄一生所从文,却不屑一顾,耻为画家,耻为书法家,耻为诗人。他曾自言:“读书且三十年,而学不成者有故:志愿太奢,而工夫失序。……乃不知专务其本,而反蔽精神,于二十年中,以十分计之,大约工夫费于诗古文者十之五,费于时务书者十之三,究心理学,却止得二分,所谓工夫失序也。”他认为自己下的功夫失序,应在理学上多着力,而不是诗文。在《跋阳明先生书》中如是说:“古人之作,大抵出于学问性情,舍是无诗矣。溺于艺,则艺而已;深于道,则艺亦道也。”在《与红云》文中写道:“虽然,蝍蛆甘带,鸱鸮嗜鼠,不知天下之正味者也，何足与论大官之馔，易牙之烹哉！”

寒　士

寒士多指贫寒失意的读书人。归庄的偶像有两个，一个是他的曾祖父归有光，另一个是北宋大家欧阳修。欧阳修说“穷而后工”，当文人越是穷困不得志时，诗文就写得越好。

归庄的人生三阶段。第一阶段：踌躇满志。16岁入复社，20岁与顾炎武订交，30岁写自寿文。第二阶段：万念俱灰。31岁明朝灭亡，32岁杀县令守城，38岁因穷苦妻离女别；40岁葬三世七人，挈儿至淮阴教书。第三阶段：遁迹山林。44岁送顾炎武北游，45岁开始云游逐花；48岁丧子后访友作文，寄食僧舍；60岁病故。归庄一生痛苦，但也丰富成就了他的艺术造诣，使其成为一个有故事的文化名家。归庄也有失落，

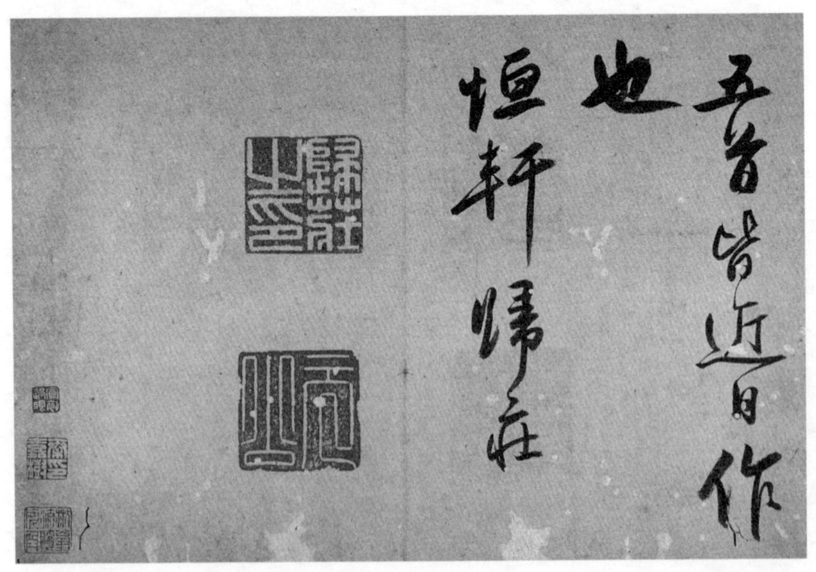

归庄书迹（葛欣提供）

一心报效国家，却没有机会；抗清到底，却奋斗无望，有点颓废。他没有像顾炎武那样，走出昆山发展，最终只能步入隐士的道路。

贫穷。归庄是物质上的穷人，像个流浪汉。早年生活小康，由于战乱而国破家亡，贫病交加。筑茅庐于墓侧居处，茅庐柴门破烂不能掩闭，椅子缺腿少面以绳纬索。自撰归庄居室对联：“入其室，空空如也；问其人，嚣嚣然曰。”入其屋，贫寒；问其人，傲慢。“戊戌十二月，惠子所居之室坏，乃以钱十二缗赎之而迁居焉，榜其室曰万家基。居瓦三楹，向明而庳小，南北丈二尺，东西三丈，檐高六尺，出入必俯躬，后临河，前有庭，广二丈许，与邻家共之。庭西高而东下，水沟在房中，雨则时从墙外达于室内。”住在守墓人的小屋，雨水从水沟流进室内。38岁的归庄，家徒四壁，自撰文：“余去年冬，有大风撼屋之作，盖久矣其不可居也。夏四月丁未，始去之，不言弃，鬻之前乎此也；不言迁，无其所也。且余惟一妻、一男、一女、一奴，妻归宁其母，女寄鞠于同宗，男挈之远行，奴舍我去；残书数簏，其一随身，余置之僧院及同宗家；釜锜甕盎之属仅十余事，则随妻以往。言乎人，盖散而非迁；言乎物，又无可迁，故不言迁也。是数椽者，吾祖来始居之，五十年矣。我兄弟三人皆生于此，大父母、父母、仲兄、仲嫂、幼子皆殁于此，盖四世歌哭焉。于其去也，其能无诗。”陷入妻离子散，父母兄嫂皆亡的凄惨处境。《别故庐诗》其三云：“妻子今分散，真疑鹿苑禅。穷愁无著作，漂泊有山川。仙子壶中地，高人岸上船。茫茫无处所，飘笠且随缘。”清王应奎《柳南随笔》卷五曰：“昆山归元恭先生，狂士也。家贫甚，扉破至不可阖，椅败至不可移，则俱以纬萧缚之。遂书一匾曰‘结绳而治’。又除夕署其门楹云：一枪戳出穷鬼去，双钩搭进富神来。”可见归庄生活是多么贫穷。

超脱。归庄固穷，对民族和友人却忠心耿耿。归庄虽穷，但精神富有，其44岁后遁迹山林。他自言："何处生春早？春生半醉中，花信中，佛屋中，染翰中，残梦中，鸟语中，独坐中，田野中，深谷中，远眺中，诗句中……"这是他的向往，他晚年随性就这样做了，冥冥之中的安排，最好的归属。有宾客问："周濂溪说：'牡丹，是花中的富贵之花。'以你的贫贱身份（却喜爱富贵的花），恐怕不合适吧？"归庄说："我确实贫穷没有几石米，可是我的性情慷慨，喜欢豪迈，没有穷人的寒酸气；我确实低贱是个布衣之人，可是我藐视社会放纵个性，不去侍奉王侯，没有下贱的软骨头。为什么与牡丹花不相宜呢？"经历了一生的大风大浪，他在《万古愁》结尾一折中感叹道："春草生，桃花笑。黄鹂鸣，竹影交。凉风吹，纤纤月色照寒袍。彤云凝，六花绰约点霜毫。傍山腰水腰，望云涛海涛，倚梅梢柳梢，听钟敲磬敲，卧仙寮佛寮，任日高月高。到头来没些儿半愁半恼。真个是纵海鱼，离笼鸟，翻身直透碧云霄。任便是银青作饵，金紫为纶，满天匝地张罗钓，呸呸呸！俺老先生摆尾摇头再不来了。"

凄惨。晚年归庄贫病交加，却人穷志不穷。在《闻诅》写道："甚矣，吾昆山之人好诅也！余以五月出门，留滞江北，至九月归，昆山之人，见者皆惊，盖传其死久矣。或曰醉而死于水，或曰地震压死，或曰以事捕入狱死。"当地人鄙视他，诅咒他，希望他早死。而他却自得其乐，一辈子都不屑于俗。在《癸丑元旦》中，他自言："常年元旦五更兴，多病衰翁兹未能。名姓不劳通邑里，豆觞并免召亲朋。山头爆竹豪家事，天上风云稔岁征。甲子重逢怀感叹，平生壮志竟何凭？"这可能是他最后一首诗，经历多了，感慨也多。临终，"及病逝，梦故人招之入社，分韵赋诗。公自治不起，嘱侄安蜀善成太仆集以公诸世，此外一无系念也"。康熙十二年（1673），归庄郁郁以终。

顾炎武当时在山东章丘，得知归庄去世后大哭，设祭追悼，含悲忍泪作《哭归高士》诗四首：

一

弱冠始同游，文章相砥厉。中年共墨衰，出入三江汭。
悲深宗社墟，勇画澄清计。不获骋良图，斯人竟云逝。

二

峻节冠吾侪，危言惊世俗。常为扣角歌，不作穷途哭。
生耽一壶酒，没无半间屋。惟存孤竹心，庶比黔娄躅。

三

太仆经铿铿，三吴推学者。安贫称待诏，清风播林野。
及君复多材，儒流嗣弓冶。已矣文献亡，萧条玉山下。

四

郦生虽酒狂，亦能下齐军。发愤吐忠义，下笔驱风云。
平生慕鲁连，一矢解世纷。碧鸡竟长鸣，悲哉君不闻。

亭林之诗，实为归庄生平缩写也。“生耽一壶酒，没无半间屋。惟存孤竹心，庶比黔娄躅。”“已矣文献亡，萧条玉山下。”给予归庄极高的评价。

顾文华：从昆山走出去的"央广"台长

陆宜泰

1918年3月8日，顾文华生于江苏吴县陈墓镇（今昆山市锦溪镇）狭港村的一个普通农民家庭。他父亲身高一米八，鼻子隆起，头发卷曲，是一位束身自好、布衣蔬食、温柔敦厚的农民。父亲从小读过私塾，略有文化，曾在苏州葑门外一个姓周的家里教私塾，兼带管账。母亲姓刘，邳县人，农闲做鞋，维持生计，平日每天可做一双，除去本钱外可赚五六角钱，贴补家用。

顾文华还在襁褓之时，父亲因病去世。那时顾文华还不到一岁，母子俩相依为命，艰难度日。他母亲识得几个字，懂得识字的好处，所以宁愿典卖家产，也要让年幼的文华读书识字。顾文华在本村上了两年小学后，然后到周庄小学读书。顾文华小学毕业后，以优良的成绩考入苏州草桥中学（今苏州第一中学）。他在课外经常阅读进步书刊，参加进步活动。一有空余时间，就逛书店，站在书店里，一看就是半天。他还省出零用钱订了一份上海《申报》，因有副刊《自由谈》，上面经常发表鲁迅先生的文章。副刊下边有个专栏叫《读书生活》，是艾思奇、柳湜两位大师主编的。当时连载《大

顾文华留影（陆宜泰提供）

众哲学》《论雷峰塔的倒掉》等文章，给他留下了深刻的印象。

顾文华14岁那年因病辍学，接着母亲因劳累过度而病故，孤苦伶仃的他，只得寄居在堂兄家。两年后，为谋求生计，他凭靠一手好书法被介绍到无锡和苏州两地的警察机构，担任“贴写”和“录事”职务。顾文华在进步人士指引下，利用业余时间开始阅读进步书籍，尤其爱读艾思奇的《大众哲学》，从中受到了深刻教育。

在苏州投身革命

“九一八”事变后，中华民族处于危急之中，苏州人民纷纷投入抗日救亡运动。学生时代的顾文华在进步友人指引下，刻苦自学革命书刊，还组织时事报告会，教唱救亡歌曲，散发革命传单。顾文华自加入世界语学习班后，总是想方设法参加进步活动。他积极投身苏州左联文化运动，为《晨报》等刊物撰写抨击时弊的杂文。

1934年冬，苏州世界语协会中有十多位进步青年成立了“天明社”，筹备出版刊物，宣传抗日。他们一方面写稿投给报纸，主要投给《吴县日报》的副刊《吴语》和陈廉贞主编的《早报》副刊《平旦》等，一方面自己筹备刊物。《天明》于1935年创刊，每月一期，连续出了四期，由王苏蜚主编。当时，另一个进步文艺组织“艺社”也在积极活动。年轻的顾文华出于爱国之心，曾与友人共勉：“我们在苏州的青年，现在这一刻也应该勇敢地担起救亡的任务来，用我们的努力推动政府举国抗战，完成民族解放的任务。”他下定决心后，就付诸行动，积极为《天明》和《早报》撰稿，宣传抗日，抨击时弊，还参加散发传单活动。他还曾排演话剧《放下你的鞭子》，上街进行救亡演说，宣传爱国思想。

第二年春，世界语协会和“天明社”被破坏，王苏蜚等11人被当局拘捕，关押在警察局。顾文华利用其身份机警地对被捕的进步青年给予关心和照顾。其中一位来自苏州女子师范学校的女学生被关押在单牢中，顾文华利用工作之便，将她书写的短信带出牢房，送至规定地址，后使这位进步女青年获得营救。著名进步作家高旅的名字上了“黑名单”，顾文华发现后很快通知他转移，使他有机会深入到敌后继续工作。

“天明社”遭到敌人破坏后，顾文华又与陈世德一起筹备全民流通图书馆，该馆于1936年冬开馆。俞未平、朱海民、许纯等一起帮助开展图书借阅工作，后来俞未平约其妹俞惠贞也来到苏州参加阅览室开放工作，以此团结进步青年，开展抗日救亡活动。那时，一批救亡青年自己筹集资金，积少成多，印刷救亡传单。有位同志认识印刷厂的一个工人，自告奋勇充当联络者。他们起草的文稿大多是要求同胞们认清当前形势，奋起抗战救亡。当时，国民党反动派采取不抵抗主义，全国人民纷纷要求抗日，苏州当时受上海影响，青年们要求首先团结起来，开展形式多样的救亡活动。

1937年10月19日，顾文华赴上海，参加青年救国同盟会组织的鲁迅逝世一周年纪念会。

跌宕的抗日道路

在“一二·九”运动中，成立了一个由中国共产党领导的全国青年骨干团体——中华民族解放先锋队（简称民先队）。1936年下半年，全国代表大会在北平召开，成立了民先总部，会上任命李昌为总队长、于光远为组织部部长、丁浩川为宣传部部长。

1937年冬，苏州沦陷，日寇到处烧杀抢掠。顾文华抱着“牺牲已到最后关头，把敌人赶出去”的决心，他会同数位革命青年离开了苏州，去寻找抗日救亡新的阵地。众人历尽艰辛，西行至武汉。后经人介绍，再辗转至山西临汾，入山西民族革命大学。该校在临汾城内，其时，城外有八路军驻守。城内常有敌人活动，学生们闻讯后即去驱赶，顾文华总是走在前面。同学中的民先队队员认为他勇敢无畏，就发展其成为民先队队员。

1938年春，受民先队组织派遣，顾文华回到武汉，参加成立武汉民先总队部，他被选为队部委员，安排在由钱俊瑞领导的战时书报供应所工作，以团结救亡青年，介绍他们奔赴延安为主要任务。顾文华平时负责刻写、印刷文稿等任务，然后寄往民先各省市队部。每逢民先队组织宣传抗日救亡大旅行，顾文华总是意气风发地高举民先队队旗，走在队伍最前面。是年8月，顾文华在对敌斗争中加入了中国共产党，进入崭新的革命历程。

1938年秋，日寇窜至湖北省境内。8月6日，民先总队部召集武汉地区全体队员开会，李昌报告当前时局形势，号召队员立即行动起

顾文华参加民先队大游行（陆宜泰提供）

来，保卫大武汉，并布置了具体工作。会上选举了毛雍如、顾文华等七人为负责人，成立民先武汉三镇地方队部。顾文华为武汉民先市委委员，留在民先总队部武汉办事处工作。8月13日，武汉卫戍总司令部下令解散民先、青救、中义社。眼看武汉即将失守，武汉八路军办事处为保存革命力量，决定疏散党员干部，赴解放区工作，命令顾文华等人转移至河南确山县的新四军留守处。首长了解到顾文华擅长写作，出手又快，就安排他担任留守处秘书。临行时，时任中共豫鄂边区党委书记帅孟奇看到这批年轻的热血青年，关心地问："到前线去，不仅要手握钢枪站岗放哨，还要打仗，你们怕不怕？"从未舞刀弄枪的顾文华首先坚定地回答："不怕！"谈话后，众人就日夜兼程，跋山涉水，花了半月时间，才到达确山县竹沟镇。

顾文华等人到达竹沟镇几天后，国民党反动派组织了2000余人，乘新四军留守处主要武装力量北上抗日之时，突然逼近竹沟镇发动袭击。在敌我力量悬殊的情况下，战斗持续了两天，顾文华在战斗中光荣负伤。为保存力量，他在留守处主任王国华的带领下，冲破敌人的封锁线，连夜突围至桐柏县龙窝，与陈少敏领导的部队会合，这是他第一次受到了战争的考验。

1939年7月7日，中共中央发表了抗日战争两周年宣言，提出"坚持抗战，反对投降；坚持团结，反对分裂；坚持进步，反对倒退"的口号，动员全国人民把抗战坚持到底，争取最后的胜利。在这特殊的背景下，豫鄂边区党委组织出版《七七报》（后改为《七七日报》）。顾文华奉命调至报社，先后任记者、编辑部主任，直至主编。

同年，顾文华调任中共中央中原局发行部副部长兼河南省委发行部部长。

1940年，顾文华兼任中共鄂豫边区党委宣传部教育科科长，又兼任《老百姓》报社社长兼主编。用他自己的话说是："一身两任，一套人马，两种任务。"其任务都是宣传党的抗日主张，团结教育人民，鼓舞部队斗志，打击瓦解敌人。李先念同志称他们办的报纸是"我们的政治大炮"。

1939年7月至1946年6月的2500多个日日夜夜里，顾文华坚持战斗在党的宣传第一线。当时，战斗频繁，条件艰苦，他们在破旧茅舍内、深山古庙中、行军马背上，激烈战场上，紧张地编写、刻钢版、印刷和发行，出版了一期又一期的《七七报》。

他历任中共鄂豫边区委员会宣传部巡视员和科长、《老百姓》报主编、《农救报》社长、边区党委机关报《七七报》副刊主编、《七七报》编辑部主任等职。1946年6月他参加中原突围，以病（肺病）残（二等残废）之躯，忍饥挨饿，冒着危险冲过敌人的重重火网，终于到达晋冀鲁豫边区。

1946年6月，蒋介石不顾全国人民要求和平的呼声，公然撕毁停战协议，调动数万国民党军队向中原地区人民子弟兵发起进攻。顾文华与报社同志坚持出版完最后一期《七七报》，便随人民解放军向西突进。这时，他身染肺病，忍着病痛，冒着敌人的枪林弹雨，行军至豫陕边境，然后奉命在陕南地区打游击。

在那抗日烽火炽烈燃烧的年代里，边区有一位诗人，曾经写诗热情地赞颂过《七七报》：

你啊，我们边区的灯塔！
你把光芒透过黑暗，
指引着我们，
去迎接新中国的黎明。

你啊，边区的“政治大炮”！
你用真理的语言，
组成火网，
猛烈地追歼敌人。

你啊，我们边区的镜子！
你说出了边区人民的心里话，
你谱写了边区人民的英雄战歌，
记录了边区缔造的艰苦历程。

你突破过敌人无数封锁，
遭受过敌人无数次包围和“扫荡”，
然而你始终充满青春活力，
高歌前进！

这首诗，如实而生动地歌颂了《七七报》的战斗形象，表达了边区人民拥护党的领导，热爱《七七报》的深厚感情。

奋斗在新闻战线

1947年春，顾文华同志担任邯郸新华广播电台编辑部副主任，为瓦解敌军，争取解放战争的胜利，又日夜勤奋地工作。自1948年南下，直至1952年冬，顾文华先后任《豫西日报》副总编辑兼编辑部主任、《江汉日报》副总编辑兼采通部主任、《湖北日报》总编辑、中共中央中南局机关报《长江日报》副总编辑。报社干部来自四面八方，顾文华谦虚谨慎，以身作则，注意维护党的集体领导和团结培养青年

1948年时的顾文华(陆宜泰提供)

干部，全心全意地为党的事业而辛勤工作。在此期间，他撰写了大量社论、短评、报道，为建设和发展解放区党的新闻事业，做出了重要贡献。

1948年4月，顾文华根据组织安排渡过黄河，行军至中共豫西边区党委所在地——河南灵宝，然后担任《豫西日报》副总编辑。此时，解放战争取得节节胜利，解放区地域不断扩大。顾文华在《豫西日报》工作几个月后，奉命继续南下至湖北省江汉地区，担任《江汉日报》副总编辑。

1953年春，顾文华同志奉调首都北京，先后任中央人民广播电台政治广播部副主任、编委，中央广播事业局副局长兼中央人民广播电台台长。自从负责主持中央广播事业局对国内广播部门的工作，他的责任心更强了，脑子里装的全是“广播”二字。上班总是早出晚归，越是到了节日，越是坚守岗位。每逢“五一”劳动节、“十一”国庆节，首都人民举行盛大庆祝和游行活动，电台就进行实况广播。作为中央人民广播电台台长，他身体力行，反复强调要求工作人员“只能做好，不能出差”，既现场指导，又事必躬亲，从组织策划、安排人员、采访撰稿、成稿送审、预习朗读、安装设备到实况播音，都安排得井然有序，总能出色地完成任务，因此经常受到中央领导的称赞。有一年，邓颖超同志曾走到天安门西南角城楼上，慰问了全体参加播音的工作人员，工作人员受到了极大的鼓舞。

顾文华上半辈子在报社工作，调入广播战线工作后，并不墨守成规、固步自封。他在广播事业的舞台上唱了35年的“广播歌”，每一个

1965年国庆节，顾文华(右3)与中央广播电台部分同人在天安门城楼上（陆宜泰提供）

音符里都倾注了他为党工作赤诚的心声。他在政治上积极倡导学习和研究党的方针政策，注意宣传的积极导向；在业务上强调贯彻“保证党的广播宣传工作沿着党指引的方向前进”。难能可贵的是，顾文华十分关心新闻广播队伍素质的提高，做了大半辈子新闻广播的他，懂得记者工作的甘苦，他常对身边的编辑记者说：“作为广播编辑记者，要有多种修养……眼睛里要有全国人民，看问题才能站得高，看得远……编辑记者要学习做人，不是一般做人，要做一个正直的人，有理想的人……”同事都称他是“慈祥的长者”“值得尊敬的领导”。

他还分工主管过局总编室、中国广播艺术团、中国唱片社等部门。他很重视广播宣传的通俗化文风，为此，鼓励各部门积极培训干部。他在主持中央台工作期间，在加强节目建设、提高节目质量、密切与地方台合作方面，提出了一系列改进工作的建议。他特别关心由各省、自治区、直辖市电台担任中央台集体记者的网络建设，主持创建了遍布全国的中央台驻地方记者站，对中央台的全方位广播宣传做出了重要贡献。

坚定的革命信念

顾文华为党的事业历尽艰辛，矢志不渝。1979年冬，顾文华同志因病瘫痪，于1982年离休，退出了他热爱并为之奋斗近半个世纪的新闻广播事业岗位。

在他病痛缠身，瘫痪八年的时间里，他身残志坚，充满了革命的乐观主义精神。他一方面同病魔斗争，一方面仍坚持每天读书看报、听广播、看电视，继续关心着国内外大事。在病床上，他以惊人的毅力撰写了一篇又一篇好文章，接待了一批又一批来访者。他抱病撰写了回忆录《中原突围前后》，完成新四军老干部编辑的《大江南北》的约稿；他又撰写了《边区党报——七七报》投给中共河南省委编辑的《豫西边区史》；他为湖北日报社编撰了《湖北新闻史料》，还撰写了怀念湖北省新闻事业做出贡献的老战友夏农苔和谢文燿两位同志的纪念文章。

1985年，顾文华在家中写稿（陆宜泰提供）

更为可贵的是，顾文华虽离开家乡数十年，但还时刻梦绕情牵着故土。在瘫痪期间，先后撰写了富有江南水乡韵味的《忆童年》《马兰头》《捡桂花》《躺在蒿草地上赏月光》《香风阵阵野蔷薇》和《草桥中学拾零》等抒情散文，寄至《苏州日报》，为故乡的报纸增添风采。改革开放后，苏州“两个文明”建设出现新气象，他获悉后欣然命笔。1985年3月，他泼墨挥毫书写了“卫生先进，旅游胜地，苏州人民的光荣”的条幅，寄至《苏州日报》，表达他对故乡苏州的崇敬之情。平日里他还回忆参加革命时如火如荼的战斗生活，整理成文，先后撰写了《撒传单》《往事当年话抗日》《回忆竹沟战斗生活片段》《汉川民众自卫斗争的怒潮》《战斗中出报》《抗日十人团》《徒涉丹江》和《一次广播火线喊话》等回忆录，分别发表在各类报刊上，成为教育下一代的珍贵资料。

顾文华离休后还写了许多有关人民广播史实和业务改革的短文，还撰写数以百计的散文、杂文，在各地报刊上发表，努力把党的优良传统传给后人。直至弥留之际，他仍在聆听中央台的广播。

他曾用焚划、劳歌等笔名撰写了数十万字的回忆革命的文稿。于光远同志在为顾文华《余热集》的序言中这样说：“我和文华是在1938年春在武汉认识的。从那时到他去世，正好五十年。从1938年8月我南下广州到北京与他重逢有二十年之久不通信，1953年他调来中央广播电台，与我就时有接触。”“我写的这篇序，主要不是回忆历史事实。文华同志从1979年起，他不幸身患重病，数次垂危。抢救脱险后，身体十分虚弱，先是全身瘫痪，后来才恢复到偏瘫，动作不便，语言受阻。在这种情况下，他竟然写出十来万字的文章。这是一件令我感动的事。因此我认为收入这个集子里的不但有宝贵的史料，有他的见解，也还有显示出一个不知屈服为何物的、充满着社会使命感的革命志士的顽强精神。在这个集子的前言里，他告诉我们自己是在轮椅上怎样奋笔战斗。他的这种行为，不仅对青年人是一种身教，就是对

1954年我国广播代表团在苏联学习访问，顾文华(前排右2)(陆宜泰提供)

于我们这些‘老家伙们’来说，又何尝不是一种鞭策？因此我认为，这本遗作，不仅是他的亲友的一个极为珍贵的纪念物，对于社会也是一个很有价值的作品。我作为与他相识五十年、彼此友情很深的战友，很愿意为这本书写这样一篇小序。”

顾文华身居中央广播事业局要职期间，带着党和国家的嘱咐先后率领新闻广播工作者前往苏联、朝鲜和印度尼西亚等国家学习交流和友好访问；还参加接待国际友人的外事活动，曾先后引领坦桑尼亚广播代表团拜见毛泽东主席和周恩来总理；主持举行首都新闻界欢迎澳大利亚总理和德国总理访华新闻界朋友招待会，增进了中国与世界各国新闻工作者的相互了解和友谊。在他被病魔折磨时，身居斗室，将许多珍贵的外交往事撰写成《在东湖见毛主席》《非洲的回音》等回忆文章，这些成为中国和世界各国人民友谊的见证。

顾文华众多文章在报刊发表后，他请报刊将稿酬寄至他幼年读

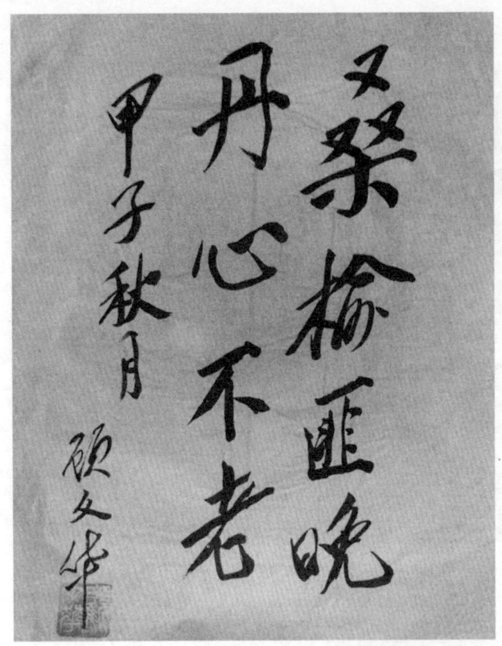

引曙光於
世播佳種
在田
甲子冬
武汉八路军办事处旧址
纪念馆
顧文華

顾文华手迹（陆宜泰提供）

书的母校——昆山市周庄中心小学，嘱咐学校为师生添购图书，丰富师生的精神生活。因此得到母校师生的敬重和爱戴。1982年4月，周庄中心小学开展“向顾文华爷爷学习”的活动，他知道后，深感不安，抱病写信致学校，一再表示自己是大海中的一滴水，是革命队伍中的普通一兵，没有可学之处，要求学校引导师生向老一辈无产阶级革命家和英雄模范人物学习。至1988年4月，顾文华一直与学校师生保持书信往来，还为学校题写了“好好学习，天天向上”“少年有志”“业精于勤荒于嬉”“水乡桃源”等数幅字体秀丽的条幅，成为全体师生的座右铭。

1988年6月19日，顾文华因病医治无效，溘然去世，数日后中央人民广播电台中播出了新闻：“顾文华同志立场坚定，爱憎分明，对党的信念从不动摇，对党的事业矢志不渝，保持了共产党员的高度品质……顾文华同志工作认真负责，作风平易谦和，宽厚朴实，善于从大局出发，团结同志，调动广大干部的积极性，是一位深得人心的领导者。”

盘点昆山宰辅重臣

鲁德俊

今天我要介绍几位昆山的宰辅重臣，通俗地讲，就是历史上做过宰相的昆山人。宰相，其实是一种泛称，各个朝代名称各不相同，秦汉称丞相、相国，唐宋称中书、门下、尚书三省长官及同平章事，明清称大学士。

张镒

张镒（？—783），字季权，一字公度，吴郡昆山人。

张镒为张后胤五世孙。张后胤是唐太宗的老师，曾向李世民讲授《春秋》。张后胤官员外散骑侍郎、国子祭酒，永徽年间致仕，加金紫光禄大夫。卒，赠礼部尚书，谥曰康，陪葬昭陵。

张镒画像（鲁德俊提供）

张镒的祖父张承休，曾官扬州司户参军，迁常熟令，历朝议大夫、上柱国、恒州刺史。死后，宰相张说铭其墓曰："承休，昆山人，希言笃行，去华崇实，非法不由，非礼不动，精于理物，敏于从政。"

张镒因父张齐丘曾官朔方节度使，荫授左卫兵曹参军。又因郭子仪曾在张齐丘军中任副元帅，表为判官，后累迁殿中侍御史。

后张镒因母病故，回昆山居丧，以孝闻于乡里。丧除复官，任司勋员外。

乾元初（758），张镒因执法不肯论华原令卢枞死罪，贬为抚州司户参军。

大历五年（770），张镒为濠州刺史，政事清简，招有学问的人讲授生徒，到他离开濠州的时候，科举考试有40余人考中。

当时考核各地方官员，张镒的政绩名列第一。

大历十二年（777），迁寿州刺史，深得民心，十四年（779）离任时，当地人民为他立石碑歌颂他的德行。唐德宗即位后，张镒任江南西道都练观察史，兼御史中丞。他救济孤独，平均赋税，慰问老弱，大兴学校，办了不少实事。

据《集异记》记载，建中二年（781），张镒在朝廷任工部尚书判度支期间，有一次因为奏事称职，代宗皇帝当面许诺要封他为宰相。从此，代宗待他特别好。但几十天过去也没有消息。忽一日，张镒晚上梦见有人推门急忙而入，大声说道："恭喜你拜相了！"张镒惊醒，看看屋里屋外都没人。他把这个梦向外甥李通礼说了，李通礼沉思良久，祝贺道："舅舅要做宰相了！"没过多久，有走马吏来报告说诏书下。张镒果然被封为中书侍郎，同门下平章事，也就是拜相了。后又封他为集贤殿学士，修国史。

是时卢杞忌张镒刚直，就排挤他，让他担任凤翔、陇右节度使。建中四年（783），张镒与吐蕃相尚结赞在清水会盟。

不久，叛将李楚琳作乱，张镒及其二子同时遇害。唐德宗说张镒是文武兼备，内外都德高望重，没有人能替代他。于是下诏赠其为太子太傅，实行官葬。

张镒又是一名经学家，所著有《三礼图》《五经微旨》《孟子音义》等。

唐宣宗大中初年，作为功臣，张镒的图像被悬挂在凌烟阁中。史臣评曰：“张镒效忠王朝，却为奸贼所害，身虽死而名可与泰山、嵩山比高。”

范成大

范成大（1126—1193），南宋参知政事、文学家，字致能，号石湖居士，昆山人。历来一些史书常把范成大的籍贯说成苏州，实际上苏州应是范成大的祖籍，从他的父亲范雩开始就已迁居昆山了。北宋宣和六年（1124）范雩中进士，即被列入昆山籍进士题名榜内。两年后即1126年，范成大出生于昆山。1154年范成大中进士，也被列入昆山籍进士榜内。因此范成大是昆山人，这是无可争议的事实。明人张大复的《梅花草堂笔谈》早已做过纠正，认为范成大实为昆山人。当代著名学者、范成大研究专家周汝昌在他撰写的以范成大为题的传记中也肯定：“范成大，字致能（致，一作至），号石湖，平江（苏州）昆山人。”

范成大幼年在昆山度过。10岁随父去江阴、临安等地。12岁遍读经史，14岁能文辞。其父46岁早亡，18岁的范成大返回昆山，在荐严寺（简称东寺或东禅寺）苦读10年，取唐人“只在此山中”诗意，自号此山居士。在范成大的诗集中，诸如《宿东寺二首》《晚步》《元夜忆群从》《宴坐庵四首》《六月七日夜起座殿庑取凉》等诗，都是此时写于昆山荐严寺的作品。

在荐严寺后园池边有一个亭子，因范成大经常在此读书，后被题作“范公亭”。旁边生有紫藤，被称作“范公藤”。明代户部尚书夏原吉来昆山时有诗写道：“偶上范公亭，亭幽景物清。竹添新岁笋，树挂昔时藤。”就是咏“范公亭”和“范公藤”的。范成大后来随军远征到西南边陲时，写给昆山故交施元光的一首七律诗《施元光在昆山，病中远寄长句，次韵答之》也说：“参井忽随征马上，斗牛应挂故山前。”让斗、牛星宿挂在故山前，是说自己的心仍在故乡昆山。范成大把昆山称为“故山”，也足以证明他是昆山人。

绍兴二十四年（1154），范成大中进士后，初授户曹。隆兴二年（1164），任枢密院编修。次年起，升校书郎，编修国史，历著作佐郎，转吏部郎官，知处州，迁礼部员外郎。乾道六年（1170），假资政殿大学士使金，抗争不屈，几遭杀害。后历任中书舍人、集贤殿修撰，知静江府，转四川制置使、成都知府。淳熙四年（1177），权礼部尚书。淳熙五年，升任参知政事，仅两月，因与孝宗意见相左，被谏官弹劾，罢归。后虽被重新起用，终于淳熙十年（1183）以病五次上书辞归，隐居苏州石湖，自号石湖居士。即使后来朝廷又以进资政殿学士、封吴郡开国侯，再加大学士、封吴国公，两次起用他，他都婉言谢绝，或刚一到任就告归。绍熙四年（1193）九月初五日，范成大病逝于家，终年67岁，谥号文穆。

范成大作为封建士大夫，勤政爱民，认为“民惟邦本，本固邦宁”，要想富国强兵，必先安民。因此他主张“省徭役，薄赋敛，蠲其疾苦”（《论邦本疏》）。这些都是基于儒家的“仁政”和“民本”思想。作为文学家，他与杨万里、陆游、尤袤合称南宋“中兴四大诗人”。他的诗篇以反映农村生活的作品成就最高，晚年所作《四时田园杂兴》六十首是其代表作，钱锺书在《宋诗选注》中称“也算得中国古代田园诗的集大成”。如《四时田园杂兴》就是其代表作，描写农村春、夏、秋、冬四个季节的景色和农民的生活，同时也反映了农民遭受的剥削以及生活的困苦。同时在他的诗中也体现出期望收复被金人占领的北方大片国土的爱国思想。他同时还是著名的词作家。他的文赋也颇获好品评，流传甚广。亦擅长填词，风格清新明快。其著述甚丰，主要有《范石湖集》《石湖居士诗集》《石湖词》《揽辔录》《骖鸾录》《吴船录》《桂海虞衡志》《吴郡志》等。他或许还可说是一位地理学家，《揽辔录》就是他出使金国的日记。

卫泾

卫泾（1159—1226），南宋参知政事，字清叔，平江昆山人。其先祖为齐人，唐末避乱南迁，从祖父卫阗开始，定居昆山石浦。父亲卫季敏，曾任镇江府通判。卫泾少年时从师李去智。淳熙十一年（1184）进士第一，为昆山历史上第一位状元。按惯例，新科状元必去拜谢当朝宰相。卫泾作风正派，没有去拜见宰相王准，遂不得升迁，被搁置一边，不予理睬。好多与卫泾同科考取的进士，由于行贿送礼，相继捞到了乌纱帽，穿起了大红袍，唯独卫泾闲居客店，苦苦等待。客店老板见他付不起住宿费，要将他赶出去。正好太守朱熹出巡，发现了穷困潦倒的新科状元卫泾，后推荐他出仕。

卫泾画像（鲁德俊提供）

淳熙十四年（1187）卫泾任秘书省正字时，向孝宗奏对说：“愿陛下坚自强之志，振纪纲以张国势，作气节以厉偷惰。则静可以强根本，动可以复土疆，而事功立矣。”他针对北方为金人所占领的现实，力陈不可苟安的主张。他眼见一些官吏庸庸碌碌，明哲保身，风俗日坏，士气日下，民生日困，因而希望皇帝能坚定自强不息之志，奋发图强，严肃法纪以增强国势，振作士气以克服苟安偷生的积习。倘能如此，则国家可以强盛，疆土可以恢复，大功可以告成了。

光宗即位初（1189），卫泾以著作佐郎上奏说：“愿陛下奋发英断，规恢远图，卧薪尝胆，不忘北乡。”

庆元三年（1197），以起居舍人假工部尚书，出使金国，回来对宁宗说：“金有危亡之兆……一弱国灭，一强敌生，未足以为喜也。”后金果然被蒙古所灭，不出卫泾所料，足见他有先见之明。

当时权奸用事，卫泾不愿趋炎附势，退归故里数年。在昆山石浦开辟一座西园，园中多奇石，最著名的有元云石。建有厅堂，取范仲淹“先天下之忧而忧，后天下之乐而乐”之意，名曰“后乐堂”，卫泾自号后乐居士。

开禧元年（1205）奉旨入朝。次年任中书舍人，兼直学士院。三年任吏部尚书，拜御史中丞，再拜参知政事，封昆山县开国伯。嘉定初年（1208），兼太子宾客。

宁宗听说卫泾家里三世同居，昆山石浦有友顺堂，就御书“友顺”两个大字赐给他。景献太子也书写“后乐堂”匾额送给他。

嘉定十七年（1224），进资政殿学士、金紫光禄大

地处石浦的卫泾墓（鲁德俊提供）

夫，退休回归昆山，进封吴郡开国公。

宝庆二年（1226），卫泾卒，享年67岁。为悼念他，理宗特辍朝一日，追赠其为太师，封秦国公，谥号文节。

卫泾历仕三朝（光宗、宁宗、理宗），为官四十余年，忧国忘家，深谋远虑，不邀近功，刚正不阿。曾对人说："官职自有定分，名谊千古不磨。"所以他在朝孤立自守，不畏强势，以贤才为立国之本，荐进搜举。

在潭州时，卫泾与朱熹交好，韩侂胄指斥朱熹为伪学，排斥他。韩侂胄死后，卫泾奏明皇上请朱熹还朝，而当时朱熹已死，后取朱熹四书诸经传注，刊刻以传。

卫泾本人亦善诗文，风格清丽，著有《后乐集》五十卷。

清代学者沈德潜称誉"其人之挺然独立，百折不回，有如金石之坚贞者，而《宋史》不为立传，可怪也"。

后人在昆山为卫泾建立了卫文节公祠，旧在马鞍山华藏寺左旁，

石浦状元石（鲁德俊提供）

再改建于儒学东，又移建于景德寺西报国寺大殿故址。

马鞍山顶之“文笔峰”，即为纪念昆山历史上第一个状元卫泾而建立，是亭林园中一道亮丽的景观。昆山县志记载:“宋孝宗时，魁星见于玉峰山翠微阁之东，妙峰塔之西。”魁星显现，将有文曲星下凡，就预示着昆山将要出现一个大魁天下的状元。果然不久昆山东南石浦镇的卫泾考中了状元。原在紫云岩的百里楼旁建有一座牌坊，历经沧桑，牌坊倒塌了。后来重新浇铸了一支更为形象的大椽笔，上面镌刻着三个篆体大字“文笔峰”。

卫泾的诞生地昆山石浦的陆鳌山改名为状元山。卫泾求学读书的塾馆，改称”文节书院”。石浦又新辟“卫泾公园”，并立“状元石”，以资纪念。

陈贵谊

陈贵谊（1183—1234），南宋参知政事。字正甫，原籍福清场前人，因父亲招赘至昆山，故陈贵谊生于昆山。其父陈宗召官至太师、工部尚书。陈贵谊于庆元五年（1199）登进士，为太学博士，后授瑞州观察推官。嘉定元年（1208）迁江南东路安抚司主管机宜文字。理宗对陈贵谊很是器重，从宝庆元年（1225）起，7年间5次升迁，直至参知政事兼同知枢密院事，权同三公。

时南宋政权已江河日下，权臣史弥远擅政于内，金国虎视眈眈于外。陈贵谊任太学博士时就上书论政，请求皇帝与百姓同甘共苦。他还指出现今朝廷奸邪当道，百姓怨声载道，人心涣散。陈贵谊此议为朝中权贵所不容，就以陈贵谊之兄陈贵谦已任礼部郎官应该避嫌为由，将陈贵谊改任监丞兼魏王府小学教授。但陈贵谊仍以国家兴亡为重，屡屡上书，批评弊政，指出当时存在“言路不开，贿赂公行，军法废弛，阵亡将士不得抚恤，临阵逃脱反受重用”等腐败现象，这下触犯了宰相史弥远，史弥远唆使谏官弹劾陈贵谊擅越议事，将他撤职。

宝庆初年，朝廷诏举贤能才识之士，陈贵谊上言：“当求忠实正直、奉公爱民、知礼义廉耻之人为官。”陈贵谊迁礼部侍郎兼中书舍人，升刑部尚书，后又升礼部尚书兼给事中、端明殿学士。

陈贵谊不仅敢于批评权臣，还敢于冒杀头危险向皇帝提出批评性意见。绍定六年（1233）权相史弥远死，理宗开始亲自理政。当时有一批宦官因拥立理宗有功，理宗想对他们滥施恩赏。陈贵谊刚升任参知政事兼同知枢密院事，就进谏劝阻，要理宗“求忠实正直，奉公爱民，知礼义廉耻而不越防范者，以克中外之选”。理宗无限感慨地说：“顷闻忧国之言，朕所不忘。”即收回成命。

嘉泰年间（1201—1204）福清县地方官在海口镇至港口之间滥设关卡，重复征收贸易税，给百姓造成沉重负担。先此陈贵谊之父陈宗召上疏朝廷要求下旨废除，没有获准。直至陈贵谊侍经筵时又力争，理宗才准他的奏议，下旨废止。福清县百姓特别感念他的恩德。

端平元年（1234）十月，陈贵谊终因操劳过度，卒于京都临安，享年51岁。朝廷追赠其为少保，资政殿大学士，谥号文定。

顾鼎臣

顾鼎臣（1473—1541），明朝昆山状元，文渊阁大学士，是“代朝三月”的重臣。字九和，号未斋，昆山积善乡雍里村人。

顾鼎臣出生那年，父亲已50岁。据说顾鼎臣系婢妾所生。他自幼好学，13岁中秀才，24岁中举，弘治十八年（1505）31岁时高中状元，授

顾鼎臣画像（鲁德俊提供）

翰林院修撰。一个月后，其父顾恂含笑而死，时年88岁。嘉靖十七年（1538），顾鼎臣以礼部尚书兼文渊阁大学士入参机务。第二年三月，世宗嘉靖皇帝出京巡视，特下旨命顾鼎臣留守京师，辅佐太子监国，即民间所传“代朝三月”。顾鼎臣历弘治、正德、嘉靖三朝，官至少保兼太子太傅、武英殿大学士。昆山原无城，顾鼎臣上奏皇帝为昆山筑城获准，后倭寇侵扰昆山，依赖城墙百姓幸免于难。昆山城原有六个城门：南门叫朝阳门、北门叫拱辰门、东门叫宾曦门、西门叫留晖门、小东门叫迎薰门、小西门叫丽泽门。

嘉靖二十年（1541）十月，顾鼎臣病卒任上，终年68岁，赠太保，谥号文康，葬于吴县潭山。后奉诏建祠纪念，赐额“崇功”，祠在今昆山亭林园内。著有《未斋集》《文康公集》等。

顾鼎臣的传奇故事很多，民间传说，戏曲评弹，多有演绎。

据说，顾鼎臣之父顾恂是个小商人，年过半百仍无子嗣。家里有一个婢女，妻子看管甚严。一日，顾恂在小店做生意，妻子派婢女去送饭，遇上雷电交加不能速归，顾恂便与婢女成其好事，不久此女竟怀孕生下顾鼎臣。顾妻大怒，欲杀死婴儿，不成，又暗中将他投掷磨道，幸得磨坊主人发现，救出收养。顾鼎臣长大后十分聪慧好学，但顾妻始终不承认这个孩子，并将其生母当奴婢一样对待，受尽凌辱与欺负。直到顾鼎臣中状元后，养父才讲出真情，顾鼎臣到顾家与亲娘相认，但顾妻仍不准顾鼎臣认母。顾鼎臣遂在亲友的帮助之下进到房内，长立庭下，坚持要见生母。顾妻更加愤怒，但顾鼎臣主意不改，

顾鼎臣祠堂碑石（鲁德俊提供）

说：“即一见，死不恨。”亲朋好友也从旁规劝，顾妻无奈才令其生母从灶间出来见自己的亲生儿子。顾鼎臣看到自己的生母衣衫褴褛，蓬头垢面，母子二人，忍不住抱头痛哭，亲友们也都为之泣下。

顾鼎臣幼时聪明，常有妙语。一天，塾师出一上联让他对：“花坞春晴，鸟韵奏成无孔笛。”把鸟鸣声比喻成无孔之笛，难度较大。但顾鼎臣面无难色，不一会儿就对上了：“树庭日暮，蝉声弹出不弦琴。”将蝉声比喻为无弦的琴声，也别出心裁。塾师不禁十分惊奇。有一天，他父亲出一上联考他：“柳线莺梭，织就江南三月景。”顾鼎臣立即对道：“云笺雁字，传来塞北九秋书。”他父亲听了非常高兴。由此可见，顾鼎臣后来得中状元不是偶然的。

徐元文

徐元文（1634—1691），昆山状元，文华殿大学士。字公肃，号立斋，昆山人。徐家为昆山望族。曾祖父为明万历进士，官至太仆寺少卿；祖父、父亲均为明朝的贡生；母亲是顾炎武的五妹，换句话说，明末清初的著名学者顾炎武就是徐元文的舅父。

徐元文自幼刻苦读书。与二位兄长徐乾学、徐秉义组织文社，取名“慎交”。

顺治十六年（1659），徐元文参加殿试，顺治皇帝认为徐元文才华出众，名字吉祥，仪表堂堂，特赐状元及第，授予翰林院修撰。其后，他的两位兄长徐乾学、徐秉义也先后高中探花，名闻遐迩的昆山“三徐”从此踏入仕途。

徐元文在翰林院任职期间，治学严谨，态度又十分谦逊，不懂绝不装懂。有一次，他随顺治帝造访方丈，顺治帝向他询问佛家经籍，他坦诚地回答说，自己没有研究过这方面的学问。顺治帝也没有瞧不起他，反而对他非常赏识。顺治帝曾让他为自己的书房“孚斋”写篇文章，阐述读书之道。徐元文受命执笔，写了一篇《孚斋说》，顺治帝阅后点头称善，特命工匠刻印刊行。一时之间，诸生学子把这篇文章纷纷抄录，挂于书房。

康熙九年（1670），徐元文提升为国子监祭酒，充任经筵讲官。当时，清廷急于筹饷平藩，滥开捐官纳监之例，每年入学国子监的学生，多数是靠金钱或官荫进来的，那些正途的贡生入监者为数甚少。针对这种

徐元文题扇面书法（鲁德俊提供）

弊端，他奏请康熙帝撤销了捐纳政策，着手大力整肃国子监的学政。

康熙十三年（1674）五月，徐元文被擢升为内阁学士兼礼部侍郎，充重修《太宗实录》副总裁。第二年四月，改任翰林院掌院学士兼礼部侍郎，充日讲起居官，专为康熙帝讲学。徐元文先后被提升为左都御史、刑部尚书、户部尚书，直到宰辅——文华殿大学士兼翰林院掌院学士。即使后来被降职，还被委任为《明史》监修总裁官、《大清一统志》副总裁、《三超国史》总裁官。徐元文从此得以参与朝政大事。

徐元文在朝为官31年，谦虚谨慎，忠厚待人。与同僚相处，十分平和。但他遇事刚正不阿，无所顾忌，无论是任左都御史，还是贬领史局，他都以敢于直言诤谏、敢于坚持正确意见著称。

徐元文为人外和内刚，直言无忌。他为政不畏权贵，遵礼守法。然而由于家门子侄不贤，巧取豪夺，为恶乡里，给政敌提供不少口实，使得徐元文一再遭劾。先是副都御史许三礼劾他入阁拜相后，收受贺银五千两。康熙帝置之不究。不久两江总督傅拉塔纠劾他及其子侄家人“公然受贿，扰害地方”。此次是满族封疆大臣的弹劾，康熙帝不能不问，追查结果，所揭发各条虽多为徐元文子侄和家人所为，但他未能辞其咎。康熙帝法外加恩，让他致仕回籍。《清史稿·徐元文传》载：“（康熙）二十九年（1690），两江总督傅拉塔劾乾学子侄交结巡抚洪之杰，招权竞利，词连元文，上置不问，予元文休致回籍。舟过临清，关吏大索，仅图书数千卷，光禄馔金三百而已。”

徐元文回乡后，昔日煊赫热闹的门庭变得门可罗雀。他感慨人情冷暖，官场险恶，终于抑郁成疾，一病不起。不到一年，在康熙三十年（1691）闰七月二十七日，这位清代昆山状元公，便离开了人世，终年只有57岁。

昆曲为何姓“昆”

顾侠强

昆曲为何姓昆？如要说清这个话题，还得从昆山腔的源头说起。

人说“昆曲六百年”，似乎在社会上已成定论了。昆曲真的有六百年历史吗？很有必要梳理一遍昆曲史的渊源，解析昆曲姓“昆”的关键所在。

从老昆山腔到新昆山腔

昆曲这个名词的由来，还得从南戏说起。据王国维先生考证：“南戏之渊源于宋，殆无可疑。”还说：“南戏（指南戏萌芽阶段）初始于北宋宣和之后、南渡之际，谓之温州杂剧。”由此可见，南戏距今有近九百年历史了。

比较成熟的南戏应始于南宋光宗（昭熙）到南宋宁宗（嘉定）年间（1190—1224），兴起于浙江永嘉（温州）一带。在南戏发展过程中逐渐形成了带有浓厚地方特色的四大声腔——江西弋阳腔、浙江海盐腔、浙江余姚腔、江苏昆山腔，这四腔成为南戏四大声腔。

南戏四大声腔初始为宋末元初，发展于元中后期约元成宗至元顺帝至正年间（1295—1368）。南戏的第一部作品为南宋时期温州九山书会才人编写的《张协状元》，距今八百余年，载于明《永乐大典》第13991卷，被现代学界公认为“中国第一戏”。南戏巅峰时期的代表作是高则诚之南戏《琵琶记》，该戏是昆曲较早的经典剧目之一。

南戏的四大声腔流传到全国南方诸省后又衍变成各种地方声腔，如杭州、金华、义乌、宁波、上饶、宜黄等地都有同中有变的各种声腔。以上南戏时期的四大声腔之一的昆山腔，可称为老昆山腔。

从理论上讲，声腔就是戏曲音乐中的一种发声方法和曲调特点，后者还包括旋律、节奏、曲调、曲辞等方面的内容。南戏时期的昆山腔还比较原始、简单，只是刚刚从民间俚曲歌谣中脱胎而来。然而历史并没有停下脚步……

据魏良辅的《南词引证》载：“元朝有顾坚者，虽离昆山三十里，居千墩，精于南辞，善作古赋。扩廓帖木儿闻其善歌，屡招不屈。善发南曲之奥，故国初有昆山腔之称。”可见，元末昆山顾坚、顾阿瑛等为昆山腔的创始人。那时的昆山腔可称之为新昆山腔（简称昆腔），迄今已有六百八十多年的历史！

但是当今学界，对《南词引证》一文中所提到的顾坚存有颇多质疑。特别是2010年上海海事大学的郑润先生发文称：在日本东京国立图书馆里找到了顾坚家谱——《顾氏重汇宗谱》，其中载有《五十四世祖鉴中公传》。文中披露了关于顾坚和其父顾鉴的身世：“讳鉴，字鉴中，行百一，海门西洲炳公长子。……晚娶毗陵华氏，得一子，名坚，字顼玉。天生歌喉，自幼从姑母山山学曲习唱。尝与风月福人杨铁笛、风月主人倪云林、风月异人顾阿瑛交往，因号风月散人。有乐府散曲集行世。其风月情词，甚得闺中姑嫂深爱，尝制锦囊藏之。然不幸双目失明，沦为瞽瞍，遂有《陶真野集》。”为了求证这份史料的真实性，有人到东京去查找原件，结果查无踪影。自然，魏良辅在《南词引证》中有关顾坚的记载成为孤证，有人就得出了“历史上无顾坚的结论”。

但笔者近期在上海图书馆“家谱阅览室”查到了于清乾隆三十七年（1772）重修的《顾氏重汇宗谱》，找到了记载有关顾坚家族的文字。

顾心毅版本的《顾氏重汇宗谱》共四十六册，其中卷三第十四册第三百〇一页“仲谟支”有顾炳—顾鉴—顾坚的代系记载，但尚未查到相关传记文字资料。这说明了历史上确有顾坚其人，这是毋庸置疑的。

此外，笔者又在上海图书馆找到了《南通顾氏宗谱》，其中第一册第三卷第四十八至五十一页中记有顾坚家谱，说明了顾坚是元代从南通迁到千灯来的“新昆山人”。因祖父顾炳遭厄运，殃及了子孙，故儿子顾鉴、孙子顾坚只得背井离乡。

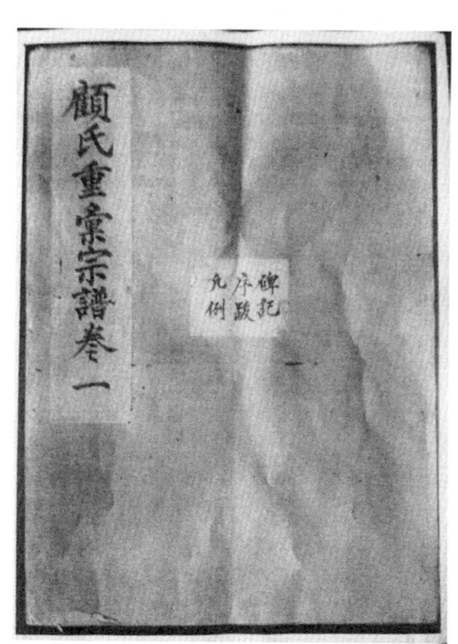
顧氏重彙宗譜卷一
碑記 序跋 凡例

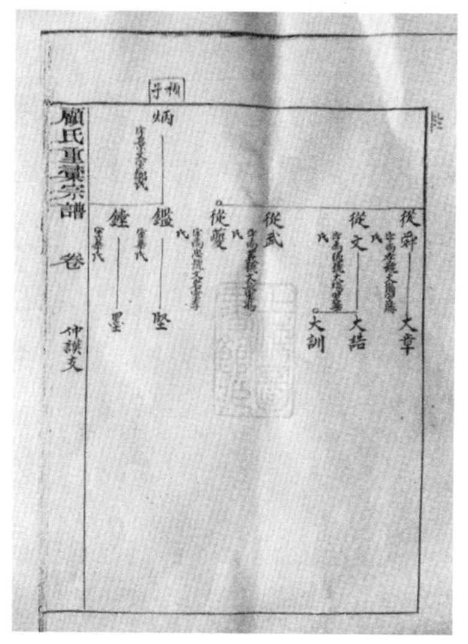
顧氏重彙宗譜 卷
仲謨支
炳
鑑
鍾
堅
從武
從文
大章
大誥
大訓

《顾氏重汇宗谱卷一》封面及内文（顾侠强提供）

因循古代史书记载之惯例，凡入乐籍者不得入正史与地方志。顾鉴和顾坚两代已沦为乐籍，故后来未见相关史书记载，这是合乎逻辑的事情。

由此可见，顾坚确有其人。顾坚等作为新昆山腔（后来直接称之为昆山腔）之主要创始人之一应该予以确认。

从昆山腔到昆曲

到了元末明初，书本记载上只有昆山腔（或简称昆腔），还没有昆曲的称谓。

据明代周玄玮所著的《泾林杂记》记载：明初，朱元璋在南京举办百叟宴，其中昆山百岁老人周寿宜也在被邀之列。宴会上，朱元璋问周寿宜，吾听说昆山腔甚佳，汝能讴否？周寿宜答道，吾不能，吾只能唱昆山的民歌，朱元璋说，试唱之。于是周寿宜唱了“月子弯弯照九州，几家欢乐几家愁……”由此足见当时昆山腔的名声很大，已经传到京城皇帝那里去了。此时，朱元璋刚登基不久，距今约650年。说明昆山腔已盛名于明初，甚至在元末已经开始声名远扬了。

到了明朝中叶，徐渭在嘉靖三十八年（1559）撰写的《南词叙录》，对四大声腔的流布情况做了这样的记载：“今唱家称弋阳腔，则出于江西，两京、湖南、闽、广用之；称余姚腔者，出于会稽，常、润、池、太、扬、徐用之；称海盐腔者，嘉、湖、温、台用之；惟昆山腔止行于吴中，流丽悠远，出乎三腔之上，听之最足荡人。”可见，四大声腔在明嘉靖之前已经形成，并在江南地区广泛传唱。

后至明世宗到明穆宗（嘉靖、隆庆）年间（1522—1572），当时流寓于昆山、太仓之间的魏良辅，后定居在太仓南码头，在女婿张野塘、友人谢林泉、张小泉、季金坡、戴梅川、包朗朗等民间艺人的帮助下，在继承北曲的基础上，吸取海盐、弋阳诸腔之长，对原有昆山腔加以改良，从而制定了委婉细腻、流利悠远的昆曲，俗称“水磨调”。

魏良辅从以下五个方面对昆山腔进行改良：

一、洗乖声而协韵律，去掉昆山的方言、土音，以中州音、姑苏韵为发声标准。以宫商五音配合阴阳四声。讲究字的头、腹、尾之毕韵。

二、讲究声韵协调与板眼正确，按照曲牌规范严格填词，具体落实到每一句唱词和每一个文字。

三、功深熔啄（功力深厚、融会贯通、准确到位），气无烟火（运气自然、流畅），启口清圆、收音纯细。

四、腔格正确运用，即强调演唱时的运气、吐气之法，创立了叠腔、抖擞腔、嚯腔、嚗腔、橄榄腔等演唱方法。

五、改革伴奏乐器，确立以曲笛为主奏乐器，加之笙、阮、箫、三弦、提琴等众多乐器，体现出昆曲清丽悠远，缠绵曲折之音乐特点。

至此，“昆曲”才正式定型，开始登上历史舞台，距今四百七十余年至四百八十余年。

这里还需说明一下，魏良辅时代出现的昆曲还仅仅是“曲唱”。是坐在“冷板凳”上清唱。直到后来再走上舞台。故昆曲先有曲唱后有剧唱，成为与其他剧种的区别之一。

从昆曲到昆剧

大约在明嘉靖、隆庆年间（1522—1572），昆山人梁辰鱼在魏良辅等创制昆曲的基础上，编写了具有里程碑意义的传奇《浣纱记》，并成功地将之搬上了戏曲舞台上演出，从此扩大了昆曲的影响。至此，昆剧正式登上历史舞台，至今约有四百五十年历史。

应该说，最早融入昆曲元素搬上舞台成为昆剧的并非是梁辰鱼的《浣纱记》，而是邵璨的《香囊记》和郑若庸的《玉诀记》，由于这两剧不够成熟，并没有完全套用昆曲的曲牌、韵律、格调等来演唱，在当时没有引起较大反响，而后人一致认为昆剧的第一部作品应为梁辰鱼之《浣纱记》。

《浣纱记》公演后好评如潮。明王世贞写下了“吴阊白面冶游儿，争唱梁郎雪艳词”诗句，高度赞扬梁辰鱼的不凡成果。而后，剧坛争演《浣纱记》。

曲家吴伟业在《琵琶行》中说：“里人度曲魏良辅，高士填词梁伯龙。”

雷琳在《渔矶漫钞》说：“伯龙独得其传，著《浣纱》传奇，梨园弟子歌之。”

至明万历年间，已有“四方歌曲，必宗吴门”的繁荣景象了。

在梁辰鱼创作《浣纱记》的前后，昆山地区相继出现一批优秀作家与优秀作品，如郑若庸的《玉诀记》、张凤翼的《红拂记》、梅禹金的《玉合记》、屠龙的《昙花记》、高连的《玉簪记》、汪廷纳的《狮吼记》、顾茂俭的《椒觞记》、顾允默的《五鼎记》等。虽说有些作者不是昆山人，但其创作追求和《浣纱记》一脉相承，所以世称为“昆山派”。

“昆山派”作家的作品有四大特点：一是音韵，严守曲牌之格律规范、依字行腔，一丝不苟；二是辞藻，讲究典雅华丽，意蕴丰富；三是文意，强调纡徐曲折、委婉动人；四是乐队，确定以笛为主，丝竹合之。这四点是昆山派作家的共同追求，成为昆曲姓“昆”的重要理由。

由此可见，从南戏昆山腔一路走来，形成了今天我们听到的昆曲和看到的昆剧，充分说明了每个历史阶段都有昆山人的贡献，所以昆曲姓“昆”。

昆曲之兴衰脉络

回顾昆曲的发展史，大致经历了以下阶段：

孕育期——永嘉杂剧时期　南宋初至南宋晚期　1127—1279

萌芽期——四大声腔形成　南宋晚期至元中期　1279—1328

成长期——昆山腔脱颖而出　元中期至明中期　1328—1522

形成期——昆曲形成　明朝中期　1522—1573

兴旺期——昆剧第一次振兴　明朝中晚期　1573—1628

衰落期——昆剧第一次衰落　明末清初　1628—1662

振兴期——昆剧第二次振兴　清朝中期　1662—1796

又衰期——昆剧第二次衰落　清朝晚期　1796—1911

复苏期——昆剧第三次振兴　民国初期　1912—1938

再衰期——昆剧第三次衰落　民国末期　1938—1949

动荡期——昆曲的历经坎坷　1949—2001

再兴期——昆曲的再度振兴　2001年成为世界“非遗”

至此，我们可以看到昆曲的简单发展脉络。

南戏之昆山腔——即老昆山腔。当南戏昆山腔流传到昆山，与昆山的地方小调、民歌小曲融合后，成为带有浓郁昆山方言土语的南戏四大声腔之一的昆山腔。这个昆山腔距今八百余年。

昆山腔——新昆山腔、昆腔。这是经顾坚、顾阿瑛等改良后成形成的新昆山腔，成为用中州音演唱的昆山腔。这个昆山腔距今六百余年。

昆曲——明嘉靖年间，经魏良辅改良后形成了昆曲，又称水磨调、水磨腔，距今四百七十至四百八十年。

昆剧——以梁辰鱼的《浣纱记》为标志，成为戏曲舞台上的第一部昆剧，距今四百五十至四百六十年。

昆曲姓“昆”之理由

第一，魏良辅在《南词引证》中说：“惟昆山为正声，乃唐玄宗时黄幡绰所传。”虽说昆山腔起源于黄幡绰之说尚不足为信，但是宫中艺人黄幡绰自安史之乱之后流落到昆山确是事实。他给昆山带来了唐宫雅乐《霓裳羽衣曲》等，参军戏（两人说唱）、傀儡戏（木偶戏）……为昆山腔的诞生奠定了一定的戏曲基础。

第二，昆山之“玉山雅集”在中国历史上获得“三大雅集”之一的殊荣。元末顾阿瑛、杨维桢、倪瓒等人在玉山雅集中和诗唱曲，为昆山腔的雅化做出了重要贡献。值得一提的是顾阿瑛也精通音律。他在《制曲十六观》中总结出了制曲方法：“看是甚题目，先择曲名然后名意，名意即了，思其头如何起，尾如何结，方复选韵，而后叙曲……”顾阿瑛提到了制曲要有创意，不能“蹈袭前人”。还特别强调文意须典雅，用词讲清浊，曲词讲清骚……这些观点成为后人的重要参考。

第三，顾坚等人改良的昆山腔，可以称之为新昆山腔（或可称之为昆腔），后魏良辅在昆山腔的基础上，集众腔之长，改良成昆曲。再后来昆山梁辰鱼首创昆剧《浣纱记》，前后还有郑若庸、张凤翼、梅禹金、屠龙、高连、汪廷纳、顾茂俭、顾允默等创作了一大批昆剧的经典作品，诞生了名噪一时的“昆山派”。这些成就足以说明昆剧是从昆山腔衍变而来的。

第四，宋元之际，昆山地区道教、佛教音乐盛行，凡城乡红白喜事均请道士做道场或和尚做法事，其间吟唱道教之曲牌音乐，唱念佛经已成为民间习俗，为昆山腔的形成提供了可供借鉴的音乐元素。更值得一提的是，陶渊明之后裔陶岘于唐末居千灯陶家庄桥，善奏宫商曲，人称江南丝竹鼻祖。这种音乐也为昆曲的曲牌音乐提供了不可或缺的音乐元素。

第五，昆曲自诞生以来就有曲唱与剧唱之区分，剧唱常见于舞台演出，而曲唱常见于文人雅集、堂名活动中，几百年来吟唱不断，始终没有中断过。历史上，有元代的顾山山、张玉莲（人称张四妈），晚明有名噪一时的陈圆圆等，自明清到民国时期，昆山文人骚客都在传承昆曲。在近代，昆山地区更是名家辈出，如宜庆堂的王阿四、鸿庆堂的杨仰州、泳霓堂的杨应套、吟雅堂王瑞棋、永和堂的吴秀松、国乐保存粹的许记赓以及高炳林、殷振贤、高慰伯、徐咏梅……足以说明昆山在前赴后继地传承着昆曲。

第六，元明两代著名的学者文人为昆曲高唱赞歌。如萨都剌、夏廷芝、祝允明、文徵明、徐渭、王骥德、王世贞、汤显祖、张大复、顾起元、沈际飞、屠隆、潘志恒、徐复祚等，都曾为昆山腔或昆曲著述撰文，极尽美言，使昆曲产生了更加广泛的影响力。

第七，昆山所属江南苏州地区物产丰饶、人文荟萃，具有深厚的历史文化积淀。据史书记载，明清两代中进士的有近三分之一出自苏南地区。昆山乃苏南核心地区，诗书礼教蔚然成风。这为昆曲的形成奠定了厚实的文化底蕴。

第八，自古以来，昆山逢年过节、婚丧嫁娶、庙会祭祀时，都要请戏班唱戏，或坐唱堂会，这已成为昆山的民间习俗。其中，请堂名班子清唱昆曲颇为流行。自康熙中叶始至“文革”前，在这段漫长的历史时期，昆山地区堂名班子的活动一直没有中断过，即使在清末民初社会动乱、昆剧凋敝之际，昆山的堂名班子仍然比较活跃，始终保存着昆曲薪火。

第九，昆山属于典型的江南水乡，气候温和、物阜民丰，有“上有天堂、下有苏杭”之美誉。说明了昆山地区具有丰厚的物质条件。俗话说：一方水土养一方人。因是富庶的鱼米之乡，为昆曲的形成，奠定了物质基础。

第十，昆山在明清两朝，战乱相对较少，而且资本主义萌芽首先在江南一带兴起，工商业发达，财富迅速集聚，社会相对富裕，出现了一批有闲有钱的人，再加上昆山历史悠久、人文积淀深厚，就为昆山腔的发展奠定了优越的人文基础。

在以上十大原因的互动作用下，昆山腔终于出乎众腔之上，最终成为一鸣惊人的昆曲。由此可见，昆曲姓“昆”并不是偶然，而是水到渠成，顺理成章之必然。

由于昆曲是昆山的亮丽名片，所以我们应该倍加珍惜和爱护。

昆山女婿金茂岳

杨瑞庆

1963年3月5日，《人民日报》发表毛主席题词：向雷锋同志学习。从此以后，在全国范围内开展了轰轰烈烈的学习雷锋运动，并把每年的3月5日定为“学雷锋纪念日”。刘少奇、周恩来、朱德等也纷纷为雷锋同志题词。多位中央首长同时为一位普通士兵题词。这种待遇，20世纪40年代在昆山女婿金茂岳身上也曾发生过，他的事迹得到了当时延安中央首长的一致好评，并分别为他题词祝贺。

毛泽东题词：努力救人事业。周恩来题词：为边区卫生工作创新纪元。朱德题词：不但医人，还要医国。三位当时延安的领导人从各个方面给予了金茂岳好评，还对他提出了殷切希望。让我们翻开历史档案，去追寻金茂岳留下的光辉足迹。

奔赴延安

金茂岳（1906—1987）的祖籍在山东省济南历城小金庄。其祖父因为家贫外出谋生，而流落到山东泰安。父亲金有重读过私塾，平常喜欢看点医药书籍，日积月累，竟然无师自通，后来也能给人看病开方，由于常常药到病除，渐渐在附近的十里八乡小有名气。金有重为了能名正言顺地悬壶济世，就在泰安城里开了一个名为“仁和堂”的

金茂岳留影（杨瑞庆提供）

药铺，自己坐堂行医，终于能发挥出一技之长，并赚钱养家糊口。

金茂岳从小在父亲的熏陶下，在药铺的环境下，渐渐对医疗事业产生了浓厚兴趣。1927年高中毕业后，他考入齐鲁大学学医，放弃了驾轻就熟的中医，而选择了与时俱进的西医。这是因为他居住的周围十几个村，一旦遇上孕妇难产，中医无能为力，孕妇经常险象环生，金茂岳只能眼睁睁地看她们搭上了性命，所以他决定改学西医，并且选择了当时还少有人问津的产科学。对于一个男性来说，这更需要有冲破世俗不屑眼光的勇气。为了给周边群众谋福祉，金茂岳义无反顾地选择了妇产科专业。

金茂岳勤奋好学，成绩优秀，经过2年预科和5年本科的学习，于1935年毕业后被留校任教，并同时在大学的附属医院中跟随专家实习，除了掌握更加熟练的接生技术外，还兼学其他外科手术，使他积累了更加全面的治疗经验，为他日后能全科行医而创造了有利条件。

不久，抗日战争全面爆发了，作为有志青年的金茂岳心系国家命运，决定投身到报国行列中去，于是他毅然决然地走出校园、走出医院，先后参加了沪宁线、平汉线上的战地医疗队，为在抗日战场上光荣流血的将士们治病疗伤。为了发挥出更大的医疗能量，金茂岳随后参加了中国红十字医疗队，使他有了更加广阔的活动空间，深入前线，救死扶伤。

1938年，当金茂岳随中国红十字医疗队到达西安战区时，听说附近的延安边区更加缺医少药，又听说延安已集聚了大批立志抗日的热血青年，那里军民和谐，斗志昂扬，正需要知识型和技术型的人才前往工作，金茂岳认为那里才是他今后大有作为的地方，一颗炽热的心已经飞到了革命圣地延安。后来在八路军西安办事处负责人林伯渠先生的牵线下，金茂岳终于美梦成真。当他风尘仆仆地到达延安后，因为是“物稀为贵”的专业高级医生，犹似雪中送炭，受到了广大军民的热烈欢迎，让他倍感温暖。他先在边区医院治病救人，后在中央医院扎下根来，开始走上了为战地医疗奉献青春的革命道路。

夫唱妇随

金茂岳在中央医院工作时，与来自昆山陈墓（今锦溪）的金瑞仙（1917—1996）不期而遇。金瑞仙1937年毕业于上海私立惠生高级助产职业学校时，正值抗战全面爆发，与当时大多热血青年一样，为了献身祖国的民族解放事业，她踏上了西行列车，奔向了革命圣地延安。由于她年纪还轻，技术还浅，组织上先把她送入陕北公学深造。因她曾在职校学过接生技术，组织上后来就将她分配到延安中央医院的妇产科工作。金瑞仙这才有了以后与金茂岳相识、相知，直至相爱的机会。

金瑞仙留影（陆宜泰提供）

金茂岳无论在学历、资历方面都比金瑞仙高出一筹，而且工作作风、医疗技术水平都为金瑞仙做出了表率，令金瑞仙由衷地钦佩和仰慕。金瑞仙性格活泼，犹似开心果，而且对技术精益求精，对患者体贴入微，平常勤于思考，勤于请教，顿使金茂岳产生了好感，对她格外关心，并重点培养。在战地医院的艰苦环境中，两人互相帮助，互相勉

接生组成员合影，右一为组长金茂岳（杨瑞庆提供）

接生组人员和曾是产妇及其子女合影，后排右二为金瑞仙（杨瑞庆提供）

励，产生了感情，终于成为一对志同道合的伉俪。从此，金茂岳成为名正言顺的昆山女婿。

金瑞仙在金茂岳的精心指导下，医疗技术不断长进，很快成为中央医院妇产科的中坚力量。那时，已在延安的美国医生马海德、加拿大医生白求恩经常到中央医院指导工作，使金茂岳夫妇获益匪浅，技术更加精湛。每当接受接生任务时，都会成立接生组，金茂岳常担任组长，金瑞仙常是其中的重要成员。由于措施细致，技术过硬，金茂岳总能圆满地完成接生任务。有一次，毛主席邀请中央医院妇产科的接生组成员到他设在窑洞里的办公室做客，并为他们摄影留念。

金瑞仙在延安遇到了既是恩师又是丈夫的金茂岳，使她的接生工作做得有口皆碑。1942年5月，金瑞仙在延安加入了中国共产党，她的人生有了更高层次的目标追求。

岗位风波

为了满足延安军民的迫切需求，中央决定因地制宜在一个山坡上建造一所中央医院。远远望去，一排排窑洞就像一层层楼房。最上的一排窑洞为妇产科，共有100个床位，最高的窑洞为产房。中央医院在极其困难的条件下建起来了，并受到了中央领导的高度重视。

金茂岳由于曾在正规医院里工作过，他很想把延安的中央医院也能办成一流的医院。即使条件简陋，药品短缺，他仍旧作风严谨，要求严格，甚至还有点刻板；所以工作中常有摩擦，引来许多不快。那一年，发生了一次口角风波，甚至让他想撒手辞职。

1941年7月9日的上午，一位青年作家正在延安的窑洞里潜心写作。正在这时，有同事相告，说他的爱人在中央医院就要生养了，这喜

当时中央医院大门（杨瑞庆提供）

出望外的消息，让他高兴得拔脚就往医院跑。

这天，正巧是金茂岳值班，他不认识这位青年大作家，把他挡在了医院的大门外，说是根据规定，生养期间不准探望产妇。这可气坏了这位血气方刚的青年，他非但不听劝阻，反而有恃无恐地要闯入产房。金茂岳据理反击，青年恼羞成怒，甚至想拔出拳头，挥向这位他还“有眼不识泰山”的值班大夫。

金茂岳看到对方将要动粗时，他受不了这种野蛮侮辱，就愤然离去。这时，医院的同事都闻声赶来，一面告知该青年作家，其夫人和儿子都安然无恙；另一面告知他，这位金医生是不拿薪水的资深红十字会医生，金医生完全在履行这里刚刚颁布的产房纪律，并告诉他金医生想辞职离去的消息。青年作家这时才感到问题的严重性，后悔刚才鲁莽任性的表现，当即放下架子，低头认错。随后，他向金茂岳写了一封态度诚恳的道歉信，这才取得了金茂岳的原谅，最终息事宁人，金茂岳也没有辞职。

自从经历了这场风波后，金茂岳更注重医院的规章制度建设，在全体同人中倡导：即使在战争的非常时期，医院也需要有章可循，有规可依，只有这样，才能取得更加理想的医疗效果。他的主张得到了中央医院的一致拥护。

无微不至

科班出身的金茂岳，放弃了在城里大医院的工作机会，以红十字会医生的身份，来到了延安的中央医院。在他忘我的行医期间，他屡遇不测事件，甚至身陷囹圄，但金茂岳始终能以大局为重，坚守阵地，矢志不渝。

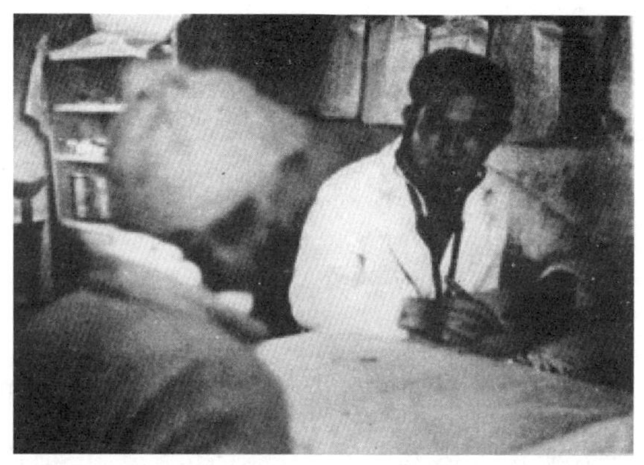

金茂岳在为病人问诊（杨瑞庆提供）

金茂岳和他的儿子（杨瑞庆提供）

在金茂岳等一批同人的努力下，延安的医疗事业成绩显著。不仅创造了在艰苦条件下婴儿的死亡率、妇女产后感染率均低于大城市大医院的奇迹，而且对延安地区的卫生预防尤其是妇女疾病的预防都做出了杰出贡献。为此，1940年，金茂岳当选为妇幼卫生工作的先进生产者，还获得了一张写有“保护妇女利益”的奖状。当金茂岳去“抗大”为妇女做卫生讲座时，女学生还特意在布上绣了“民族之光”四个大字，送给他留作纪念。由于金茂岳还具有外科和中医功底，所以他还担任了中央首长的保健医生。

金茂岳经常要去枣园、杨家岭、王家坪出诊，或为领导检查身体，或给战士治疗疾病。他给人留下了认真负责的好印象。

光荣入党

金茂岳在延安的杰出表现有目共睹，如果他不来延安，完全可以在大城市大医院中安逸地发挥才华，但他偏要吃尽千辛万苦，走进革命队伍。他曾受过中伤，甚至一度被怀疑，但他仍然忠于信仰，毫不动摇。在延安期间，红十字会好几次要把他调回西安，但他始终坚守在中央医院，即使在逆境下也没有打退堂鼓。

而且，他还通过熟人关系，为中央医院外调药品和器材，使延安度过了那段艰难的非常时期，并使医院渐入佳境。1942年3月28日，中共中央组织部部长陈云根据毛主席的建议，为他解决了入党问题。那天，有人通知金茂岳去陈云的办公室。金茂岳以为是去看病，就背上药箱骑马赶去，到了那里才听到他已被批准入党的喜讯。随后，金茂岳就在房间中的党旗下庄严宣誓。从此，他成为一名中共党员，工作更加积极，表现更加突出。

为了表扬金茂岳为延安的医疗工作所创造的成绩，有一次，毛泽东和朱德特地邀请金茂岳去中央办公室吃饭。毛泽东鼓励他要向白求恩学习，努力办好医院，为革命多做贡献。饭后，毛主席兴致勃勃地为金茂岳题词：努力救人事业。朱德也按捺不住激动的心情跟着题

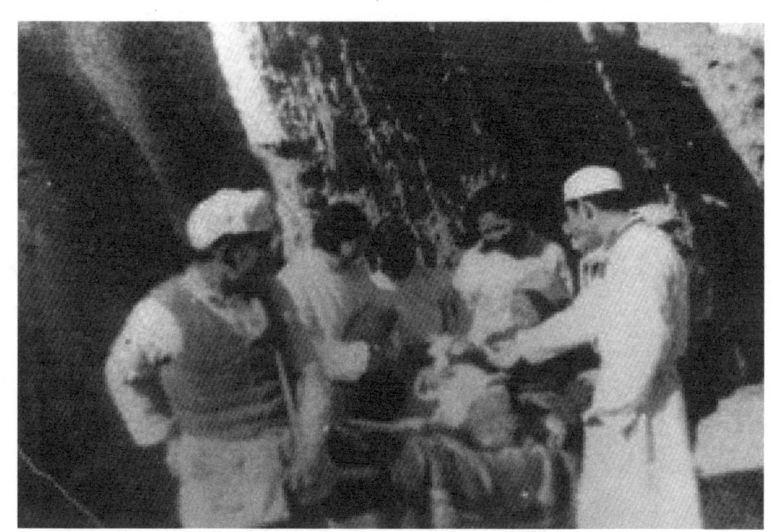

中央医院医护人员关心病人（杨瑞庆提供）

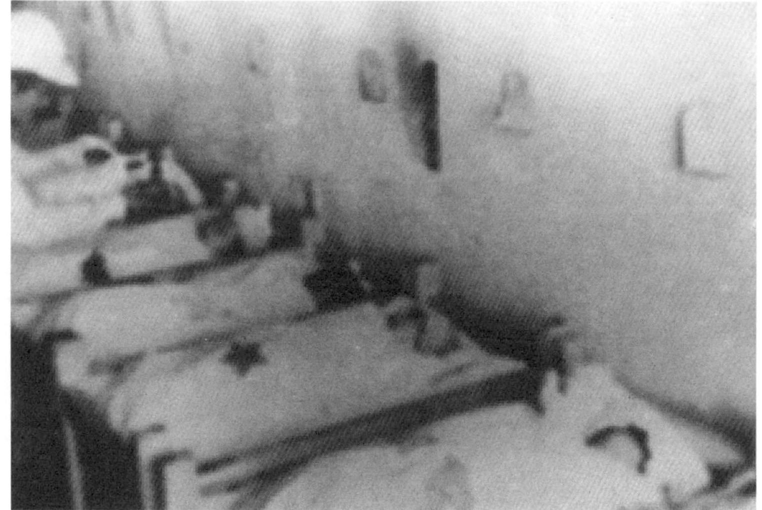

中央医院病房间（杨瑞庆提供）

词：不但医人，还要医国。金茂岳接过题词，深感今后肩上的担子更重，责任更大。

不久，周恩来从苏联治病回到延安，也去中央医院视察，当听到金茂岳的先进事迹后，也挥笔题词：为边区卫生工作创新纪元。

就这样，金茂岳得到了当时中央三位领导的题词，这些成为他一生奋斗不息的精神力量。随后，金茂岳一直将题词珍藏在身，既感到欣慰，也感到压力，只有做出新的成绩，才能不辜负领导们的殷切期望。

继往开来

抗战胜利后，原坐落在延安的中央医院经历了多次迁移，最终成为位于今日西安的第四军医大学唐都医院。他们继续弘扬着八路军医务工作者艰苦奋斗、救死扶伤的崇高精神。1949年4月，金茂岳随中央进入北京。1952年4月，金茂岳任中直二院和北京平安医院院长。他的妻子金瑞仙也随夫进京，不久去沈阳医学院进修，毕业后分配到北京医院妇产科工作。那时的北京满目疮痍，百废待兴，金茂岳夫妻俩在各自的医院中，都是身经百战的医疗骨干，除了带头承担医疗重任外，还积极培训后生，这些后生后来都成为北京医学界的名医。正当他们踌躇满志时，一个艰巨的任务又向他们招手了。

1958年，宁夏回族自治区宣告成立，为了支持民族地区的医疗工作，医疗相对发达地区必须派出各科优秀医生，前往大西北工作，而且不是短期蹲点，是长期定居。面对国家的召唤，金茂岳夫妻俩没有多加考虑就向组织提出了申请，最终获准双双调至宁夏回族自治区卫生厅工作。他们早已习惯了黄土高原上劲吹的西北风，面对那时贫穷落后地区的医疗条件，通过统筹布局，招募人才，引进设备，培训医生，使宁夏回族自治区的医疗事业初见成效。

1972年，金茂岳夫妇奉命调回北京，继续为北京的医疗事业呕心沥血。1987年7月17日，金茂岳在北京病逝。

回眸昆山振东侨乡

刘　军

在昆山之东与太仓市毗邻的地方有个东方村，坐落着数十幢具有西洋风情的独栋别墅，这些别墅建于20世纪20年代。当年一群海外归侨在此生活，留下了诸多文化印记与沧桑往事。这个地方被称为振东侨乡，如今被列为昆山市文保单位。

初始风貌

1908年9月6日，《申报》发表了《江督端奏复盛宣怀被参各款折》，记录了时任两江总督的端方，向慈禧太后禀报查盛宣怀被参

今日振东侨乡远眺（刘军提供）

实情：

又原奏（盛宣怀）与岑春煊合买上海之苏州河地亩甚多，及合置昆山县田，恃势抑勒，民怨沸腾一节，查苏州河在上海英美租界之间，地势绵长，价极昂贵，道署契册各业户均由洋商挂号，未见盛宣怀与岑春煊购置产业。昆山县在苏州之东，向多荒地，有人集股收买设立垦牧公司，岑春煊入股颇多，盛宣怀未经合股，其地自购客民，非买诸土著，皆按市价交易，民间无控告之案，自无恃势抑勒情事。

保存至今的振东侨乡近景（刘军提供）

这段文字说明，晚清大臣岑春煊确实以入股方式，在昆山境内购买了大量土地。据《昆山市农业志》记载：民国十二年（1923）以广东台山县归侨为主，由曾任孙中山先生正、副卫士大队长的加拿大归侨黄湘、马湘二人发起，美国归侨、时任南京侨务委员会的邝卓生负责经办，吸收一批希望归国定居的海外侨胞入股，投资56000余元，在今新镇东方村以5000元代价，从岑春煊后辈手中收购一家停办多年的垦殖公司，创办振东农垦公司。

为何要将公司定名为振东，有一些回忆文章说因为该村位于昆山市周市镇东方村的缘故，而有文章指出，取这个名字，是因为这些广东台山籍归侨集体选择居住在昆山，虽离家乡遥远，却仍心怀故土，取振发广东之意。还有一种说法，这些归侨想要实现从昆山的东面振兴农业的梦想。

这些华侨在海外谋生时，因为文化水平较低，只能做洗衣工，开小饭店，种菜，当铁路工，开杂货店，或者做用人等，生活艰难，备受歧视。他们回国后，见到家乡台山社会风气败坏，烟馆赌场林立，土匪猖獗，而位于江南的苏州昆山，其社会风气与家乡截然不同，便在此购地，落地生根。入住的华侨主要是来自美国、加拿大的广东台山籍归侨，也有来自墨西哥、澳大利亚、新加坡、缅甸的归侨。

创办初期，私人建造住房有30余幢，后来规模扩大至62幢。在荒地上矗立的一幢幢洋式红房子，四面多开窗户，空气新鲜充足，室内有卧房二处到四处，且都有浴室、厨房、厕所、会客室。门前有花园，四周围以竹篱或短墙，碰到婚嫁丧集会，有公共礼堂。这些别墅别有特色，引人注目。

这些来自海外的广东籍归侨，在江苏昆山辛勤创业，繁衍生息。他们的海外经历和国际视野，带来一种新的生活范式和生产理念，且这种生活范式和理念，又与国民党推行的新生活运动有相似之处，这些都给当时以传统农业生产为主的昆山带来一定的新鲜元素和借鉴参考意义。同时，振东农垦公司因身处昆山，也必然受到来自当地和区域内的政治、经济和文化等方面的影响。当时有报道称，振东侨乡“是乡村建筑的模范，可作社会建设借鉴”，是“改良农村建筑的先进者”。有学者指出，早在20世纪二三十年代就有不少华侨回国在苏浙沪等地投资举办农业、工商业及金融业，他们成为当时中国民族经济的一支新生力量。

第一，他们采用迥异于传统生产方式的股份制方式组建公司，以现代化的经营运作模式来经营公司。曾在振东侨乡长期生活的伍胜松，撰写了《振东侨乡创建小记》一文，详细介绍了振东侨乡的建设情况：振东侨乡设会长一名，还设财务管理、监察、文书各一名，他们印发招股章程，寄往美国、加拿大的华人团体，吁请投资入股。并规定入股者必须是归侨，介绍者亦必须是归侨，凡品德不良、吸毒嗜赌者不得入股。

第二，为解决日益增多的归侨和侨眷的安置问题，振东农垦公司通过购买土地的方式，逐步壮大公司的规模和格局。如1925年10月31日的《申报》发表了一份购田声明，全文如下：

兹向益丰公司购买坐落昆山县属益丰公司名下全盘田产，定于十一月二日交易，理应先行登报声明，倘前有与益丰公司所以一切未清手续，请于交易日以前，向益丰公司理妥，与敝公司无涉，特此声明。振东公司谨启。

通过这则声明可看出，振东农垦公司借助现代化的新闻传播媒介，以声明的形式，将集体的利益合法化、程序化，以此达到购买田地、理清所有权关系的目的。

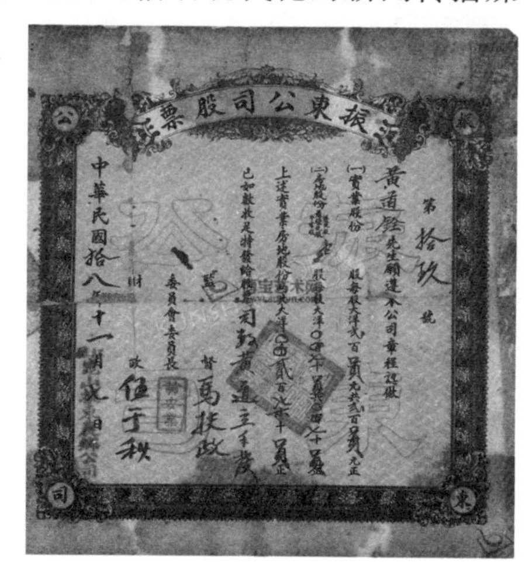

振东公司发行的股票（刘军提供）

1927年7月24日与8月2日的《申报》刊载了购田声明，系昆山养中堂的黄良购买昆山县周墅乡潜区三十二图入字圩数户农家的田地共30余亩。黄良和养中堂已不可考，通过比对民国十四年（1925）完成的《昆山清丈局报告书》中潜区三十二图的位置，与今天振东侨乡的方位大体一致，再加之这两则声明所称的“当众交易”的地点均在振东农乡，可推测这两次购田行为，应与振东农垦公司有直接或间接的关系，可视为振东农垦公司扩大规模的证明。

他们在这片土地上建起种植场，种植香稻、花旗棉、麦、豆、瓜果等，丰富的产出除了供应全村人的生活外，还运寄到南京、上海各地，以供应各粤菜馆和酒家。同时他们还设有养鱼的池沼和饲养牲畜的牧场。

第三，振东农垦公司有很强的法律意识，懂得运用法律手段保障自身权益。除了上面提到的公开在报刊上发布声明之外，振东公司还常年聘请潘震亚、谢宗鲁为该公司的法律顾问，并登报通告：“嗣后如有侵割该公司信用名誉产业及其他一切，益当依法尽保护之责。”

同时，他们自发组织了保卫团，由军事学识的村人担任教练，无论男女，年满16岁的都要参加受训。全村有步枪50余支，村人的射击术均娴熟。

第四，健全的现代化公用设施。振东公司有较大的公共体育场所，并配备相应的运动用具。在村公所左侧建有振东小学，1936年夏时有100多名学生，均是粤籍子弟。经费由村公所支拨，校舍宽敞，设备完善，并附有阅报室、图书馆等。有文章称，该校注重的信条是“提倡生产教育”，校中学生，有老婆婆、中年妇人、年轻小姐，她们一同与男孩子们听讲学习。

公司逸事

居住在振东农垦公司的居民，虽以振东为家，但该乡男子大多在国外经商，妻女留在此地，还有一些男子在昆山城内或太仓和上海等地有着较为体面的职业。如伍子衿，他虽住在振东，但在1935年出任《太仓日报》的副经理，其道德文章夙为社会所敬仰。同时，他又担任由粤人集资开设的位于昆山城内北大街民生南货糖果饼干公司经理。再如邝卓生，他既任职于南京侨务委员会，也是上海新新有限公司筹备处的发起人。居民黄贯一，是上海大长城影片公司的经理。

这些侨胞不局限于公司的日常业务，他们有很强烈的家国情怀，常捐款支援当时的军队，贡献自己的一份力量。如1936年11月14日，日、伪军分三路进犯绥东，绥远地区岌岌可危，邹韬奋在《生活星期刊》发起一日捐活动，支援绥远前线军。同时期的《申报》也做出了表率，1936年11月22日，《申报》刊登了该馆接收社会各界捐赠绥远前方军队慰劳金的消息，其中就有来自振东农垦公司的黄俦礼、伍时熀、雷家秋、黄百万、黄传益等人的捐款，面额为五元、两元和一元等。

在振东农垦公司生活的侨胞，也曾发生过一些往事和插曲，在报刊上留下了模糊的痕迹，供后人去追寻。

1934年2月至3月的《申报》，接连20天刊载了《江苏上海第一特区地方法院公告》，发起人为振东农垦公司的黄传益，其父黄炳炎于1933年6月间在振东病逝。黄炳炎在上海中国信托公司租了一个保管箱，箱内有以黄炳炎为户名的存折若干张，数额计银圆两万五千元。黄传益在公告中称这笔财产“依法应由申请人全权继承，为此状请发给执管遗产证书”。

黄传益以继承人的身份接管这么多资金，是否合情合理，目前没有更多资料佐证。这笔数额较大的资金，其拥有者是黄炳炎，还是振东农垦公司，无从查考。但从半年后《申报》连续五天刊载的《昆山县振东公司黄传益道歉启事》一文，可知其中复杂纠葛，全文如下：

窃传益于去年六月间不幸家严猝尔仙逝，实堪痛心，惟对于先父生前一切内外经手事务尚未详查清楚，与公司同人发生误会，嗣起纠纷。传益意志薄弱，误听谗言，以致涉讼，且言语之间，不无开罪公司全体同人。嗣后经人调处，解释一切误会，和事如初。特此登报，向公司全体同人并家长安业，郑重道歉，聊表微忱，诸希公鉴是幸。

除了这种公司内部的复杂纠葛，公司的家庭内部，也有摩擦碰撞，甚至擦枪走火，发生命案。1934年12月18日，《申报》刊载了题为《昆山振东农乡发生命案》的报道，说这个由粤人组建的振东农垦公司内，有股东马祚俊，其继室邝氏，年35岁，与马前妻之子马德民居住在振东农乡，母子二人关系不和，时常发生口角。12月16日，邝氏突然被人用猎枪击毙，马德民不知去向。经邻居察觉，报至公司代表，转报官府。官府派员视察作案现场，发现邝氏左腿近臀处枪伤12处，深入内骨，产门旁枪伤9处，右胯枪伤18处，皮开肉绽，惨不忍睹。

据《江苏省志·侨务志》记载，黄贯一等人从英美归来，在昆山建设振东乡。1920年春，美国放映了两部辱华影片《红灯照》和《初生》，丑化中国人的生活，华侨青年梅雪俦、刘兆明等为抵制美国辱华影片，奋发图强，于1921年在美国创办长城画片公司。1923年，这群爱国华侨青年携带电影器材回国，并将该公司迁到上海。1924年8月6日，《申报》记载："长城影片公司为旅美华侨所组织，曾在美洲摄映影戏，颇受彼邦人士称许，今欲振兴祖国之银幕事业，故于去夏返国，设立公司于法租界。"该公司的宗旨在"提倡社会教育，及介绍我国文化于欧美"。这群归国华侨中，就有黄贯一。

据《上海通志》记载，黄贯一曾任上海长城影片公司经理和上海大长城影片公司的经理。另据钟瑾所著《民国电影检查研究》记载，黄贯一也是上海长城画片公司的负责人。

这位在上海制作电影，自美国归来的黄贯一，与在昆山振东农垦公司的同样来自美国的归侨黄贯一，是否是同一个人呢？据中国当代著名编剧、导演孙瑜回忆：“有一天我和姐夫在北四川路一家饭馆里吃饭，遇见南开中学的同学，广东人郑玉肇。他认识上海长城画片公司的经理黄贯一（黄是郑的同乡）。”据以可知，黄贯一是广东人，而振东农垦公司的黄贯一也是广东台山人，种种记录表明，二者为同一人。

昆太公路

振东农垦公司位于昆山和太仓的交界处，昆山与太仓虽素有渊源，但两地之间，交通落后。据全国步行团员刘汉儒在《步行抵京记》中记载，从太仓到昆山，无大路可走，只有小路，且从振东农乡到昆山城，也只有田埂之路，很不方便。放小了说，就振东农垦公司而言，急需一条沟通昆太之间的大路；放大了说，苏州与昆山和太仓之间，也急需一条公路，因此，修昆太公路，势在必行。

早在1928年12月，昆山建设局就将昆太路上升到县道规格，视为年度最紧要工作，到苏州聘请专业技术员，打算精细测量昆太路线，并希望经过之地的民众周知。1929年1月，测绘完毕，相关方面多次召开筹备会议，商讨着手方法，但因经费尚未由建设厅核准，迟迟不能实行。到1929年6月底通过建设厅核准，昆山建设局开始先行修筑该路桥梁20座半（半为太仓县界）。这条公路全长30里，太仓占三分之一，昆山占三分之二。

昆山建设局按照江苏省建设厅通令要求，在准备修筑昆太公路沿线树立警戒牌，路旁不准栽种五谷杂粮，并对修路所占农田，按每亩35元进行补助。同时发文：“为避免多数坟墓及民房起见，遵照省颁布筑公道收用土地章程第七条之规定，酌量绕越避免，故路线未免迂曲。”

因为其迂曲，影响了振东农垦公司的生活和出行，就在昆太路建设开展如火如荼之际，公司提出了异议。据1930年振东乡农民代表邝国桢在呈给中央侨委会的文章可知，振东农垦公司的侨民对于修路造福百姓之举，是很赞同的，但从昆太公路原来的设计方案来看，是从该乡经过，严重影响了该公司居民的生产和生活。主要表现在：“惟以该路线迫近民房，将来汽车奔驰，对于乡民儿童，易生危险；且又截用球场，有阻乡民运动，填塞鱼池，减少渔业生产之量，此亦非政府福国利民之本意。”

振东农垦公司全体居民请求昆山建设局，希望能将昆太公路的路线改至至和塘边基岸，昆山建设局以改线工程甚巨回绝。不得已，该公司将改移路线图样和愿酌情补助修路费用诉求，递呈中央侨务委员会，再由中央侨务委员会送至省政府，省政府交由省建设厅发文处理，省建设厅要求昆山县长、建设局长会同振东农乡代表勘查。就今天昆太路的路线来看，当时应当是按照振东农垦公司的要求，做了线路调整的。

昆太公路全长15公里，定于1936年4月1日通车，营业事项归苏嘉苏昆二线办事处兼管，在试运营期间，开设3站，从昆山的正阳门起，经过振东农场，而达太仓。票价为昆太全程3角，昆山到振东农乡2角4分，振东农乡到太仓8分。

公路的贯通给振东农乡的出行带来了便利，与此同时，也带来一些烦恼。譬如，就在昆太公路试运营不久，就因连日下雨，路面高低不平，建设局派了路工分段修路，这些工人奸淫掳掠，无所不为，附近乡民，受害匪浅。1936年5月7日下午2时许，有振东农乡居民伍子衿之妾林瑞芬，偕同养女美亚，从太仓返乡，行至吴塘桥附近，突然被该路段筑路工人拦住去路，其中有溧阳人李金生者，将林氏拦腰抱住，另一个工人将价值五百余元的钻戒劫去。美亚见状，奔告其父，伍子衿前往，将李金生奋勇擒获，交西门驻警，移送司法究办。据《申报》记载，“闻其他工人，声势汹汹，尚不甘服”。

战争破坏

振东农垦公司曾有两次被迫撤离昆山，一次是1932年的“一·二八淞沪抗战”后，一次是1937年“八一三事变”后。

1932年1月28日，日军大举进攻上海，“一·二八淞沪抗战”爆发。与上海毗邻的昆山，也在日寇的炮火声中岌岌可危。2月29日，日军炸毁昆山附近沪宁路一段铁路。3月2日起，日机结队盘旋在昆山上空，投掷炸弹，开枪扫射，人民逃避，秩序失常。3月6日，第十九路军司令部设在昆山正仪；3月11日，日军占领与昆山紧邻的上海嘉定，四出暴行，民众仓皇逃走。3月16日，日军敌机在振东农垦公司上方投掷炸弹，归侨惊恐异常。

上海华侨救国经济委员会主席朱庆澜、许世英、郑洪年等报送江苏省政府和昆山县长，电文如下：

顷由侨胞面称昆山县属振东农乡地方，有寄居之南洋侨胞四百余人急欲避难来沪，嘱为救济等语，恳饬该县长迅即雇轮送沪，轮费给养由会缴还，乞复为荷。

就在华侨救国经济委员会的这封电文发出之前，为躲避日军袭击，昆山县长吴德耀于3月5日携印避难苏州角直。8日，这位刚来昆工作月余的60岁的吴县长，在高河桥投水自尽，留下绝命书三通，云：

“莅昆月余，适逢国家多难，地方责任，日见繁难，近则军队云集，加以公安建设两局不受指挥，尤感困苦，人心世道，复不堪言，惟有一死以表我心。”3月10日，年30多岁的程汝继任昆山县长。江苏省政府主席顾祝同接到救国经济委员会朱子桥等人的来函后，已转令程汝继“代为雇轮，设法护送”。

1937年8月13日，日本在上海发动“八一三事变”。昆山被日寇敌机轰炸侵犯，连连轰炸，平民惨死，房屋被毁，昆太公路附近的振东农垦公司，在所难免，据《侵华日军江苏罪证索引（中卷）》记载，日军在昆山新镇东方村振东公司炸毁轮船民房。据报道，“八一三事变”后，（振东）乡人避难他徙，田园蹂躏不堪，该乡代表黄俦礼、黄百万等人恳请侨委会设法收回房屋和鱼塘。1943年1月7日《申报》称，此时侨民相继迁回居住，集资创办了种植公司，收获颇丰。侨委会驻沪办事处特派专员张媛前往振东农垦公司视察，并在该地登记华侨，登记者有二百余人。

如今，振东侨乡已被列为昆山市文物保护单位，目前保留有28栋民国风格建筑，是迄今为止苏南地区发现的唯一的侨乡，也是民国建筑最为集中的群落。近年来，政府出资对其进行修缮，面貌为之一新。据目前生活在此的为数不多的侨乡后裔介绍，目前有一部分洋楼因历史原因被当地居民所住，有一些由侨乡后裔所住，绝大多数侨乡后裔都在海外生活和工作。2016年，在孙中山先生150周年诞辰之际，在昆山市政协、昆山市委统战部等相关部门推动下，周市镇选取振东侨乡南洋路59号别墅，建设孙中山与振东侨乡陈列馆，致力将其打造为传承优秀传统文化和弘扬孙中山精神的重要载体。

儒医潘道根

张银龙

潘道根（1788—1858），字确潜、晚香。一字潜夫，又号徐村老农。苏州新阳县（今昆山市）人。潘氏勤奋好学，凡六经四书、汉唐训诂、声韵文字、医方药书，无不研求。酷嗜岐黄之术，精研中医经典。致力于地方文献、掌故的考证，积极参与地方公益活动，彰旌名贤。晚年学宗程朱理学，私淑先儒顾炎武、朱用纯，造诣精粹，堪称吴中一代儒医。一生著有诗文、医学、方志等60多卷。

家世脉络

潘氏为江南大族，传有较多分支，最有名的是苏州的“大阜潘氏”。根据潘道根编撰《荥阳潘氏家谱》所述，潘道根家系属于“荥阳潘氏”。

潘道根先世曾居于太仓三家市（今浮桥镇老闸街道）。明末时，六世祖潘康侯，明末诸生，迁居昆山庙华泾。1644年，甲申之变，潘康侯面临“孤臣千点泪夜深，风雨泣冬青”。这个时期，出现了许多保持民族气节的仁人志士，如顾炎武、归庄等。潘康侯作为志节坚贞的明代遗民，本欲以身殉国，无奈母亲劝阻，忠孝两难，勉强听命母亲得以隐居。隆武元年（1645）闰六月二十七日，唐王朱聿键即位于福州，建立隆武政权。时年年底，潘康侯的母亲病故，他操办丧事，克尽孝心。转眼到了1646年，即明隆武二年，亦为清顺治三年，顾炎武欲赴闽中应职，但因嗣母未葬和道路不通，未果。后清军入闽，隆武帝及皇后与随从大臣皆被清军杀害。隆武帝死后，大学士苏观生等人又在广州拥立其弟朱聿鐭为监国，改元绍武。十二月，清军攻陷广州，朱聿鐭、苏观生皆自杀殉国。潘康侯眼见大局匡定，母孝已尽，依旧不忘初心，坚持自己的人生原则，以赴国难，实现自己殉国的夙愿。其志节之坚贞，被传诵一时。此事曾被写入《昆新两县续修合志·卷二十七·忠节》："潘康侯，字子晋，诸生。工诗。居邑之妙花泾。甲申间变，大恸，欲自尽，母止之。乃披发佯狂，行歌田野间。丙戌，遭母丧殓毕，焚生平著作，阖户自经。"由此可见，在清军南下后，他装疯卖傻，似歌似吟，行走乡间。等母亲去世后，把自己所有的著作付之一炬，关闭门户，自缢而亡。时人姚春木作《题潘子晋先生遗像后》一诗，把潘康侯比作历史上的不食周粟的伯夷、叔齐："其清风亮节，足以惊世励俗，视夷、叔固未易以同日语。"黄宗文《题潘子晋先生像卷》诗曰："铜驼荆棘哭冬青，义魄忠魂炳日星，气节真堪百世师，丹青凛凛古须眉。"把潘康侯奉为百世之师。江苏巡抚徐有壬对潘康侯更是推崇有加，赞美他"传家学行无欺录，明世文章有道碑"。

昆山体育公园中的潘道根塑像（张银龙提供）

五世祖潘碧，字炜玉。因为父亲殉国，心疼不已，他从此全身白衣素服，不再碰酒肉。平素只嗜好读书，能文擅诗，父亲殉国后，其诗作多幽愤悲感之作。在妻子生下儿子以后，从此与妻子分室居住，过起了苦行僧的生活，深居简出，独居于荒僻的乡间，直到终老。

四世祖潘选，普通士人家庭，继承一贯的追捧传统儒学家风。为人老实本分。乾隆十五年（1750）前后，祖父潘序斌迁居于昆山城内后市巷。父亲名潘汤盘，字商珍，性刚直。嘉庆中为新阳县吏。为官清廉，不义之财分文不取，以致家贫如洗。知县李汝栋可怜其贫困，命其掌赋敛，但是为潘汤盘所婉拒；后来又让其司税收，还是被推辞。要知道，当时的这两个职位，均属于有油水的部门，潘汤盘均不就，可见其性格刚正，为官清廉，因此受到知县加倍的敬重。

清乾隆五十三年（1788）正月初九，潘道根出生于苏州府新阳县后市巷。他从小师于乡贡吴映辰等，勤读诗文经史，汉唐训诂，音韵文学。致力于经世致用，但放弃科举之路。自名书室为“隐求堂”，有《隐求堂文稿》留世。在昆山发起成立了栎社，交游者甚众。

潘道根尚未成年就失去了母亲。19岁时再遭不测，父亲撒手人寰。迫于生计，潘道根卖掉了后市巷低矮潮湿的房子，先是搬到城北一处两层楼的小屋暂住，后搬迁至城北三家村，不久就正式定居周墅南梅心泾。

嘉庆二十年（1815），潘道根27岁那年，妻子吴辰去世。潘道根毅然决定不再续娶，带了7岁的幼子潘守拙在乡间设馆授徒，苦度岁月。道光四年（1825）春，37岁的潘道根开始悬壶行医。道光二十一年（1841），年逾半百的潘道根再次移居东门外三里，汉浦塘东岸徐家宅基。从此，没有再移居他处，直至离世。

除了诗文经史，潘道根尤酷嗜岐黄之术，精研《内经》《伤寒论》

等中医经典。晚年专研儒学，并私下以顾炎武、朱用纯为宗师，为人处世、学问造诣达到了新的境界。

咸丰元年（1851），地方上保举潘道根孝廉方正，潘道根为此曾经四次写信坚决推辞。咸丰八年（1858）春节，受钱宝琛之邀，出席赏梅。钱宝琛为嘉庆二十四年（1819）进士，道光元年（1821）提督贵州学政，授同德知府，历浙江督粮道、云南按察使、浙江布政使、湖南巡抚、江西巡抚、湖北巡抚。为人严以律己，宽以御众。归里后留心桑梓事，辑州志，兴水利，树桑育蚕，不惮躬为倡率，乡里称之。在钱氏太仓故居，潘道根被邀入席嘉宾席，入座首位。咸丰八年（1858）七月十三日，潘道根病故，终年70岁，葬于新镇宜兴桥。

《苏州府志·卷一百三十七》载:“潘道根，字确潜，康侯六世孙。少颖悟，为新阳邑令李汝栋所鉴赏。稍长，从王学浩、吴映辰游，研求经、史，旁及《说文》、音韵之学。力为古文词，入栎社有名。周流授徒，兼习医，资生计。晚年，尤私淑邑先儒顾炎武、朱用纯，故所造益粹。”

潘道根生有儿子潘守拙，国子监生，以教私塾和行医为业。子继父业，秉性相承，深受百姓称道。潘守拙育有一子一女，归于平民，事迹地方志无载。

为人处事

潘道根虽出身名门，但家境贫窘。受先祖的耿直影响，父亲的言传身教，一生嗜书如命，不求名利。不与乡试，布衣而终，以此彰显其不与举子业之信念。叶裕仁的《确潜潘君家传》载有他的简介：“始于泛览，后求之《六经》《四子》。凡汉唐训诂、声音、文字之学，靡不窥究。最后，反之人伦日用之常，践履笃实，而一以毋欺为本。”

《确潜潘君家传》又云："昆山代产巨儒。亭林先生出，一洗空谈性命之习，讲求实学，经济大明于世。诸先生士俨、归先生子慕，皆笃志潜修暗然为己之学。朱孝定先生用纯以孝子节士为真儒。君读其书，而心契之，所造益进。作为文章，惟是扶世，教正人心，阐幽发微，乐道人善，下笔数千言不休，期意尽而止。网罗乡之掌故，拾遗补漏，考订讹误，屹为乡邦文献所系焉。"可见潘道根致力经世致用，求学实在，手自抄录。他还专研岐黄之术，表彰忠孝节烈，收集地方文献，精心训诂纠错。

潘道根无私帮助亲友，同情病人家属、路人，乐意公益事业。作为一名传统的知识分子，他常年与农民友好相处，深知民间疾苦，常怀忧国忧民之情。他十分同情人民的疾苦，到了"每饭不忘"（《与郡中张澹娱前辈书》）的程度。曾有"阿婆已告饭箩空，县吏催租打门逼"的诗句，就是他发自内心的呼唤，是他体察民间疾苦的真情流露。《潘道根日记·道光二十九年八月初十》所记："闻郑起岩讣。起岩名庭桂，前年领陈忠烈先生祠，曾扁舟访余徐村。后见之，每蒙推挹。今骤闻其讣，心窃叹伤，以赤贫之士，又遇凶岁，将何料理？亟以银二枚，托淡然袖去……"朋友郑庭桂去世，潘道根慷慨解囊拿出银两给以帮助。潘道根家境贫寒，以悬壶行医为生。尽管他靠此维持生计，但是他帮人看病却不计钱财。道光二十一年（1841）昆山发生严重水灾，场面凄惨——"老弱捐沟壑，壮者咸流亡。一二孑遗皆鸠形鹄面，糠米子不充，延至秋冬，决难存活"（《与郡中张澹娱前辈书》）。他同情水灾中的人们，给人看病从来不讲价钱，遇到特殊情况，甚至倒过来不惜倾其所有给予帮助。《潘道根日记·道光二十四年六月廿二》就记载这样一件事："花家浜任诊，得酬仪百文。有渔妇嫠而穷，即以周之，并赠米一升、旧夏布裳一条。"《与钱中丞书》载有"斯民饥溺之怀，耿耿不忘”。《复汪石心先生书》云：“实有此身可弃，而目前众生万不能弃之心。”《感事》诗云：“两字无心抵万金，已饥已溺惩胸襟。”这些都是他心系百姓的历史记载。

潘道根一生中，经历了亲人接二连三意外早亡的悲惨遭遇。年轻时，先是母亲，不久后是父亲；30岁前后是妻子、弟弟、内弟夫妇、妹妹、妹夫、弟弟的内弟；步入中年后又遭遇外甥新婚不久死于鼻衄。为了看病抓药和丧葬事宜以及抚养丧者的孩子，他自己的生活十分艰难。为了棺殓，弟弟潘道源只能靠典质生活。而亲朋好友留下的遗孤，潘道根义不容辞地担当起抚养的职责。例如，他的内弟吴汇吉夫妇早亡后，留下了7岁孤女，是潘道根将她抚养成人。到孩子20岁时，潘道根还亲自做媒，免去一切纳采、纳征之礼，并以百金置办嫁妆，将其嫁给寒士沈耐寒。潘道根的妹妹，嫁给澜漕范献庭（字心畲），不幸夫妻早卒，留下两个孩子。潘道根在其《哭范心畲妹丈》云：“空江潮落欲黄昏，含泪开船怆断魂。门巷依然人不见，冷风残雨郭西门。”表达他的怜悯之情。外甥范辰生兄妹全靠潘道根抚养成人。外甥22岁时，在结婚94天后死于鼻衄。《哭范甥辰生》有曰：“白首余年几，凭棺为怆然。”潘道根经常向外甥女婿葛倩（字子京）借书，两人是志同道合的书友，可惜葛倩也早亡。《哭葛子京甥婿》四首有记：“重将思妹泪，一一为君挥。”面对如此境遇，潘道根依旧热衷于民生公益活动，乐善好施，送医送药，声誉甚好，深受当地老百姓称道，苏州、太仓等地病家都慕名而来求诊。

咸丰八年（1858）正月初七，钱宝琛邀请60位有着一定美誉的长者到他的别墅里赏梅，年逾古稀、德高望重的潘道根被列为主席首座，其在当时传为美谈。

功业成就

潘道根博学多才，精湛的医术来自他深厚的国学功底，其生前编著甚多。他著有诗文、医学、方志等60多卷，尤其在医学方面，留下了许多弥足珍贵的著作，还抄录了13部前代很有分量的医书。时人吴焕称赞“先生之文章，先生之经济也。先生之经济，先生之道德也”。

潘道根堪称吴中一代儒医。中国自宋代起，随着文人儒士开始加入医界，医者的知识结构和社会身份均发生了重要变化。明清两代的江南地区，文人习医的现象更加普遍，儒医成为民间医疗体系中的主要成分。潘道根自幼刻苦研求文史，同时嗜好医学。足不出户，唯阅卷不倦。又喜手录珍善本，即使目肿腕脱也不以为苦。今存潘氏抄本12种医书，字字端正，可知用心之至。潘氏行医的时间以清道光年为主，前达嘉庆，后及咸丰，涵盖三朝，为当时医坛大家。其医学著作有《读伤寒论》《医学正脉》《临证度铖》《娱拙斋医案》《外台方染指》共5种。透过这些著作，结合《潘道根日记》，加以细心研究，可以比较详细地了解当时的民间医者及其医疗活动。

潘道根还是一位诗人，《潘道根日记》收集有其创作的数百首诗歌。年轻时，他曾与同邑张潜之、吴以畅、王鸣凤、何顾复、赵元春、张经邦结栎社，学业日进，留下不少名篇，“君来我往喜不支，一见握手心先怡”“空江鲤鱼卅六麟，愿君音讯常相亲”“严父研朱将句正，慈亲敲火把茶烹”等名句更是脍炙人口。他的诗歌具有强烈的责任意识。他所处年代正值中国大变革时期：鸦片战争、农民起义、西方列强入侵……加上他们这个家族连遭的厄运，使他清楚地认识到这个民不聊生的社会现实必须变革。在那个大背景下，潘道根坚守儒学思想，认为无论人性善恶，都可以用道德去感化教育；最好的方式是进行心理改造，使人心地良善，知道耻辱，而无奸邪之心。在这样的理念驱使下，必然决定他的诗歌具有强烈的责任意识。他以深挚的情感，在诗歌中将统治者的腐朽堕落、民众的艰辛再现纸上，从而形成了他的诗歌风格——带一点苍凉沉郁，很少使用典故，也极少愤世嫉俗，故他没有金刚怒目式的作品。如《女孙》云："女孙琅琅读书声，想到童时泪暗倾。严父研朱将句正，慈亲敲火把茶烹。昊天旷荡恩难报，齿发苍浪老易成。更想旧人无一在，相依吸有短灯檠。"诗歌通篇明白如话，语言朴素自然。

潘道根的写景诗也不同凡响。如《过陈顽潭，吊确庵先生》（之一）云："高人旧宅无寻处，惟有澄潭似往年。何日兼葭秋似雪，也来此处泊渔船。"诗词温文尔雅。最有代表性的当属《玉柱朝霞》的诗文："朝暾开处海云生，突兀浮屠入眼明。人在长春桥上立，迷离烟树送江声。塔影斜光在眼中，赏游东海又偏东。年来砚匣光眼尽，难写朝暾一柱红。"

昆山是山明水秀的地方，境内一片平川泽国，只有县城西北的马鞍山耸秀高出。天朗气净，登高远望，全市景色尽收眼底。马鞍山本名玉峰，简称玉山。清代咸丰中，顾本敬将山顶所见，画成八幅图，请人题咏，遂有"玉峰八景"之称。玉柱朝霞，东门外二里白塔头，有塔一座，耸立港畔，叫"玉柱塔"，俗称"白塔"。旧时每年阴历八月十八，有"朝白塔"之举，龙船竞渡，鼓乐喧天。可以想象：某一天的清晨，诗人站在马鞍山头眺望东方，彩霞满天，塔尖高耸，真是美不胜收。

还有《巴城敲雨》："巴城湖水绿沄沄，上有巴王旧日坟。曾记扁舟湖上过，雨余一片淡斜曛。"细腻地刻画江南水乡的特有风情。

潘道根以自己的经世济民学问，对乡村治理提出了一系列的见解。昆山北部是一个相对低洼的地方，水灾几乎每年都有，只是严重的程度不同罢了。潘道根在《复张咏仙学训书》中，对其提出的积储、围岸、开河等问题，给予高度重视，并提出了自己的主张。在《复张咏仙学训书》中，潘道根指出新阳县税收繁重，列举宋元时（包括昆山、太仓在内）一年才征收54400多石大米，而现在新阳一个县就要征收24万多石。所以，他提出了“州县征曹胥吏之手，县官但责成兑足开帮，而不问催科之公否。胥吏任情上下，分为完户、欠户。欠户永远不催，完户追呼日及。由是绅衿以势力而欠，豪强以刁劣而欠，穷苦以无力而欠，胥吏以城狐社鼠而欠，又以包纳侵吞而欠。……而鞭扑逼迫以开漕运者，惟此数千家安分力田之农已耳”。他还指出坍荒累民“熟田之赋，尚难措办，何有坍于荒？而在赔坍荒之赋者，积岁累月，案限催比，皆剜肉医疮，从无旁贷”。在《与当事议苏松灭赋书》中，潘道根提出：“裁减浮赋，诚今日久安长治之良图、制理保邦之根本。而严饬吏治，大法小廉。又今日清厘漕政之急务也。”在《复顾子云孝廉言义仓事》中，他建议义仓以捐粮为主，分本县为八乡，乡领一局，图并于乡，乡统于城等。潘道根建议将所筑之田分上、中、下三等，根据不同等级，课以不同的税收。对开河之事，他建议要去上官仆从供应之害、胥吏借端需索之害、包头侵欺搪骗之害等三害。甚至，潘道根还提出男子织布的设想，并罗列了男子织布的五个作用：一是可以杜绝男人吃喝嫖赌；二是一家大小都可以有事可做；三是可以按时缴纳租税；四是让大家安于本分；五是可以预防饥荒对付灾年。

潘道根平生致力于地方文献、掌故的考证，表彰忠节，以教书行医为生，布衣以终。光绪《昆新两县续修合志》就有这样的记载：“睦和庵，在宾曦门外，汉浦塘左。明隆庆间建，天启七年（1627）僧妙庵重建大殿。崇祯十五年（1642）邑人蔡懋等重修。国朝顺治初，僧隐岩增葺。咸丰初，殿垣坍颓，邑人潘道根募资重修。(同治)十年(1871)，毁于粤匪。光绪元年(1875)寺僧盖茅以居。”

后世影响

尽管潘道根家境十分苦难，但他喜欢藏书，为此而倾其家中所有，为后人留下了1000多册珍贵书籍。

潘道根一生不遗余力地表彰忠孝节烈，时刻不忘搜罗乡邦文献以及掌故逸闻。他编辑整理了《昆山先贤冢墓考》与《昆山名家诗人小传》。潘道根收集的资料，被光绪《昆新两县续修合志》和民国《昆新两县续补合志》大量采用，尤其是后者，专门在方志后面附设了“潘道根勘误”一卷。

民国时期，新镇区域命名为晚香乡，后来又易名道根乡。潘道根一生，总共为我们留下了35种60多部著作：《昆山名家诗人小传》(6卷)、《荥阳潘氏家谱》(不分卷)、《昆山先贤冢墓考》(10卷)、《读书识小录》(1卷)、《所见录》(1卷)、《徐村诗后稿》(不分卷)、《饭香诗存》(1卷)、《隐求堂文稿》(2卷)、《隐求堂诗集》(2卷)、《毛诗故训传》(30卷)、《郑氏诗谱》(1卷)、《昆山名贤墓志铭》(12卷)、《潘道根日记》(不分卷)、《外台方染指》(不分卷)、《潜夫杂著稿》(不分卷)、《梅心后集》(1卷)、《徐村老农诗稿》(不分卷)、《三礼今古文疏证》(3卷)、《徐村老农文近稿》(不分卷)、道光《昆新两县志补遗订讹》(1卷)、《薛一瓢先生温热论批本》(不分卷)、《饭香道人医案》(不分卷)、《临症度针》(6卷)、《昭忠录》(不分卷)、《潜夫文稿》(不分卷)、《徐村文稿》(2卷)、《晚香诗抄》(6卷)、《昆山诗征残稿》(不分卷)、《国朝昆山诗存》(32卷)、

《续修昆山县城隍庙志》（不分卷）、《中国道观志丛刊续编》（不分卷）、《昆山城隍庙续志》（不分卷）、《南阳叶氏诗存》（2卷）、《昆山景物略》（不分卷）、《马鞍山景物略》（不分卷）。

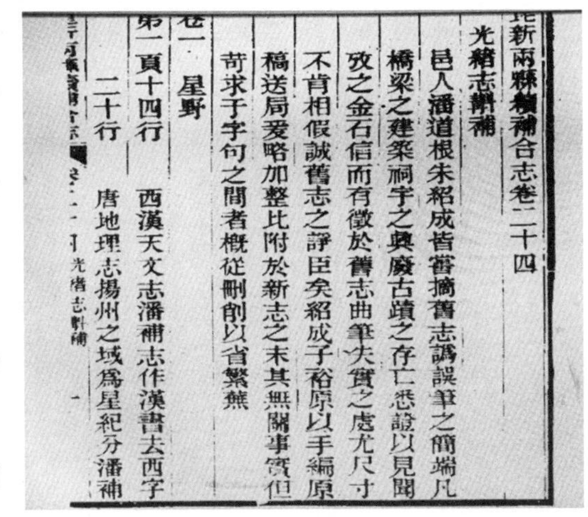
昆新兩縣續補合志卷二十四
光緒志糾補
邑人潘道根朱紹成皆嘗摘舊志譌誤筆之簡端凡橋梁之建築祠宇之興廢古蹟之存亡悉證以見聞攷之金石信而有徵於舊志曲筆失實之處尤尺寸不肯相假誠舊志之諍臣矣紹成子裕原以手編原稿送局爰略加整比附於新志之末其無關事實但苛求于字句之間者概從刪削以省繁蕪
卷一　星野
第一頁十四行　西漢天文志潘補志作漢書去西字
二十行　唐地理志揚州之域爲星紀分潘補

《昆新两县续补合志》中有关“潘道根勘误”的记载（张银龙提供）

散佚的还有《昆新两邑庙志》（2卷）、《读伤寒论》（2卷）、《医学读书记》（2卷）、《昆山艺文志考》《读龙录》《娱拙斋杂记》《尔雅郭注补》《读四子偶抄》等8种。

《潘道根日记》共16册，自道光四年（1824）甲申元旦始，至咸丰八年（1858）戊午易箦前三日——七月初十止，前后共三十五年，无一日间断。该日记主要记载了一个乡镇医生的日常生活、生命历程。在书中，我们可以看到他行医论医，尽忠尽孝，交友急难和借书读书、买书赠书、写书的经历。一方面，他以道德去感化教育人；另一方面，他悬壶行医，用自己的医术挽救芸芸众生，从而成为吴中一代儒医。

他在日记中认真地研究、探讨古文字、理学，毫不含糊地批评甚至鄙薄袁枚、金圣叹等名家。他记录水灾之后，儿子长时间赤脚站在水中，脚趾腐烂，痛楚不能成眠，而他无钱无势，束手乏策的经历，不禁想道：“平居读书，动以四海饥溺为怀。今方一家数口之不保，岂不可笑？”（《潘道根日记·道光七年十二月十三日》）道光二十二年（1842）四月至十月间，外夷入侵，多地失守，城池告急，而留下了以下记载：

“城中挈家避兵者纷然矣。”（《潘道根日记·道光二十二年六月十八日》）“闻福山有警，北门避兵之船络绎不绝，妇女仅携孩童衣包，以雨盖遮日而行，米粮箱笼俱不可带，亦有被人劫夺者。”（《潘道根日记·道光二十二年六月二十日》）

后来提督陈化成战死殉国，而记：“夷目在吴项桥出示安民，夷船已入刘家河。”（《潘道根日记·道光二十二年七月八日》）

有些人投敌做汉奸，而“城中避兵者纷纷入村”，他却“余日修净业，暇则观书而已”，接着上海县典史杨某殉城，靖江失守。（《潘道根日记·道光二十二年七月二十九日》）

就是在这样的兵荒马乱的年代，潘道根照样静心闭气继续研究自己的学问，撰写出了一篇近两千字的《劝戒文》，其中说出“天下之治乱，根于天下之人心”，认为“人心一日不悔过，则天心一日不悔祸。从古以来，未有丧其心而不致乱者也，亦未有以乱治乱而可以已乱者也。然则欲拨乱而反之正，诚莫先于正人心矣”，显得他既可爱又可敬。

《潘道根日记》书影（张银龙提供）

潘道根生活清苦，赁屋而居，儿子被迫到外地去教书度日，却于道光二十三年（1843）一年“恤嫠赒贫、放生善愿，计用钱十二千四百一十六文”。（《潘道根日记·道光二十三年除夕》）

《潘道根日记》保留了大量的文史资料，因为潘道根的一生绝大部分时间是在周市度过，对于研究周市的历史有着极其重要的意义。从《潘道根日记》可以认识近代社会乡绅阶层的文化生活、他们的政治观和国家观，可以了解中下层民众的宗教信仰，可以观察传统礼仪在民间的传承轨迹，而最重要的还是潘道根记录的丰富文字，成为研究昆山传统文化的珍贵资料。

梁辰鱼激情著述留华章

周　刚

梁辰鱼生于明正德十五年(1520)庚辰腊月，生肖属龙，所以取名辰鱼，因是家中长子，又字伯龙，他长大后取号少白，按传统记载，是昆山巴城西澜漕人，如今尚有梁家宅基。

梁辰鱼祖籍中州(今河南)，先祖梁元德是元代第一任昆山知州，故携家定居昆山。先祖应是蒙古人或色目人，《梁辰鱼集·序》中说他“身长八尺，虎颧虬髯”，似像混血儿。入明后，梁家祖上不乏缙缨。曾祖父梁纨，做过泉州同知，曾平定动乱，深受皇恩；祖父鸣鹤，为山东高唐知州；父亲梁介任浙江平阳训导。梁家官衔越做越小，每况愈下，所以他的词曲中颇有慷慨忧生之感。

梁辰鱼画影(杨瑞庆提供)

梁辰鱼青少年时就十分聪明，经史子集都熟读于心，很早成为县、府的生员。因为他性格豪放，喜爱交游，平时读史谈兵，尤工诗词音律，这么一个有才气的人，却风流自赏，无意科场，终其一生，只能用银子捐了个太学生头衔。

那年，他年届弱冠，秋闱在

即。秋闱就是县府学子去省城考举人，三年一次，都在中秋前后举行，所以叫秋闱，也叫乡试。考中的叫举人，来年春天可以进京考进士，也有直接派到县里做官的，所以秋闱是学子进入仕途的关键节点。梁介只是个县学小官，所以把“宝”押在了梁辰鱼身上，冀望他中举，重振门庭，可梁辰鱼却同一班发小终日赋诗论道弦竹高歌，不把科考当回事儿。梁介见儿子不务“正业”，就命他去太仓王家两位表叔家，以求感受点读书氛围。其太仓王家二位表叔，就是明代大名鼎鼎的后七子领军人物王世贞和其弟王世懋，那时他俩还都年少，比梁辰鱼小了好几岁，这种“大侄子、小爷叔”的情况世上很多。在梁辰鱼的曾祖父梁纨跟王世贞祖父王倬同朝为官时，梁纨把女儿嫁给了王倬的儿子王忬，梁家跟王家成了儿女亲家。梁纨的孙子梁介，跟王倬的孙子王世贞、王世懋以表兄弟相称，所以梁辰鱼年龄大，但辈分小，得叫王氏兄弟“表叔”，但王氏兄弟从不叫梁辰鱼“表侄”，而叫他“梁长子”“梁大少”。

王家世代科第蝉联，是太仓望族，此时王氏兄弟虽然年未弱冠，但因家学渊深，已博采多闻，被称为神童。梁辰鱼到了王家，拿出不少诗作给兄弟俩看，王世贞读后大加赞赏，说：“梁长子诗风飘逸，旷然清新，大有李白仙骨！”接着却话锋一转：“不过，科考要的是四书五经，重在义理，你还得在这上面下功夫！”王世懋却说了良心话，对乃兄说：“现在的科考只为死读书的准备了出路，未必真能考出人才。”之后又对梁辰鱼说：“不过，你梁大少尽管文采风流，若要谋仕途，振兴门庭，没有别的办法，只有走科考这华山一条道！”兄弟俩虽然同是神童，但对科考观点不同，所以王世贞后来能做到刑部尚书，王世懋虽然也入仕，但做的官比乃兄小得多。梁辰鱼当然站在王世懋一边，说：“小表叔说得好，大凡有才气的，像李白，天马行空，不以仕途而名扬天下；再说浩如烟海的著作吧，哪有诗三百的‘关关雎鸠，在河之洲’家喻户晓？当然，这次秋闱，父命难违，我还是要去的。”

梁辰鱼来到南京考场，走进狭小的号舍，就自嘲道：“我梁伯龙纵有鸿鹄之志，却被囚在这鸽笼里空谈今古，真是无奈！”一看考题就傻了眼。题目是《中庸》的“果能此道矣，虽愚必明、虽柔必强”，这题目的含义他懂，无非是让考生说说怎样才能做个谨小慎微听话的百姓。可当时是权奸严嵩当道，朝政黑暗，吏治腐败，苛税重赋，民不聊生，百姓都说，“嘉靖嘉靖，街街净净！”试题却叫考生修身养性，叫他梁辰鱼如何发出指点江山、匡正时弊的高谈宏论？梁辰鱼对科考如此反感，注定了他落榜的结果。

从此他不齿功名，好在父亲远在浙江平阳，母亲对他十分宠爱，就一发放任。他或与发小一起切磋词曲，莺歌燕舞；或游山玩水，访友论道，渲染林下士风。梁辰鱼30岁后做过两次壮游。第一次是嘉靖三十二年（1553），他33岁时南游会稽，探禹穴，登括苍山观日出，揽浙东仙境，并访永嘉。永嘉是南戏的发祥地，他在那里感受了南词的奥妙，为他创作杂剧和后来为昆曲填词打下了基础。第二次是嘉靖三十四年（1555），他35岁时溯江西去荆楚，泛舟洞庭、彭蠡，上九嶷揽月；登黄鹤楼，观庐山瀑布，寻周郎赤壁。这次他既是壮游，又想投奔朋友，在楚地谋求发展。湘中友人李奎有《送梁伯龙归吴》：“世路有荆棘，山乡多翠微。莫将和氏泪，却向楚人挥。”诗中劝他，你梁伯龙像和氏璧，如今世路多荆棘，还是回家乡好啊。这同时也道出了当时梁辰鱼生活之坎坷艰辛。

嘉靖三十七年（1558），梁辰鱼年近40岁，他父亲已故，但又被妻子迫着去南京参加乡试。当时梁辰鱼的诗词被朋辈推重，又因创作杂剧《红绡记》《红线女》而名满士林，但家境却越来越糟。妻子要他趁不惑之年谋个功名，改变困境，光耀门楣。梁辰鱼虽然囊中羞涩，母亲的话他可以不听，但妻子的话则不得不听。这情景在屠龙《梁伯龙鹿城集·序》中也说道："伯龙既长丽情，复多旷度，而家无百亩之产，入媚其妻子，而出傲其王侯……"屠龙做过青浦县令，但对梁辰鱼是同情的，《序》中说梁辰鱼的诗词艳丽而多奇语，虽然贫穷，但出外风骨傲然，藐视"王侯"，在家中却委曲求全地讨好妻子。这幅生活图景，勾勒了梁辰鱼甘苦自知的又一种形象。

梁辰鱼这次去南京参加科考，仅是为了给妻子一个安慰，他真实意图是想借此机会北上远游。他到南京后，把科考抛在脑后，带了所著诗篇，邀集名流，探讨咏唱，当时80多岁的诗书耆老文徵明说："(伯龙这次赶考)欲北走燕云，东游海岱，西历山陕，览观天下之大形胜。(所以在南京)与天下豪杰士上下议论其文辞，以一吐心中奇耳，一第何足轻重哉！"(文徵明《梁伯龙诗序》)他为了北游才来到南京，中不中举算什么？玩，才是要紧的！就这样，这次科考又以落第告终。由于诸多文友挽留，梁辰鱼又悠游了江浙，玩得不亦乐乎。连他渴望的北游也没有成功。

由于梁辰鱼广交海内文朋，又有王世贞、李攀龙等名流揄扬，他的才名倾于东南，士人无不争相与交。名将戚继光在去昆山七浦塘剿倭时，也特地登门拜访。凡吴中曲家词客更是跟他过从甚密，所以稍后的昆山曲家张大复把他比作200年前的顾阿瑛。

嘉靖四十一年(1562)，梁辰鱼42岁，其仕途终于出现了希望的曙光。负责东南沿海剿倭的闽浙总督胡宗宪，派驿骑送书，招他去杭州入幕。梁辰鱼很兴奋，自己胸怀大志而沉沦半生，现在年过不惑，却突然受到胡总督器重，他济世报国的夙愿终于可以实现了！大有李白"仰天大笑出门去，我辈岂是蓬蒿人"的气概。发小莫是龙、顾茂俭兄弟和友好王稚登等人也高兴地为他置酒送行，大家以为凭梁辰鱼的才华，一定会得到胡宗宪的重用。顾允默（顾茂俭之兄）在《长歌行送梁伯龙赴越镇之辟》中说：“吴门梁生人所推，阮瑀之书王粲诗。……辟书相属驿路来，倒屣定须延上宾。”（阮瑀，东汉末书法家，建安七子之一。王粲，诗人，貌奇丑，投刘表不遇。）这里，顾允默把梁辰鱼的才气比作东汉的阮瑀和王粲，觉得梁到了杭州，胡宗宪一定会高兴得倒穿鞋子迎接。可惜时运捉弄人，梁辰鱼到杭州，还没去总督府，却在西湖遇到友好沈明臣、徐渭等人，得知胡宗宪因严嵩倒台，受到牵连，已被弹劾下狱。梁辰鱼空欢喜一场，只得快快而归。

又过了四年，嘉靖四十五年（1566），梁辰鱼才实现了北游之愿。他取道太仓，拜访了表叔王世贞、王世懋，王世贞在家中欢送他过长江，地点在后来改名小祇园的离赘园，梁辰鱼《春夜宴离赘园别王元美敬美二表叔》诗记其事。他北上齐鲁，谒孔庙，临泰山，探海市蓬莱，本欲西去河洛华山，可惜囊中羞涩，只得作罢，所以只能算半次壮游。自此以后，他的足迹再未出江浙，仅往来于南京杭州一带。

梁辰鱼北游半途折回这年，嘉靖帝离世，隆庆帝登基，这年他同莫是龙，跟金陵友好孙七政、殷都、王稚登、张献翼等人，往来于南京杭州之间，在鹫峰禅寺结社，聚集江南名士40多人，这些人中有致仕官宦、骚人墨客、山人隐士，他们或征歌度曲，或饮酒赋诗。

梁辰鱼的诗词

梁辰鱼不仅是剧作家，也是明代中晚期有影响的诗人，他的《鹿城诗集》和《江东白纻》，或放歌山水抒发情怀，或朱弦白雪艳词丽曲，当时就受到坊间追捧。

梁辰鱼精音律，能唱曲，还有一副金嗓子，笛也吹得好。他家藏有两支百年老笛，他吹时“振声云霞，追随烟水”。他善于填写乐府舞曲辞，又因家在昆北郊野，接触乡谣俚曲，还常参与各种节令歌会，所以创作的乐府歌辞雅俗共赏，胜人一筹。他的乐府歌辞接近民歌，显得艳丽而接地气，如清商曲辞《子夜歌十二首》之一：“感郎夜夜来，多是月昏黑。白日忽经过，误认未相识。”又：“仰面枕郎膝，欲申眷恋情。郎无缠绵意，妾语空惺惺。”

梁辰鱼创作的本土民间歌舞也很多，其中有当时最著名、最流行的是白纻舞。白纻舞是汉代江南农村的一种民间歌舞，后收入乐府，到南朝各代更盛行，与上面说的《子夜歌》和《懊恼歌》《春江花月夜》同为吴歌清商新声。白纻舞舞者因为穿了白色麻布制成的长袖舞衣跳舞唱歌，所以叫白纻舞或白纻歌，统称白纻。白纻分独舞、双人舞和群舞，动作以舞袖为主，节奏由徐缓转急促，舞姿轻盈，动作流畅。梁辰鱼写过《四时白纻舞歌》，下面摘录他描述舞姿的两首。

《春白纻》：“白纻纤洁如春云，绿窗裁剪稳称身。妆成夜台催唤频，舞来盈盈不动尘。”

《秋白纻》：“美人起舞明月中，甕金氍毹紫芙蓉。长袖转褶生旋风，初疑行云无定踪。忽复蜿蜒如游龙，神妙恍惚不可穷。”

白纻舞在明代还流行于江南农村，有点像现在的广场舞，不同的是，参与者都是少女。古代农村少女为什么流行白纻舞？这是因为农家姑娘买不起彩色丝绸的舞衣，就用麻布替代。麻布又叫夏布，旧时纺织麻布是农村女子的一项家庭副业，原料是纻麻，田野多有种植。她们把纻麻收割后劈成丝、接成缕（极细的单线），再用织机织成原始的坯布，即麻布。可以卖给商家，也可以自制成蚊帐、夏衣，爱跳舞的姑娘就可以不花一分钱自制舞衣。她们还把制舞衣的麻布漂得特别洁白，揉得轻柔纤细，不亚于丝绸，因为舞衣是白色的，所以叫白纻舞。

梁辰鱼生活在昆北，农村少女跳白纻舞、唱白纻歌，他在狎妓玩赏时常见，所以他钟爱白纻舞，作的散曲集就题名《江东白纻》。

梁辰鱼的散曲和杂剧

白纻是乐府体诗歌，而《江东白纻》中收集的是梁辰鱼的散曲，与乐府不同。散曲又叫北曲，是元代兴起的一种新的韵文歌体，格律较自由，形式采用长短句，语言通俗，还有点村野味，具有民间歌谣、戏文说唱风格，更适合表达思想感情。在元代，北曲用作元杂剧唱词，与杂剧合称元曲，成为文学史上一种新的文学样式，与唐诗、宋词并称。

梁辰鱼生性旷达，善写散曲，比他小7岁的苏州剧作家张凤翼说梁辰鱼的散曲“触物感怀，抒情吊古，宫商按而凌风韵生，律吕协而掷地声作。不俚不窒，虽落索数语，玲珑百言”。梁辰鱼在《江东白纻》中也说自己的散曲“……既乖旧谱，复累新声。……不愧前人”。意思是他的曲辞违旧调，倡新声，但作品可以说不比前人差，所以散曲是他诗歌中的亮点。后人评价梁辰鱼的散曲雅则大雅，俗则大俗，用于抒发情怀，大气忾人；用于艳词俚俗，也嫣巧生风。

不妨，辑录几则《东江白纻》中的散曲，以供欣赏。

如《夜航船·拟金陵怀古》：“万里涛回，看滔滔不绝、古今流水。千年恨，都化作英雄血泪。徙倚，故国秋余，远树云中，归舟天际。山势，还依旧枕寒流，阅尽几多兴废！”这里，“夜航船”是曲牌名，“拟金陵怀古”为散曲名。（下同）

如《玉抱肚·吴宫秋》:“双双兰桨，采莲归重催晚妆。看西施舞罢纤腰，半含娇笑倚东床。芙蓉帐小更添香，杨柳风多水殿凉。”

如《驻马听·寄远》:“忆别春初，一叶秋声又报梧。初认暂留南越，谁知再调西秦，不料更戍东胡。霜风吹妾妾忧夫，寒衣破尽终宵补。魂梦糊涂，悠悠难觅辽阳路。”

如《驻云飞·邂逅》:“小小冤家，迤逗得人来憔悴煞。雅淡堪描画，举止多潇洒。咱，曾记折梨花，在荼蘼东架。忙讯佳期，到答着闲中话，一半嚣人一半耍。”

梁辰鱼散曲中的艳词多口语化，且音律协和，很受教坊女乐喜爱。教坊即青楼。古代青楼女子大多能弹能唱，才艺优秀的还能自制曲词，更喜欢才子当场为她们作艳词。梁辰鱼生活在这样的年代，当然不能免俗，他的艳词就更受欢迎，曾说自己的曲辞“虽不能登之乐府，亦可播之教坊，聊博一时之笑”。

所以梁辰鱼游得最多的地方是南京、杭州，他也成为秦淮、西湖的常客。他们玩得高兴时，在青楼集中的地方为乐妓开展选美活动。据《中国乐妓史》记载，隆庆四年（1570）夏末秋初，梁辰鱼和金坛进士曹大章等词曲名家在南京秦淮河发起盛大的“莲台仙会”，他们选出十四位乐妓，根据她们的才情姿色，分出“状元”“榜眼”“探花”，以及“女学史”“女太史”等名次，张榜公布。状元又叫“花魁”，晚明冯梦龙小说《卖油郎独占花魁女》、清代李玉以此改编的昆剧《占花魁》即是，所以“莲台仙会”又称“花榜”，据说这是梁辰鱼等人首创，从此沿袭成风。

梁辰鱼喜好追新创奇，所以他在创作《浣纱记》前，已经写了杂剧《红绡记》和《红线女》，这两个“红”剧都取材于唐人传奇。

《红线女》根据袁郊《甘露谣》《红线传》改编，说唐代晚期，朝廷软弱，各镇节度使之间常弱肉强食，相互兼并。魏博节度使田承嗣图谋吞并潞州，潞州节度使薛崇的婢女红线女，能飞檐，有剑术，夜入田宅内室，神不知鬼不觉盗走田承嗣枕边的金盒，吓得田承嗣不敢轻举妄动，避免了一场战乱，也解了主人薛崇的危，这就是著名的“红线盗匣”故事。后来“红线女”移植的版本很多，大家已经熟知，不再赘述。

而《红绡记》已经失传，为飨读者，约略介绍于下。《红绡记》是梁辰鱼根据唐代裴铏写的传奇《昆仑奴》改编的。大唐是空前开放的朝代，京都长安（今西安）更是经济发达、文化繁荣而且秩序井然，是万国向往的国际化都会，所以满街可见来自大食、天竺、昆仑、新罗、百济、日本等各种肤色的淘金者。昆仑是唐代对现在印度半岛的称呼，很多官宦豪绅雇用那儿的人作为贴身家佣，唤作“昆仑奴”。“昆仑奴”来自国外，他们大多体格健壮，身怀绝技，而且事主忠心，就给人一种神秘感，所以唐代流传他们的故事不少，梁辰鱼就采用裴铏的《昆仑奴》编排成杂剧，但剧名改用女主角“红绡”。

《红绡记》故事梗概：唐代宗大历年间，高官儿子崔生，奉父命带了“昆仑奴”磨勒去探望在病中的父亲同年。这同年是一品勋爵，家养歌姬众多，他见崔生举止清雅，就让歌姬给崔生准备茶点。崔生风流倜傥、谈吐诙谐，逗得这些妙龄女郎头上的花枝乱颤。其中一个最漂亮的叫红绡，还给崔生喂核桃肉，两人一见钟情。崔生辞别时，红绡悄悄地给他做了个暗示，她先是竖起三根手指，再伸出五指反复三下，然后指指崔生胸前的小镜子。崔生回家后猜测红绡那些动作在暗示什么，但百思不得其解。崔生为猜这哑谜，整天神魂颠倒，“昆仑奴”磨勒却在一边偷笑，崔生就叫他破解。磨勒说勋爵家的歌姬分住十个院子，红绡竖起三个指头，表示她住的是第三个院子；伸出五指反复三下，指指你胸前的小镜子，就是告诉你，到十五明月夜去找她。崔生恍然大悟，也很惊喜。

到了十五那天，明月当空，崔生和磨勒来到勋爵家后门，磨勒破门而入，用连椎击杀守院恶犬，又背着主人越上高墙。磨勒连蹦带跳跃过好几栋楼宇，来到歌姬住的地方。他们进了第三座院子，只见房内亮着红烛，崔生忙挑帘而入，只见红绡正坐在床上翘首以待。磨勒帮红绡收拾了细软，背了他俩从原路返回。

红绡在崔生家秘密住了二年，想不到被人告发，勋爵带了一队兵丁，杀气腾腾要治死崔生。软骨头的崔生却出卖了“昆仑奴”，说没有磨勒唆使，他有这心也办不到这事。勋爵本来对长安城内的“昆仑奴”就看不惯，便准备杀了磨勒，以警示天下人。兵丁们纷纷围住磨勒。磨勒却对崔生冷笑几声，舞动链椎，击退众人，“飞上高墙，瞥若翅翎，疾同飞鹰”，一转眼，就消失得无影无踪。

《红绡记》讴歌了女子为爱情而敢冲破牢笼，更歌颂了“昆仑奴”为主人能两肋插刀，也鞭挞了崔生为保命而以怨报德，同时反映了浅薄的世情，揭露了卑贱的人心。梁辰鱼本是侠骨铮铮、善恶分明的人，写这类题材的戏剧，必然入木三分，再加他文学功底深，词艳语警，所以他的《红绡记》一登台就脍炙人口，广泛受到好评。

梁辰鱼的《浣纱记》

梁辰鱼生活的年代，除了北曲（杂剧）、南戏，还流行昆山腔。昆山腔源远流长，可以追溯到唐代玄宗身边当红伶人黄幡绰。安史之乱后，黄幡绰流落到正仪绰墩山，因为他是陕西人，不会吴语，只得教唱宫廷歌谣谋生，传下的歌调后来被尊为正声。那时还不叫昆山腔。

元代中后期，昆山富豪顾阿瑛，在界溪玉山草堂和天下才子佳人雅集，他们上承黄幡绰歌调，博采南词民谣，刻意翻新，打造了一种别有风格的唱腔，成为有别于南戏诸腔的昆山腔。此腔被当时评为“流丽悠远，听之最足荡人，出乎南戏诸腔之上”。明代开国皇帝朱元璋曾召百岁老人周寿谊进京，以示祥瑞，曾令寿星唱一曲昆山腔。周寿谊是平民出身，实说不会，就唱了一首家乡小调。这说明昆山腔在那时就已曲高和寡。

明代嘉靖年间，比梁辰鱼大30多岁的江西豫章（今南昌）音乐家魏良辅，慕名昆山腔，流寓于昆山、太仓一带。为了学习北曲，还在太仓结识了北曲名家张野塘，在昆山腔阴柔的基础上，糅入北曲阳刚之音，并吸收南戏诸腔和江南民歌小调的一些特点，通过10年整合，终于把南北词调融合成昆曲歌调。其腔拍挨冷板、弦索苍凉，启口轻圆，收音纯细，一字之长延之数息，余音委婉绕梁，俗称“水磨调”。

明穆宗隆庆四年（1570），梁辰鱼50岁，从金陵回到昆山，他虽然贫穷益甚，但壮心未已，激情不减。此时魏良辅的水磨腔正流行，梁辰鱼工词曲，精音律，而且嗓子也好，就专心研究起新生的昆曲唱腔。稍后的昆山人张大复在《梅花草堂笔谈》中说过这件事：梁伯龙闻（魏良辅的）水磨腔，起而效之，考订元剧，自翻新调。据说昆曲的工尺谱是他在那时创造的。可是这时的水磨调还停留在宴乐堂会清唱，不能登上舞台。梁辰鱼觉得水磨调声律完美，音乐激荡，应该走上戏曲舞台。由于流传了数百年的传奇剧大多是因果相报、儿女情仇的俗套题材，缺乏家国情怀、宏观气势，他忽发奇想，何不以春秋时吴越兵戈为背景，创作一部题材新颖、情节跌宕的大型历史剧，让昆曲登上舞台，一鸣惊人。

其实，梁辰鱼不是突发奇想，因他已经创作了《红绡记》和《红线女》二部传奇杂剧，还为松江陆天池的《无双传》二十折后补了团圆一折，但总因格局小，不能一抒他壮心未已的胸臆。他早想创作一部纵谈兴亡、褒贬忠奸、一吐鸿鹄之志的大型历史剧，二千多年前发生在本地的吴越兴亡故事，是个好题材。他熟读《吴越春秋》《越绝书》等历史典籍，游过若耶溪、越王台、会稽山，访过要离墓、伍子庙、馆娃宫。他在《过苏台废基》诗中说："昔日歌钟地，今看麋鹿行。兴亡千载事，过客自伤情。"那些荒芜苍凉的古迹无不让他感叹一代人的烽火硝烟和离合兴废，西施、范蠡、伍子胥、伯嚭、勾践、夫差等人物，常在他眼前浮现碰撞。他很想把这一场波澜壮阔的场景搬上舞台，实现萦绕心中的夙愿，可惜一直找不到机契。现在昆曲改良已经成熟，终于触发了他的灵感，他可以编剧演戏了。

关于吴越春秋的正史、野史、传说、故事，梁辰鱼都历历在心。他谋篇布局，反复推敲，决定以范蠡和西施爱情为主线。为复仇兴国，范蠡把西施送到吴王夫差身边，西施甘愿牺牲青春，让夫差沉湎酒色，致使国势衰落，越国趁机一举灭吴，最后范蠡和西施远离尘嚣，泛舟天涯。这种一反"红颜祸水"陈词俗套的思路，既歌颂了西施和范蠡为国牺牲爱情的精神境界，也抒发了梁辰鱼鞭挞奸佞、揄扬忠信的慷慨情怀。于是，梁辰鱼眼前出现了一幕幕图景。

若耶溪畔，西施吟唱："清溪独浣纱，波冷湿裙钗。花枝无主，一任东风嫁。"

范蠡接西施定情物，感激传唱："感卿赠我一缣丝，欲报惭无明月珠。"

会稽山麓，烟树凄迷，战尘飞扬，越国战败。吴王夫差横刀立马。勾践身披罪衣，告别越国，传来他夫人悲戚歌声："云帆飞兮长往，知归来兮何年？”

为复国，范蠡送西施入吴。西施深居吴宫，深情演唱：“千里家山，万般心事。南望若耶烟水，何处是尽头？”

去齐路上，伍员携儿入城寄子，动情地演唱：“君王听信伯嚭奸邪，放豺狼勾践回越。丹心空报国，白首又抛儿。”

馆娃宫中，夫差白日做梦，梦见勾践率剑士八千，飞流三百，突入殿堂。夫差惊醒，一身冷汗……

勾践灭吴复国，范蠡与西施共泛太湖。

《长生殿·小宴》剧照（杨瑞庆提供）

西施唱：“为君家，奄奄憔悴，空留数行珠泪。恰君归，烟波里，任飘摇海北天西。”

范蠡唱：“为邦家，割爱轻分离。看满目兴亡真惨凄，笑吴是何人越是谁？扬风帆海天无际！”

梁辰鱼成功地创作了四十五折大型传奇，初名《吴越春秋》，后定名《浣纱记》。

《浣纱记》意新、词艳、曲美，上演

后三吴观众耳目为之一新。同时代人改革家李贽称:“《浣纱》尚矣!匪独工而已也,断称作手无疑。若《金印》、若《香囊》,具书生之技,学究之能,去词人远矣。”他说“《浣纱》尚矣”,给予高尚、时尚的好评。梁辰鱼表叔王世贞在《嘲梁伯龙》诗中,也形容《浣纱记》上演后粉丝遍地,于是出现了“吴阊白面冶游儿,争唱梁郎雪艳词”的盛况,从此《浣纱记》一炮走红。他和魏良辅后来被吴梅村称为“高人填词梁伯龙,里人度曲魏良辅”。

由于《浣纱记》一举成功,梁辰鱼的戏剧创作模式被剧作家们纷纷效仿。因为发源于昆山,这些作品就被称为“昆山派”的作品。其创作特点是:文辞雅驯但不排斥通俗,一反老派作者雕章琢句的套路,使昆曲传奇风靡南北,走向全国。本来“止行于吴中”的清曲,最后发展成为“四方歌者皆宗吴门”的“百戏之祖”。

梁辰鱼传奇创作的理念影响深远,直到清代康熙年间,洪昇的《长生殿》、孔尚任的《桃花扇》等大型传奇,也离不开国家兴亡的背景。

梁辰鱼于万历十九年(1591),离开人世,终年71岁。1999年,新世纪来临之际,北京建造纪念性建筑“中华世纪坛”,梁辰鱼和《浣纱记》被写进“浓缩中华5000年文明史”的世纪坛青铜甬道,永恒于世。

周伦其人其墓

王晓阳

昆山现存的地名中，有绣衣大桥、绣衣路、绣衣村等。那么，“绣衣”是什么意思呢?

“绣衣”这个称谓来自过去的绣衣坊，位置应该就在今天的绣衣村一带。这个名字的来源，根据史载，是纪念五位昆山明代比较有名的官宦。明代官宦都穿绣着飞禽走兽的官服，所以有名绣衣坊。这五名官宦中其中一个就是周伦。

昆山还有一个地名叫尚书坊，是纪念朱希周、顾潜和周伦而设立的。昆山过去在荐严寺中设有四贤祠，用以祭祀周伦、归有光等四位贤士。

周伦像（王晓阳提供）

沧浪亭五百名贤祠里也有昆山的周伦。碑石上刻有周伦的画像，并有评价他的十六个字：中官不私，君嘉其直。飞蝗不灾，民戴其德。

苏州和昆山这些留存的遗迹可以说明周伦是明代一位比较有成就的官宦。一个人在昆山三处留有纪念地一定事出有因。

周伦先祖移居昆山

周伦是哪里人呢？说来话长，要从明代湖南长沙府说起。那里有一户周姓人家，家境康平，还算富足。家族以诗书传家，勤恳聪敏。可是这样的家族，却似乎中了一个魔咒：周氏家族从爷爷辈到孙子辈，即使都用心刻苦，可是族中只中过秀才，且从此止步科举。明明都很勤奋，也很聪敏，可是不知道为什么，屡试不第，这就等于没有光宗耀祖的机会，对一个“诗书传家”的家族，打击是很大的。

明代社会是一个非常重视科举的社会。别的不说，昆山大儒归有光，即使满腹才华，考了一辈子，一直考到六十岁才梦想成真。这里面的辛酸就别提了。这周家子弟屡考不中，对于家族来说是一个很大的打击。

那年清明节祭祖，轮到周家子弟周厚德上香祭祖，他想起自己家族里面一个科举人才都没有而辛酸难过，忍不住就在祖宗坟前痛哭一场，觉得对不起祖宗。周厚德是一个读书人，埋头苦读了一辈子，只有秀才头衔，因此心中非常苦闷，甚至有点悲伤过度。

周厚德回到家里怏怏不乐。当天晚上就做了一个梦，梦见自己的父亲对自己说：“我们家族科举不利，是因为我们这里没有好的风水。长沙这边不是我们的福地。你带着一家老小往东走，去找我们的发源之地，安身立命，也许能改变一家的命运。”

周厚德问道：“那么，往哪里去呢？”

父亲就说：“茫茫白玉一点青，石头旁边凤凰鸣。”说完就不见了。

周厚德醒过来，反复想这是父亲在提示，要找一个周氏的发源之地啊！

于是，周厚德就集聚家里的人，说要寻找发源之地。家里人一致同意。然后卖掉全部房子田产，重新装殓了祖先的尸骨，装在瓦罐坛子里，一家人坐着马车，别的什么都没带，就带着这个瓦罐坛子，用衣物一层层包裹好，藏在车子的中央，小心翼翼地一路行驶。一直往东走，一路访山问水，走走停停看看，一直走了有大半年的时光。

只说是往东，天地这么大，到底往哪儿去呢？周厚德也不知道。可是这是父亲在梦里的托付，事关家族的兴旺发达，这是家族的使命啊！不管怎么辛苦，也要办到啊！所以周厚德带着一家人一直往东行走，就来到了昆山。

当时正好是冬天，大雪封路，泥泞难走，他们一家就在村子里找个地方暂时安歇。周厚德像往常那样，去看看这地方的风水。他沿着娄江走了一段，虽然是下雪天气，但是竹篱茅舍，还是别有一番景致，心里十分喜欢。继续前走，发现不远处有座小山，当地人叫“玉山”。周厚德听到“玉山”两字，心里不禁有点激动，就惴惴不安地上了山。山上有庙宇，香烟缭绕。走到半山腰的时候，周厚德忽然愣住了。原来山上笼罩着一层厚厚的雪，呈现出白茫茫的一片。只见山脊上有一棵松树，挺拔直立，傲然在山峰之上，露出一片青葱。周厚德一见这情景，忽然想起父亲托梦给他的那句话，“茫茫白玉一点青”，眼前这情景，不正是“茫茫白玉一点青”吗？

想想自己一家千辛万苦走了这大半年，受尽苦寒不说，为了找到风水宝地而日夜忧心，夜不能寐，今天这风水宝地终于找到了！周厚德忍不住鼻子一酸，心想：“爹呀，儿子终于不辜负您的嘱托，找到风水宝地了！”

可是，父亲还有一句话，叫作“石头旁边凤凰鸣”啊！这寒冬腊月，哪里来的凤凰？周厚德在山上走了好几圈，越看越喜爱，他认定这就是他父亲要他寻找的风水宝地。可是能否符合“石头旁边凤凰鸣”的说法，让他很疑惑。就在他转悠的时候，听到昆山本地人在说话。有人问：“妙峰塔怎么走？”有人答：“绕过凤凰石，一直往上走就对了！”

凤凰石？周厚德于是向人打听凤凰石在哪里。

昆山本地人就给他指了指——只见一块很大很大的石头，伸开两翼，如同一只硕大的凤凰。传说凤凰曾经停留在这块石头上鸣叫不已。也有人说，这石头状如凤凰，不管哪一种说法，反正这块石头就叫凤凰石。

玉山上的凤凰石（王晓阳提供）

这不又应了父亲那句“石头旁边凤凰鸣”话吗？发源之地就在这里没错！

周厚德非常激动，回去就告诉妻儿。他们一起到山上察看，并在半山腰里挖了一个坟墓，将周氏先人的尸骨坛子放进那里，算是把祖坟迁到了风水宝地上。他们还在坟前树立了两个石人像，一个墓碑。然后祈祷周氏的后代子孙能出一个达官贵人。石人像有一人多高，抗战前还保存在那里。

据说，“八一三事变”后，日军向昆山投放炸弹，其中一枚炸到了玉山的半中腰，周厚德祖坟前面的一个石人就在这次轰炸中被毁。另外一个石人原本保存完好，但被驻军修筑盘山公路时清除了。

那么，周厚德这样辛苦地寻找发源之地后，子孙成功了吗？

周厚德到了昆山后，有了孙子，白白胖胖的，十分可爱。一双眼睛十分有神。周厚德亲自翻书问典，给孙子起名字，后确定为“伯明”。孩子长大以后，周厚德又给孙子起了周伦这个名字。周厚德盼望周伦能够改变家族屡试不第的命运，从而振兴周氏家族。

祖父从小就让周伦熟读经书、学习“制文之术”，也就是学习写八股文。周伦勤奋研读，昼夜诵书，字也写得规整漂亮。周厚德看在眼里，喜在心上，心想，周家科考有望了！

周伦果然年纪轻轻就中了秀才，不久又考上了举人。三年之后，上京应试，结果皇榜高中。那一年是弘治十二年（1499），周伦中了进士！进士，那是天子的门生，是皇帝亲自选拔的官吏，那叫光宗耀祖！送喜帖的将周伦中进士的消息报送回昆山，周厚德激动得老泪纵横！他跑到祖坟前，欢喜不尽地祷告道：“爹呀，咱们周家出进士了！咱们周家出进士了！”

周伦有四个儿子，其中两个儿子当官——长子周凤鸣，担任大理寺丞；三子周凤起，担任太仆丞。还有两个儿子是太学生。周伦之后，周家一直门庭荣耀，仕宦不绝。周氏家族完全改变了命运。一直到清朝末年，周氏族人还在云南做官。

周伦政绩引人瞩目

周伦考上进士之后，第一次出仕，是担任河南新安县知县。河南虽然当时是个好地方，可是新安县地方比较偏僻，而且经常遇到旱灾，旱灾过后就是水灾，不好治理。周伦到任后，治理徭役，减免蚕桑赋税，让当地百姓得到很大便利。谁知当年就遇到大旱，随后蝗虫滚滚而来，将农田里的作物吞噬殆尽。周伦连续三天光着脚祷告求雨，后来终于下了大雨，周伦带领民众下地捕捉蝗虫，这才将蝗灾消灭。到了第二年，新安县又发大水，周伦上报朝廷请求赈灾，同时又效法古人，减价出售粮食，来救济灾民。这时候，用来防洪的大堤突然崩塌，修筑大堤需要大量的钱财，百姓需要大量的粮食。周伦想出了一个办法，他募集民工筑堤，民工每天的工钱就是发放粟米，这样百姓有了粮食，筑堤的资金也解决了，老百姓对他的决策交口称赞。

周伦看到新安有水，可以种植稻米。但是当地人不会种稻米，周伦就教他们引水成渠，学种稻米。自周伦赴任后，新安就开始种稻米了。这是他对河南的一大贡献，他也成为造福一方百姓的好官员。

按照明朝惯例，官员每三年考核一次，并且需要亲自到朝廷接受政绩考核。朝廷听了周伦的“述职报告”后，大加赞赏，就越级提拔他为监察御史，负责巡视居庸关和龙泉关等地。周伦对新的管区进行了深入考察，然后向朝廷提出了六点建议，如在要害的地方设置防御措施，保护漕河运输码头；要谨慎用人，安定民心，为民造福的人要破格提拔。由于周伦的这些建议非常切合当时实际，被送往兵部，要求立即实行。

周伦还是一个不畏强权、正直敢言的人。当正德皇帝执政时，有个钦差太监叫李兴，仗着自己是皇帝身边的红人，竟然违反当时朝廷禁令，私自砍伐山林。周伦知道后，不惧权宦，立即举报。正德皇帝表彰了他的正直，因此他也得罪了一些宦官，这些宦官们记恨在心。

正在这时候，周伦的父亲生病去世，周伦请假回家奔丧。这时大太监刘瑾当道，他是当时著名的奸臣大宦官，祸害多人，臭名昭著。他早就痛恨周伦举报宦官的事情，正想伺机报复。周伦是个孝子，由于坊在縣前為繡衣坊五為御史王倬周瑰周倫顧潛方鳳立柱史坊在會仙橋下為御史朱觀立臺憲坊在半山橋南為僉事周愚立聯璧坊在縣治東為張汝舟張汝粟立天衢坊在鰲峯橋下為王琳立儀鳳坊在縣治後為御史顧潛立翔鳳坊在半山橋南為顧邦石立鳴鳳坊在縣治後為按察使顧夢圭立金榜傳芳坊在宣化坊北為吳瑞吳蘭立科第聯芳坊在縣治前為柴奇柴太立世沐天恩坊在道德坊為梁昱梁執立伯仲同芳坊在山前為王秩王櫻立橋梓同榮坊在縣治前為袁文振立狀元宰輔坊在縣治後為大學士顧鼎臣立烏臺肅紀坊在茅家橋東為御史朱栻立青瑣納言坊在察院前為給事中朱隆禧立文魁坊在小西門外為進士孫瓊立文英坊在望山橋南為進士瞿泰安立登瀛坊在富春橋南為進士沈祥立聯芳坊在儒學後為進士夏遂立晝錦坊在北門外

嘉靖《昆山县志》中的周伦简介（王晓阳提供）

父亲死后悲伤过度，自己也染了重病，只能在家休养。刘瑾知道后，就说周伦违反了规定的假期，逼着周伦辞官归隐。后来他又叫手下罗织了一些莫须有的罪名，给周伦找出了一大堆毛病，罚周伦三百石米。周伦是个清官，家里没有很多家产，被罚得倾家荡产。周伦明知刘瑾在陷害，没有办法，只能在家里休养。

大奸臣刘瑾后来因为作恶累累而被诛杀了。后周伦复出，被朝廷任用为御史。他向朝廷上疏，推荐了许多因为刘瑾陷害而被罢黜的贤宦，同时也弹劾了一些为虎作伥的坏人。皇帝非常信任他，都采纳了他的建议。后来，周伦被提拔做了山西巡按，为官一方，造福一地。周伦到了山西，为了使当地不受北方外族的祸害，兴建了太原南关新城和武宁关土堡、垛口、壕堑。周伦的决策可以说高瞻远瞩。因为北方少数民族一直和朝廷对抗，这些建造了的土堡和垛口，成为当地百姓长治久安的保卫屏障。

凭借着高度的责任感和远见卓识，周伦的官职一路提升，后来，周伦升任南京大理寺右丞，不久又升任大理寺少卿。在嘉靖皇帝执政时，周伦开始担任都察院佥都御史，后又提拔为兵部、工部侍郎，最后升任南京刑部尚书。

从知县到尚书，证明了周伦的能力。

周伦功德造福桑梓

周伦退休以后回到昆山，但是为民造福的善举并没有停止。

周伦对家乡的第一个贡献，就是上书建议修筑昆山城。这是很有先见之明的建议。昆山一马平川，没有阻挡，如果倭寇打过来，会给昆山城带来灾难。但是由于当时朝廷没有重视，所以修建昆山城的建议没有被采纳。

后来，昆山籍宰相顾鼎臣再次提议修筑昆山城。由于他有更大的影响力，修筑昆山城的建议终被批准。昆山造起了砖石城墙，后来抵挡住了倭寇进犯。当然，这里不能忘记周伦率先建议之功。

周伦还是一个精通医术的人，他写过一本书，叫《医略》，一共四卷。书里记录了很多医学道理和治病方法。当后来江南一带发生瘟疫的时候，周伦亲自行医，救活了很多病人。

在昆山的民间传说中，还有一个流传很广的“周伦送碑”的民间故事——

当时有个昆山县令叫杨廷桢，贪赃枉法，吃人不吐骨头。他到了昆山后与一些地痞流氓串通一气，专门搜刮民脂民膏，把昆山折腾得没有一天安宁。

那一年，周伦妻子不幸亡故，当他将灵柩送到陆家浜下葬的时候，听说杨廷桢正在大张旗鼓地为自己的四十大寿做准备。衙门里的人放出风来，说杨知县为民造福是好官，他的寿庆是昆山喜事，大家应该好好庆贺。老百姓都知道这个“庆贺”的意思，其实就是借机敛财，大捞一笔。

到了杨知县四十大寿那天，通往县衙的路上到处都是前去送寿礼的人。周伦带着几个乡邻也一起往县衙去。他们抬着一块黑乎乎的石碑，到了县衙公堂，就把石碑摆放在显眼地方。杨知县疑惑地望着那块石碑，嘴里喃喃自语地念道：“天高三尺，天高三尺，这是什么意思？”

周伦笑了笑，对杨廷桢说：“老百姓都知道，你杨知县来昆山两年，刮了两年的地皮，地皮被刮低了三尺，现在站在昆山的土地上，抬头看天，天已经高出了三尺……”周伦还想说下去，知县旁边的官差打断了他的话。官差说：“今天是知县老爷的大寿，休得在知县老爷面前血口喷人！”

不过，杨廷桢没有被激怒，脸上还挂着奸笑。他对周伦说：“本老爷今天高兴，不跟小人计较。天高三尺也好，地低三尺也好，都没有关系。横竖你也给老爷送了寿礼，这就好，这就好。只是，我实在弄不明白，你怎么不送块木匾，而送了块石碑呢？”

周伦叹了口气，不紧不慢地说：“我也想送木匾，甚至还想送钱，可是，我一贫如洗，实在没有什么东西可送，老婆不久死了，只有这墓碑了。”

杨廷桢终于忍不住发作了脾气：“你竟然把这样的碑拿来送我！你竟然用这样恶毒的方式来咒骂我！你竟然……”杨廷桢要起了县太爷的威风，他走回到案前，抓起惊堂木狠狠地拍了一下，指着周伦大声吼叫：“来人，把他拿下！”就在这时，跟周伦一起过来的乡邻早已经团团围住了周伦，把他保护起来。一个乡邻从他的背包里取出周伦的官服，抖开来，在周伦的胸前比试了一下，对杨廷桢说：“你们看看清楚，他可是刑部尚书周大人！”

刚才还气焰嚣张的杨廷桢被吓得面如土色，几个乡邻护着周伦到屏风后面换上官服，戴上官帽，周伦重新来到大堂之上。周伦坐在公案前，拍起惊堂木，开始审讯起这个作恶多端的贪官了，把对这个知县的祝寿改成了一场审案了。

后来，周伦查实了昆山知县杨廷桢确实是一个罪大恶极的坏家伙，甚至还犯下了好几桩命案，最后处决了杨廷桢，为昆山百姓除了大害。周伦送碑的故事至今还在流传。

周伦还关心地方上的事情。百姓有什么事情都来找他。当地官员非常敬重他，相信他。老百姓私下里都叫他“周都督”。周伦一直活到八十岁才去世。周伦去世以后，皇帝非常伤心，亲自赏赐葬礼使用的祭品，命令当地给周伦修建墓葬，并且追封他为太子少保，谥号康僖。

周伦的墓葬，就在车塘里，就是今天陆家的车塘村。因为墓葬是皇帝亲自赏赐建造的，所以成为昆山历史上最高规格的墓葬之一。占地数十亩，大约有玉山的一半高，显得宏伟壮观。墓葬前面浩浩荡荡排列着石马、石羊、石狮、石人。据老人回忆，还有12属相生肖的石雕，非常壮观，能够看出皇家赏赐的气度。在建设沪宁高速公路之前，坟墓还保存完好。由于老百姓爱戴周伦，就把这座大型墓葬叫作“周都坟”。

在昆山陆家镇旧志《菉溪志》上有如下一段记载：“周都坟葬周康僖公伦于此，其地与能仁寺、崇恩观相近。《邑志》：‘在新阳江之东’，即吴淞江之西也。康僖公以弘治己未进士，扬历中外，官至南京刑部尚书。嘉靖间年八十卒，赠太子少保，赐谥、赐祭、赐葬，许瓒为之铭。《震川集》有《贞庵诗集序》。我乡名墓多乏主，而周都坟独乔木依然，祭田如故，非以贤子孙多乎！”

关于周都坟，民间传说很多。一种传说说周都坟有七十二座假坟，一种传说说周都坟里面有一个“金头”。毕竟是高规格的高官坟墓，里面随葬的物品，金冠应该有的，珠宝玉器也应该有。

周伦墓穴扑朔迷离

根据史料记载，周都坟的发掘有两次，第一次发掘的时间是在1968年，第二次是在1994年。

周都坟在1968年由当地村民挖掘，外墓由三合土（明矾、石灰、糯米）浇制，上盖石板，中棺用上好木材，较厚实，内棺盖上丹书“左大臣周公”五字（左大臣，官名，是太政官的长官，总裁太政官所有政务、宫中的典礼等，是朝廷事实上的最高责任者），棺内用水银、灯草、贝壳防腐，挖掘时衣服、尸体均完好，后随地深埋。

第二次发掘的时间是修筑沪宁高速公路的时候，在1994年10月—11月。当年参与开掘周都坟的人当中，有原文广局的于华主任。他说当时发掘出土的人尸身保存良好，去掉了外衣，还露出一把折扇和一个木盒子。

笔者特地追问一句：那个外衣，是百姓服饰还是官服？于华回答很干脆，是百姓的服饰。这就奇怪了，这不符合周伦墓葬的规格啊！笔者又问有金头吗？于华回答，没有。

另一个墓葬的发掘亲历者，也是一个文管部门的人，他讲述得非常详细：记得那一年修建沪宁高速公路，在接近沪苏交界处，恰逢一片低洼地，急需填土。于是人们看中了周都坟。它是一座建于明代的周姓祖坟，已多年无人理会。

好不容易将浮土铲平，又出动了大抓斗和钢钎铁锤，艰难地打开了用花岗岩封砌的墓盖。厚重的花岗岩之间用糯米、明矾、石灰浆粘合，胜过了今天的钢筋水泥。打开棺盖，发现墓主人早已腐烂。没有腐烂的是垫放在尸骨四周的灯草。

唯一的收获是一只潮湿的小木盒和两把藏在衣袖里的折扇。折扇被墓坑内的积水浸湿了，牢牢地粘合在一起。还有几枚散落的钱币，看来只是为了压邪。

全部的希望都寄托在小木盒里了。工作人员小心翼翼地抽去木纹粗糙的盖子，里面是五个泥人。泥人是手捏的，没有烧制，也不太合比例。这五个泥人，看来是象征了“五子登科”。用“五子登科”来为墓主人陪葬，而不是用金箔银锭或宣德瓷器，就有点儿蹊跷了——明明是高规格的墓葬，是皇帝亲自赐封的，为什么会出现这样的结果？

1995年，在那个发掘的墓葬西侧，出土了一方“墓志铭”。这方墓志铭的作者名叫俞允文，他是明代昆山著名的文学家。他在“墓志铭”里写了这个墓主人的身份。这一下终于弄清了，墓主人不是什么传说中的都督，而是周家的小儿子，名叫周凤来。年仅二十几岁就病故了。这位周公子秉性孤僻，不思仕途，却“悉出其藏千金，购天下奇书图画及古彝尊、璜玦之属”，是一个文物爱好者。

周伦有四个儿子：长子周凤鸣，大理寺丞；次子周凤仪，太学生；三子周凤起，太仆丞；四子周凤来，太学生。这里整个墓葬群都是周家的。

真正的周都坟是1968年发掘的。随葬品不知所终。

周都坟在民间的传说中，都说是周都督周瑜埋葬之地。没有人知道这其实是周伦的祖坟所在地。

据于华介绍，周都坟的位置，是在陆家群英、长浜村两村交界处。可是按照出土的墓志铭的记载：“（嘉靖）三十六年（1557）十一月十日，葬于舜县东南卓塘里原先茔……”，这个“卓塘”，应该就是车塘。那墓到底在哪儿呢？

周伦的后人有个叫周棣梦的，他当时问自己的父亲：“他们都在抢祖上墓葬里的东西，我们怎么办呢？”父亲叹口气说：“我们不去了。拿上瓦罐，把先人的遗骨收起来吧。”他们赶到车塘时，坟墓已经被平，什么都没有了。

周棣梦曾经到当时的文管所询问墓葬里的东西。文管所的同志说：“明代实行的是薄葬，墓里没有多少东西，只发掘了一个铁盒子，里面有几个泥人，另外有一把扇子。已经送到南京博物院了。”周棣梦还专程到南京去看先人的遗物，最终没有看到，也许已放在博物院的库房了。

周伦的家族原有家谱，他的后代分了很多支，其中一支有六房，大房、二房、六房在昆山，其他房在上海朱家角一带，还有散布在厦门的。

周棣梦对笔者说，抗日战争的时候，他还是小孩子，住在县后街。记忆里，家中的房子很大，有80亩地，后被日本人炸毁了，只剩下一个餐厅和一个花厅。土改后，自己搬出了老宅。记得当年家里的遗物还有古代官服，秀才的帽子，白玉官窑的瓷瓶，后来全部扔在了高板桥下面的河里。所以有关周伦的遗物，现在都没有了。

听说我们要寻找周都坟，周棣梦很高兴和我们一路同去。

第一站是从亭林园的先祖墓地开始的。穿过后山密密竹林，顺着台阶来到了凤凰石那里。找到了一棵很大很古老的松树。大概就是当年这棵松树，指点了周家人在这里安葬。周棣梦还讲述自己童年到这里上坟的故事。

离开了亭林园，径直开车到了陆家车塘村。有个地方看上去很陈旧，是车塘村村委会过去的旧址。在那里寻访一个到当地人，他用浓厚的陆家方言告诉我们，周都坟在某个小区旁边，菉溪小学后面。我们就赶到菉溪小学询问。在当地群众的指引下，终于找到了当年的周都坟旧址。现在全部是干净整洁的厂房了。

虽然周都坟已经消失了，但是周伦的事迹却在昆山广为流传。昆山地方志也专门记载了他的功业。周伦先祖寻找风水宝地的故事，周伦为民造福荣耀乡里的故事，以及尚书坊的美丽传说，都能令人得到启发，引起深思。

昆山庙会集锦

郑涌泉

庙会文化是我国民族大众文化的一部分，它是既古老又新鲜的社会文化现象，既是宗教的，又是世俗的，充分反映了群众长期积淀形成的思想意识、价值观念、行为方式和心理追求。它世代延续，历久不衰。随着党的民族宗教政策进一步落实，城乡各地的庙会文化得以传承和发展。

昆山人把庙会叫作“出会”。如今，昆山城乡一些地方由于原有的庙宇早已不复存在，故不少庙会已经成为历史，还在传承的庙会则被列入本市非物质文化遗产名录，形式也从单一的宗教活动演变成为广大百姓热情参与的大规模群众性文化活动，以及衍生出来的商贸活动。在此，我们不妨对昆山历史上曾经存在过包括至今还在传承的庙会文化做一个盘点，新出现的如“妈祖庙会”则未列入。本文如有疏漏，待后补充。

山神庙庙会

昆山最早见之于文字记录的庙会活动是马鞍山的山神庙庙会，也叫“朝山王”，“朝”就是朝拜的意思。这位山神姓啥叫啥，书上没有记载。昆山第一部志书——宋淳祐年间的《玉峰志》有这样的文字记录：梁天监十年（511），有一位来自吴兴的和尚惠向（有的文献中写作“慧向”，古文字中“惠”“慧”同义）来到昆山马鞍山，住在一个山洞里，由两只老虎侍奉左右。后来他想在马鞍山下造一座寺院，但缺乏人力、财力、物力，没法建成。某一天夜里，有位神人在梦中对惠向说：“你想建寺吗？我可以帮你。”于是当天夜里电闪雷鸣，隆隆雷声不绝于耳，附近的居民都被惊醒了。早上跑去一看，寺院的殿基已经建成，长十七丈，高一丈两尺，是用巨石垒成，十分雄伟，像箭一般笔直，这显然不是人力之所能为。后来消息传到县令耳朵里，县令把这个“奇事”层层上报，一直报到梁武帝那儿，皇帝就下令在马鞍山下建寺，还特地御赐“慧聚寺”匾额一方，那位帮助建寺的无名神道被梁武帝封为“大圣山王”，但并未为他建庙，直到唐僖宗中和二年（882）才在马鞍山下为他建了一座山神庙，宋崇宁年间赐额为“惠应庙”。大观年间封他为“静济侯”，绍兴年间加“康祐”，明洪武二年（1369）封为“昆山之神”，地位越来越高。史料上说他“聪明正直，镇平百里之境；福善祸淫，庇乎一方之民”，不仅仅管一座马鞍山，还管到整个昆山了。他的夫人在宋绍兴年间被封为“广惠助顺懿福昭德夫人”，淳祐年间改封为“显祐王夫人”。自此之后昆山百姓就对这位山神更加崇敬了，祭祀活动也越搞越大越来越丰富多彩。

农历四月十五日是马鞍山山神的诞辰。在古代，这天由官府出面举办盛大的山神庙会，活动持续三天。第一天先是举行迎山神的法会，将山神及其夫人的塑像抬到县衙前广场上，县令率全体下属人员向山神敬香，行跪拜礼，献三牲，祈求保佑地方平安农业丰收。县令口中念念有词：“有山巍巍，惟神主之。有民总总，惟神福之。诰锡宠褒，以答神休，英爽如在，享祀千秋。”

法会结束，接下来是“出会”，鼓乐齐鸣，震耳欲聋。人们抬着城隍、土地、各路神道的塑像伴随着山神夫妇一道在街上游行，然后吹吹打打，将山神送回山神庙。从马鞍山前的山塘一直到县衙前（现在的玉山广场处），彩旗飘飘，人山人海。邻近各州县的商贩们也云集于此，生意兴隆，热闹异常，“男女若狂者三日”。实际上，前一天也就是四月十四日傍晚开始，看热闹的人就陆陆续续聚集了，就像一大群蜜蜂飞来涌去，“喧呼达旦”。

十五日天一亮就开始热闹起来了，几乎是倾城出动。邻近各州县也有很多人呼朋唤友，或骑马，或坐船，纷纷赶到昆山，临时租了房屋住下看热闹，叫作“看朝山王”。这分明就是当时昆山的“狂欢节”了。

十六、十七两天在马鞍山西山脚下还会举办“角觝”活动，县令亲临观看，百姓倾城而出。所谓“角觝”，是一种综合性文艺活动，称之为“角觝戏”，又称“百戏”，是一种历史悠久的民俗娱乐表演艺术，除了竞技性体育表演之外还加入了杂技、魔术、武术、舞蹈等娱乐项目以及有故事情节的戏剧。大量群众参与其中，自娱自乐。

卜将军庙庙会

昆山有一种特殊的神道信仰，地域性很强，只属于昆山，他就是卜将军。这位卜将军（老辈昆山人又喊他“卜太太”）是唐代西河人，名珍，字文超。他被朝廷委任为节度使，“节镇鹿城”（见《卜将军碑记》），是昆山地方行政长官兼军事长官，为保昆山百姓安居乐业做出了贡献。卜珍死后葬在现在的红峰新村西部一座土丘下，这座土丘后来被叫作“卜山”，山上建了一座卜将军庙，简称“卜庙”。昆山百姓对这位卜将军感恩戴德，请求官府四时祭祀。

卜将军塑像（郑涌泉提供）

早先，每年农历四月十六日昆山城里有卜将军庙会，这天正是他逝世的日子。昆山历代地方志并未提及有“卜将军庙会”，但民国时的《旦报》说庙会盛况“甲于吴会”，其盛况在苏州一带首屈一指，由此可知卜将军庙庙会起始于民国。

民国后，卜将军在昆山的影响越来越大，老辈昆山人几乎无人不知无人不晓，庙会也越办越隆重，每年农历四月十六这天几乎万人空巷，百姓皆参与其中，盛况空前。

白塔庙庙会

农历八月十八是传说中的潮神生日。人们都知道在八月十八这天到浙江钱塘江去观潮，但很少有人知道历史上的昆山亦曾有此盛景。白塔头在今周市镇新镇境内，靠近市区。娄江由此往东，江面宽阔，经太仓塘、浏河入海。旧时每年农历八月十八海潮涌进，白浪滚滚，十分壮观。古代的昆山靠近大海，据《吴郡志》载，直到南宋绍兴年间百姓还能看见潮水涌进，潮水有时可以直达昆山县城，甚至到达正仪。在古代，到了这一天就像过节一样，市民们倾城而出，到东门新洋港（后来叫作青阳港）一个叫作“西津”的地方去看滚滚而来的潮头。宋淳祐《玉峰志》载：“八月望，西津观潮，官设酤于问潮馆，彩旗迎潮，观者如堵。”

明嘉靖中，昆山知县宋伊复曾在那里建立一座“候潮馆”。之后每年八月十八昆山县令都要在馆内设酒席等待“潮神”到来。明万历年间，由僧人本源发起，地方士绅集资，在那里建造了一座石塔，因塔身色白像玉柱，而命名“玉柱塔”，俗名“白塔”，那个地方被老百姓叫作“白塔头”。清康熙《昆山县志稿》载：“玉柱塔，在宾曦门外，旧有望江庵，僧本源开山。”“玉柱朝霞”被历代文人列为“玉峰八景”之首，清邑人潘道根有诗云：“朝暾开处海云生，突兀浮屠入眼明。人在长春桥上立，迷离烟树送江声。塔影斜光在眼中，赏游东海又偏东。年来砚匣光眼尽，难写朝暾一柱红。”同治元年（1862）八月，玉柱塔被太平军烧毁，现在的白塔是新建的。

今日白塔（郑涌泉提供）

据清道光《昆新两县志》记载，八月十八这一天，白塔头热闹非凡，附近各乡村的村民们抬着各路神仙的画像聚集于此，男男女女，载歌载舞，还有表演“拳打十八番”的，卖膏药、耍猴戏的都赶过来凑热闹，一直要到天黑方才散去。

后来，因为刘家港并不年年疏浚，海潮也不会年年都来，但每年八月十八游白塔头则成为一个固定的节日，相沿不废。

白塔头旁有座“望江庵”，供奉的是龙王，老百姓就把此庵叫作“龙王庙”。久而久之，西津观潮活动演变成“朝白塔”庙会活动。庙会除了开展观潮和宗教活动外，还有神像巡会、江南丝竹、会船、戏曲、马灯、船拳、十番、龙舟等极具地方特色的民俗活动，与宗教庙会结合起来，吸引了一大批信众前来朝拜敬香、观潮祭神。

与此同时，明清时期由于小商品业与手工业高速发展，促进了庙会中贸易活动的繁荣。后来，庙会的宗教色彩日益淡化，集市功能逐渐凸显，使得庙会更加丰富多彩。由于海岸线的日益东移及内河水道的逐渐淤塞，海潮亦逐渐减退，尤其到了康熙年间，浏河口修建了船闸，太仓塘潮汐无奈结束，“西津观潮”就成为历史，但“朝白塔”庙会在延续下去。

昆山道教协会的归潇峰先生做了一些调查，采访了一些当地的老人，了解到一些情况：中华人民共和国成立后的“朝白塔”庙会可分为两个阶段，第一阶段是从1949年至2002年，第二阶段是从2002年至今。第一阶段，由于中华人民共和国成立后宣传破除迷信，“朝白塔”庙会不可能大张旗鼓地举办，到了“文革”期间，龙王庙在“破四旧”运动中被拆除。然而，庙会风俗依然被保留下来，乡民们将神像藏在破砖窑洞里，要龙王“坐菩萨凳”，从农历八月十七晚上开始一宿不睡觉，直至八月十八下午结束。这一天一夜除了烧香拜神之外，

今日白塔龙王庙（郑涌泉提供）

还有一些小规模的宣卷活动，主要以念《龙王经》为主。据老人回忆，当时这些活动是由民众自发组织起来的，在庙会活动前后，通常会以村为单位进行挨家挨户收钱，活动前的收取是为了应付支用，活动后的收取则是为了弥补开销，百姓大多会解囊相助。

进入新世纪后，白塔龙王庙得以重建，“朝白塔”庙会又焕发出新的活力与生机。2002年以后，庙会活动又开始繁盛起来，每年农历八月十八，除举行传统宗教仪式之外，舞龙、舞狮、戏曲等群众文艺活动也非常热闹，来自本地及太仓等地的信众及前来观看的信众多达数千人。

关于潮水还有一个传说。早在宋淳熙年间，曾有一位道人预言：“潮过夷亭（今苏州唯亭）出状元。”当时的夷亭属昆山管辖，县令叶自强就在娄江边上建了一座“问潮馆”，将那位道长的预言刻在碑上。是年，“潮忽大至，遂过夷亭”，昆山石浦的卫泾果然于淳熙十一年（1184）中了状元，卫泾乃是昆山历史上第一位状元，玉峰山顶的文笔峰就是为纪念他而命名的。

东岳庙庙会

泰山之神的传说在民间广为流传。汉代《纬书集成·龙鱼河图》载："泰山神姓圆名常龙。服青袍，戴苍碧冠，佩通阳印，统领百神，乘驭青龙，主治死生及人世贵贱，为冥府众鬼之主帅，形象威猛，权势显赫。"《孝经援神契》上说，泰山之神又叫"天孙"，是天帝的孙子，神通广大，知人生命之长短，主召人魂魄。

昆山东岳信仰的历史非常悠久。《玉峰志》载："东岳庙在县东南二百五十步……自三月旦，争往岳祠，拜祈祷赛。"每年农历三月廿八是东岳大帝诞辰，昆山人叫作"三月廿八汛"，都要举办盛大的"东岳庙会"。因崇拜东岳大帝的大多是农民，而农民平时常穿草鞋，故昆山民间把到东岳庙烧香叫作"烧草鞋香"。除了东岳大帝诞辰，皇上诞辰也要祭祀东岳。

据史料记载："（三月）二十八日东岳神诞，各乡赛会，石牌、赵陵、真义（今正仪）、姜里、车塘、更楼桥，各乡民舁神进香。""三月廿八东岳诞，香火尤盛。他若龙舟、马灯、会船、拳船，城乡具有之，岁费甚巨云。"

今日姜里东岳庙会（郑涌泉提供）

如今，东岳庙会也与时俱进，被赋予

了更多新的文化内涵。在东岳庙会上不但有传统宗教活动，更多的乡土文化元素融入其中，如打连厢、喊山歌、戏曲表演、舞龙、舞狮、踩高跷等极具地方特色的传统节目，以及吹糖人、剪纸、编织、核雕、篆刻、绘画等传统民间手工艺表演，吸引了不少游人。还有当地特色农产品展览、各种特色小吃展卖，集市中人头攒动，让当地百姓和外地游人都能感受到传统文化、农耕文化、非遗文化、美食文化的浓浓氛围。2010年，石牌、陆家车塘、张浦姜里的东岳庙会被列入昆山市第三批非物质文化遗产名录。

至2017年，东岳庙会已先后举办七届，是全民参与的盛会，吸引了大批来自全市及苏州、上海等各地信众和民俗民间文化爱好者积极参加。

猛将庙庙会

在苏州地区，影响范围最大的民间崇拜可以说莫过于崇拜猛将了，几乎遍及城乡。清代江南有位著名藏书家名叫盛百二，在他的著作《柚堂笔谈》里这样记载："吾乡俞日丝先生（名显，明代人）有《野庙九歌》，其一为'刘猛将'。"自序云："司蝗之神也。蝗背有孔，神尝贯之以绳，不使妄为害。"在蝗虫背上的孔里系上绳子，拴住它们不让其危害庄稼，这有点匪夷所思。历史文献记载猛将是驱蝗神，明清两朝祭祀猛将被列为官方的活动，《明祀典》中已有祭祀刘猛将之记载。祭祀的时间为农历正月初一，"元旦，坊巷乡邨，各为天曹神会，以赛猛将之神"。到清初，民间的祭祀变为官方出面举行。雍正十二年（1734），"诏有司，岁冬至后第三戊日及正月十三致祭"。一方面迎合了吴地民众的需求，另一方面，也反映出清廷对江南农业生产的倚重心态。

猛将塑像(郑涌泉提供)

清代官府也把猛将作为“驱蝗正神”列入祀典，故猛将庙楹联一般为：灭蝗猛将军，普佑上天王。在苏州地区的民间信仰中，他的贡献不止于驱蝗，或者说主要不是驱蝗，因为江南历来蝗灾很少见。他是老百姓尤其是农民的保护神，保佑人们的方方面面。苏州地区的猛将崇拜之所以数百年不衰，原因有二：一是据史料记载，这一带是猛将文化的发源地，猛将已成为我们这一带民间崇拜的主神；二是猛将信仰与其他民间信仰中的神有所不同。其他神道一般都是让人们敬而远之，而猛将神在百姓心目中是一位最可亲可近的神，人们在祭祀时，可以同他一起娱乐、一起游戏、一起玩耍。一般来说，乡村迎神赛会都要抬出“老爷”（民众对各种神道的尊称）绕村镇游行，人们都会恭恭敬敬，不敢有丝毫怠慢，唯独对猛将老爷可以抬着或背着他跑跳，和他开玩笑，甚至让他跌倒在地。正如清人记载的那样，“农人舁猛将，奔走如飞，倾跌为乐，不为慢亵，民众此为乐也”。这位猛将老爷是绝不会发怒的。在百姓心里，猛将老爷是真正属于自己的神。

早先昆山城乡都有猛将庙。最早的猛将庙建于明嘉靖三十六年（1557）马鞍山前，清雍正十三年（1735）重修。现在的朝阳东路上曾有一座猛将桥，有点年纪的昆山人都会记得。各乡镇的猛将庙会形式略有不同，周市的“出会”独具特色。在三月廿九“猛将烧香日”的前三天，就有远道而来的商贩蜂拥而至周市，从“五洋百货”衣帽布料到卖梨膏糖、卖狗皮膏药、卖拳头、变戏法、唱“小热昏”、表演猢狲出把戏、看西洋镜……五花八门，应有尽有。地方上还特地邀请戏班子在庙场上唱“神戏”。四乡八镇甚至太仓、常熟、嘉定、青浦等地的香客也会络绎不绝地参与周市猛将庙，有的甚至还带着被子，抢先在临时搭建的“木缘堂”里占好一方地盘。连日里，周市镇上的河南、河北、南墙门等几条街道上人山人海，摩肩接踵，其热闹程度胜过苏州观前街、上海南京路。

这里有必要说一下。我曾在2016年的“鹿城故事”讲坛上讲过《昆山的东岳信仰和猛将信仰》，文稿已编入《鹿城故事》丛书，上述两节的更多内容这里就不再重复了。还有一些小型庙会，记录如下：

碛礇寺庙会

每年农历二月十九，淀山湖有碛礇寺庙会，商贩云集，村民倾巢而出，热闹非凡。活动主要内容是进香、购物和玩乐，连续三天。

海老爷庙会

千灯萧墅村曾有一座海老爷庙。庙里祭祀的这位“海老爷”就是历史上大名鼎鼎的清官海瑞。海瑞庙在苏州一带还真是凤毛麟角。那么千灯人又为啥会祭祀海瑞呢？原来海瑞做过应天巡抚，衙门就在苏州。虽然任职时间不长，却做了不少好事，深受百姓爱戴。海瑞兴利除害，整治吴淞江、白茆河，通流入海，防止水灾；海瑞憎恨大户兼并土地，推行“一条鞭法”，安抚穷困百姓。为此，每到农历三月初五海老爷生日时，萧墅村要举办盛大庙会，借此缅怀海瑞的功德。

城隍土地庙会

农历四月初一，正仪一带有城隍土地庙会，附近各村农民均前往镇上“看会”，镇上居民挽留乡下来的亲戚吃“会饭”。午后“出会”，鸣锣开道，接着是一对对花篮、蜡扦，之后是打连厢、荡湖船等表演队伍，再后面是镇民扮演的“衙役”“皂隶”，还有“珍珠头面”（将从富商豪绅家借来的名贵珠宝放在开放的轿子里供人观赏），最后是城隍老爷和土地公公，整条队伍叫作“道子”。“道子”从上塘到下塘绕镇一圈，经过之处，各家各户门前都要焚香点烛迎接。

三太太庙会

旧时，在歇马桥镇西有座“三太太庙”（有的记为“二太太”，其神名和事迹不详），每年农历六月廿四举办庙会。是日，庙前广场有戏班子搭台演唱戏文，商贾云集人头攒动。其规模虽不如东岳庙会，但也热闹异常，青浦等地亦有信众前来参与。抗战爆发后庙会停止，抗战胜利后又有信众重新发起举办，但庙会日子改为农历三月廿四，提前了整整三个月。是日，信众们抬着“三太太”巡游于歇马桥、项连泾、时家村、葛家巷等村镇，声势颇为壮观。

雷祖庙会

周庄农历六月廿四有雷祖庙会，从苏州城里、甪直等地请来道士做法会，澄虚道院道士手执法器上街游行，叫作“行香”，沿途商家门前均需焚香点烛。自这天起，全镇断屠三日，信徒食素一月。

大通庙会

旧时，蓬朗镇每年农历七月三十有盛大的“大通庙会”，未知崇拜的是何神道。庙会前两三天就有各地商贾来此地占地搭棚经营，庙前河道里挤满了来自各地的香客船、商贩货船和“拳船”。三十日这天，由丝竹班开道，四位壮汉抬着神像，其后是“抬阁扛香”，信众、香客手持香烛随神像缓缓前行，旌旗飘扬，乐曲声声，浩浩荡荡，煞是热闹。绕镇一圈后，将神像抬回庙里，然后香客们依次叩头行礼。是日，庙前河里有“拳船”表演武术，晚上有舞龙灯，整个活动历时三天。

除大通庙会外，蓬朗镇还有八月初八八字庙会和八月十八龙王庙会，场面也很宏大。

二郎神庙会

每年的农历六月廿四是二郎神杨戬的生日，也是荷花的生日。早先昆山二郎神庙有两处，一座在尚明甸，另一座在淀山湖边。每年农历六月廿四举行盛大庙会，附近村民都赶来参与赛会祈福。各村还要举行龙舟竞渡活动，当地人称之为“摇快船”。“摇快船”的船与普通农船不同，船身比较大且呈流线型，在水面行进如飞。

昆山县衙探古

郭志昌

昆山城区人民北路与前进西路交叉点的道路北侧，现为玉山广场。这座广场是1999年国庆节前竣工的，东西两侧有着1万平方米的草坪。正对着人民北路的是一座平地无池式喷泉广场。整个广场配置了200多套灯具，入夜后众灯点亮，广场上流光溢彩。喷泉后边共移栽了80棵香樟树和水杉树，排成四行，错落有致。东西两边是大片绿地，雪松和琼树栽植其间。

广场北侧有一座高大的六层楼房高高矗立。10年前，这里是玉山镇政府的办公大楼；20多年前，这里是昆山市政府所在地；40年前，昆山县委和县人民政府在这里办公。现是昆山市老干部局和老干部活动中心所在地。

今日玉山广场林荫道（郭志昌提供）

玉山广场的北面是麒麟新村，东边是里库新村，连同玉山广场的整个地区，以前都是属于昆山县衙的用地。当年，四面高墙之内，是从唐朝天宝十载（751）开始的历代昆山县衙。民国开始之后，曾一度叫过昆山民政衙门，后改名昆山县政府。中华人民共和国成立以后，称为昆山县人民政府（有一段时间称为昆山县人民委员会）。“文革”中曾称昆山县革命委员会，“文革”结束后又恢复昆山县人民政府的称谓。1989年9月，昆山撤县改市，当时四套班子在一起办公。市政府迁往新区后，这里作为政府所在地的历史使命到此结束，历时近1240年。

这块地方基本是一个长方形格局。东北角在拓宽道路和新建居民楼期间，道路向东北偏移数米，因此形成一处凸角。东西宽135米，南北长233米，总面积为31455平方米。这里曾经是昆山的政治文化和经济中心，如今又成了昆山市的城市中心。

县衙内貌

昆山最早的县志是宋代淳熙年间编纂的，名叫《玉峰志》，玉峰，其实是昆山县的代称。县衙一直记载在玉山广场这个地方。旧志是这样记载的：原先，这里曾经是孟尚书的宅院，他将宅院捐了出来，作为由松江小昆山下迁到昆山来的县衙的新址。孟尚书的名字叫孟简，他是孟子的第34世孙，当过户部尚书，他和弟弟孟华都没有儿子，于是把33世孙孟庭玢的孙子、孟郊的儿子孟常谦作为第35世孙了。唐宋八大家之首的韩愈曾经写过一封信给孟尚书，就是著名的《与孟尚书书》，此信写于820年，这时韩愈已经移任袁州刺史了。后人为了感激孟尚书，特地在县门内之东为他建起了一座祠堂。

县衙的大门叫谯楼，嘉熙丁酉年（1237）被一场大风吹倒了。直到淳祐己酉（1249）才由知县楼条重新建起来，并由侍郎楼治题写

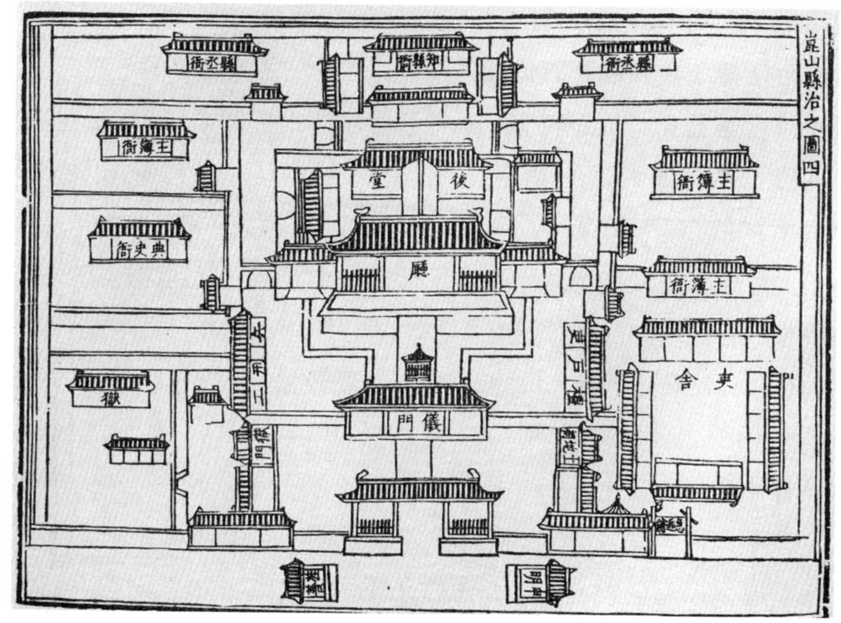

昆山旧县衙平面示意图(郭志昌提供)

了匾额。洪武三年(1370)知县呼文瞻将其改名为永宁楼。景泰四年(1453),知县吴昭重建。嘉靖初,毁于大火。万历三年(1575)知县申思科建楼立匾。大门前东街口曾建有鼓楼一座。隆庆六年(1572),知县申思科又在西街口建起一座钟楼。晨钟暮鼓,定时向周围居民报时。到清朝顺治二年(1645)这里所有的一切毁于乱民之手。

申思科担任县令后,饮水不忘掘井人,他在县衙仪门外东南方向建起一座土地祠,挂上当年捐宅建衙的孟尚书画像,并遵守旧制,每月的初一十五都要率领僚属们郑重其事地参谒一番。

1645年,清兵下江南,昆山人民进行了英勇不屈的抵抗,归庄带人杀死了卖身求荣的县丞阎茂才,并一把火烧了县衙,使得堂库俱为灰烬。事件平息后,新任县令顾天埈只得居家办公,相沿十多年。直到康熙六年（1667），知县王仲槐才开始在原址上复建新的县治。其后的两任县令魏熙和董正位相继增建，但只恢复到此前的十之二三。董正位增建县衙设施的时候，还特意将长期闲置的戒石碑“公生明”重新矗立在直通大堂的甬道上，并盖了一座亭子进行保护，以告诫同僚们不存私心、为民谋利。后来，亭子坍塌了。雍正三年（1725），昆新分治，戒石碑被移往他处。两个县衙的大堂门前，分别建起了一座木质牌楼，正中的坊心板上刻上了“公生明”三字，起着与当年戒石碑同样的作用。乾隆十九年（1754），许治曾经重修碑亭，不久又废。从康熙初年（1662）到咸丰十年（1860）的近200年间，昆山县衙的规制基本没有什么大的变化。

太平天国运动波及昆山，再次遭到重创的昆山县衙变成了废墟。太平军退去以后的13年间，历任县官只得租赁民房办公。直到光绪二年（1876），嘉兴人金吴澜被派到昆山当知县时，才向上级提出申请，批准借用玉峰仓暂作衙署，并在仪门外西偏拨田捐建监狱，在仪门外以东的位置上建起一座自新所，用以安置有罪待审的嫌犯。自新所创建于乾隆二十二年（1757），这次属于重建。光绪八年（1882），知县张绍渠以历年亩捐作为经费，报请上级批准，将衙署全部重建。次年全部竣工，即迁入办公，署内堂宇门庑，基本和先前一样。

玉峰仓在什么地方呢？据载，在丽泽门（西南门）外，用于藏粮。嘉靖三十二年（1553），倭寇烧劫，昆山损失巨大。战后，知县祝乾寿将玉峰仓迁入南门（朝阳门）内仓潭位置。嘉靖四十三年（1564）又遭一场火灾，后来的知县彭富起造仓廒320余间，才解决了办公场所问题。光绪九年（1883），县衙迁回原址。

大堂一直是县衙里最重要的建筑，以前叫琴堂，宋嘉定年间的县官李伯长改名为平政堂，表达他“公平执政”的初衷。清康熙年间，知县王仲槐又将它改为亲民堂，表达了其“亲近民众”的追求。乾隆年间县官裴元长和嘉庆年间县官张鸿先后对大堂进行过维修。

大堂两旁的东西两条长廊边各有8间办公用房。大堂后边是川堂。后来定名为退思堂，再后边是亲畏堂，这两栋建筑都是由王仲槐在知县任上时建起来的。亲畏堂的后边是内衙所在地，常人不能涉足，名叫鹤闻堂。

从唐玄宗天宝十载（751）开始，到1911年清政府覆亡的1160年间，共有409人次在昆山当过县官。1989年9月28日，昆山撤县设市。新市委、市政府的领导班子在这里工作了7年之后，搬迁到前进东路108号新址办公。

县衙外景

今天的昆山市委、市政府所在地的外围有一条人工河，建有三座桥梁与外界相通。当年的昆山县衙也和今天的情况差不多，它的东西和北面也是一条河（西边的叫西市河，北面的叫县后街河），前边也有一条河，就是中华人民共和国成立后不久被填没的后浜河，东边的那条后街河（也叫北市河）以西到县政府西墙外，还容纳着里库小区。环绕着这一块长方形的河流，还有一个玉带河的美名。

每一任县官都盼望任期内有人考上进士，为地方增光。宋朝淳熙二年（1175）至五年（1178），浙江丽水人叶子强在昆山当县官时，在县衙大院里，建起了读书堂，还建起了“锦香”“弦歌”“蕴辉”和“乐全”四只亭子。他是读书人出身，带头在公余时间手不释卷地读书，成为历届昆山县官中兼有诗名留存于世的一位名宦。他留下的《读书堂五首》是至今为止地方官歌咏昆山县衙的生动诗篇。此外，他还重修了昆山文庙，并将地方上自雍熙以来学有所成的56位名人姓名刻碑纪念，用以激励后生，为此他写了一篇《邑令题名碑记》，文中提倡“好学而知礼，尚孝而先信”好风气。叶子强在任短短3年，培养和形成了良好的读书风气，为后来昆山进士辈出打下了良好的基础。

宋绍兴三年（1133），在县衙大门外边，知县李稠在东西两边各建一座亭子，分别命名为“颁春”和“宣昭”。普通百姓都可以在这里看到上至朝廷、下至县衙随时发布的公告。

县衙南边有一座申明亭（俗称吹鼓亭），供老百姓喊冤击鼓使用。亭子北面是一道长长的照墙，对面正堂大门，门前有一对石狮踞守。正门是五开间两层殿宇式建筑，大门赭红色，并有铜铸的门环。门楼上朝南是五开间的一排红漆木板长窗。进门走过宽为两丈的通道，大门左右两侧为庑屋，筑在高约五尺的青石台基上，台前沿是一排黑红

清末昆山县衙外景（曹渭清提供）

相间的木栅，里边靠墙立着历代留下的碑刻。

大门里边是仪门，是以往提醒官员注意仪表，端正态度，心生庄重的一段道路，迎面而来的是一座“公生明”牌坊。两侧厢房是六部隶房。接下来就是大堂，这是县官升堂断案之处。再往后就是二堂（川堂）、三堂，最后一排是县官内宅。

1911年11月6日，昆山民政署成立，首任民政长方还亲书“若起亭林告光复，应哀民物久凋残”的大幅对联贴在大门前两侧。他发出“安民告示”，宣布合并昆山、新阳两县，结束自清朝雍正以来“同城分治”的局面；下令释放监狱中所囚禁的革命党人；打开仓库，把库存粮米分发给贫民。

很久以来，自县政府至朝阳门（今正阳桥）那一段，人们称其为“大街”。全长500余米，并不笔直。由朝阳门进来往北走，不到100米处时，要折入路西的一条叫作“水弄”的短巷，路的西南头有两口水井，水味苦涩，因此不能饮用。然后直向北再走370米左右，才到达县衙大门。之前的一片空旷之地俗称“老县前”。

衙门气派，令人敬畏。堂前陈列有铁铸大炮，炮身高大，植有六株青梧桐树，夏日浓荫蔽地，暑气全消。附近居民常来纳凉。大门前正面有一面大照墙。1932年，照墙被拆除后，重建了一座新式砖墙砖柱大门，但两座石狮未动，直至中华人民共和国成立前夕才迁走。

大门前的广场，原由大黄石板铺筑，后改为弹石路面，正中长圆形场地上突起一层台基，正中建有一座标准钟塔，塔座、塔身均由钢筋水泥浇铸而成，十分坚固。朝南一面下方嵌有一块黑色大理石石碑，两百来字的碑文记录了当年北伐军光复昆山的丰功伟绩。塔基有护栏、石柱、铁链保护。

老县前历来为新年迎春灯会和庙会时的集散地。抗战时，老县前附近的房屋全毁，后标准钟塔经修复后继续使用。

1932年1月28日，淞沪抗战爆发，事态严重，波及昆山，当时人心惶惶，大户人家纷纷外逃避难，上海抗战前线的爱国将士们正在与日寇浴血奋战。当时的昆山地方长官是署理县长吴德耀，大敌当前，他张皇无措，携印仓皇出逃到了甪直镇上。而这时，二十几年前在甪直镇上当小学校长的方还先生也正在朋友家里避难，听到这个消息，立即请吴德耀来到自己下榻之处，严厉指责他身为父母官，不应该丢下地方上的老百姓弃城而逃，日后有何脸面见昆山百姓。在老校长面前，吴德耀自知理亏，羞愧难当，无言以对，走出门来，再三徘徊，当夜便在甪直关帝庙附近自沉于河中。人们曾评论说："方还责吴，出之民族大义；吴羞愧自裁，还可称为一个'知耻'之人。"

在整个民国期间，昆山县衙的基本格局未有改变，它利用了原先的基础。昆山沦入日寇之手前夕，国民政府撤离。1939年春，国民党昆山县政府在沦陷区建立，常驻上海法租界的大方饭店，进行秘密活动。当时，昆山设置了六个区（一区城厢、二区蓬阆、三区菉葭、四区茜墩、五区杨湘、六区张浦），并委派了地下区长，实质上这种遥控式的指挥，几乎没有什么效果可言。鸠占鹊巢，汪伪政权开始在这里办公，发号施令。日军的宪兵司令部则驻扎在琅环里县图书馆、兴学路兵营以及亭林路西俞楚白小洋楼等几个地方。抗战胜利后，只有沈霞飞作为长官的县政府干到了最后。这三年多中，从外观上看，县政府倒是摒弃了封建衙门的做派。大门外的广场上的"钟楼"代替了原先的钟楼和鼓楼。门前两侧的石狮子也被搬掉了。原来任人随便进出的大门也变得戒备森严起来，有哨兵站在木制的岗亭里站岗，检查进入者的证件和进行盘查。局势紧张的时候，大门前还设置起了铁丝网。

抗日战争中，县政权为“汪伪”所攫取，因此这一段时间里的任职者被称为“汪伪县长”。而同期的由国民党方面任命的县长，由于不能公开活动和行使职权，又被称为“地下县长”。在太平洋战争爆发后，中国共产党还任命了一届“抗日民主政府县长”，由中共特别党员陆家的陶一球担任，任期为一年零一个月。

抗战中期，共产党建立了抗日民主政权，先后成立了县行政委员会和县抗日民主政府，委派了行使县长职权的主任委员和县长，公布过相关的规定和布告，其间曾改称过县办事处。在城东和城南也成立过几个区一级的政府。

1945年9月起，担任县长的沈霞飞不同于前任的历届地方长官，他在大院里办公，却住在大院外面的东南方不远地方的一座小楼里，人称“沈公馆”。这座小楼并不是由他建起来的，主人是当年的黄金荣的门徒金九龄，他从淮阴来昆山拉黄包车，后来去上海拜青帮“大”字辈赵成楼为“老头子”，以后又拜倒在黄金荣门下，在上海开设黄包车公司、赌场和妓院，放高利贷，收徒弟三千余人。他发达起来以后，在上海陕西南路步高里造有洋房住宅，自备汽车，家中佣仆达数十人。他还在昆山大西门外黄泥滩一带及城北新镇买田三千余亩，在玉山镇仁和里造了几幢住房出租，他在昆山老城里的公馆设在春和坊九福庐，有账房管家专事经营。沈霞飞全家在这里住了三年多时间，后去了台湾，人民政府接管和使用了这座小楼，作为招待客人使用，后来由于又在它的旁边建有新的小楼，人称2号楼，这座小楼自然就被叫作1号楼了。直到20世纪90年代才拆除。

在老昆山人的记忆中，亭林路14号，也就是今天“民安刻字社”所在的这个地方，一直是监狱和看守所的代称。历代王朝都对监狱在县衙大院内的所处位置有严格的规定，必须设在西南方向的墙角处。中华人民共和国成立以后，人民政府将有着24间房间（包括牢房）的昆山看守所接收下来，后来在1953年、1964年又进行了拆建围墙和必要的装修。尽管在管理关系上有过几次变更，但看守所一直在这里，直到1984年6月迁往环北路26号新址，这一条千百年来的老规矩才彻底结束了它的历史使命。

县政府的公安、检察和法院三个部门，历史上一直是从属于政府领导的。封建社会中的政府大院里，部门的设置都与中央政府相对应，设有吏、户、礼、刑、工、兵，所谓六部。其中的刑，就相当于后来的公检法。民国以来，公检法分工明确，独立办公。中华人民共和国成立以后，沿袭旧制，三部门相对独立，但还都设在政府旁边，以便沟通和往来。改革开放后不久，检察院便建起了自己的四层办公大楼。1998年6月下旬，昆山公安局机关搬迁到前进东路的新址办公，法院和检察院也相继搬迁，原检察院大楼拆除，三部门的三座独立的办公大楼一字排开，矗立在前进东路的路北。

有着1200多年历史的旧县衙遗址，自1949年以来发生的几次变化是最为显著的。

1959年，为迎接和庆祝国庆十周年，昆山县几项工程竣工，一是三角塔建成，二是亭林路体育场建成投入使用，三是昆山县政府大门改头换面。大门由本来的四根立柱式大门，改建成了四柱三拱门式大门，由开放式变成了封闭式。门头上悬挂着国徽，门楣正中嵌有一座圆形钟表，中间两个方型门柱的顶端各安装有一盏马路弯灯。门楼的最高处，是一根悬挂着国旗的旗杆。

1999年，昆山已经在十年前撤县设市，旧的大门已经拆除，一座现代化的、外观上呈不对称形的大门将之取代，大门前原来钟塔的位置栽着一棵枝叶繁茂的大雪松，树周用铁栏杆围起。

今天顾炎武塑像西边十米处的大雪松，是后来从别处移来的。这棵高9米、胸径0.67米、树荫20平方米、主干向南倾斜的大雪松，显示出无比顽强的生命力。这棵大雪松，在昆山具有标志性意义，它见证了昆山近百年的历史，对2012年建起的顾炎武挥笔著文的巨型雕塑起到了很好的衬托作用。

大门的西侧，有一座运动感强烈的三鹿雕塑。县政府后来成了市政府，迁往前进东路108号以后，政府大门、方塘形的小喷泉和高台上的三鹿雕塑也被拆除了。原来的大门正中心处，扩修成了大型的平地圆形喷泉。四排水杉和香樟树以及后边的办公大楼都坦坦荡荡地呈现在人们面前，人们远远地就可以从正阳桥上看到它们的身影。大型喷泉是圆形的，就布置在半圆形广场的圆形的北半部。喷泉不开放的时候，人们可以在上边自由活动。喷泉东北和西北两个方向的圆弧形绿地边缘的外侧，是两组各有四根的路灯杆。没过几年，简易的灯杆换成了两边各有三组的整体为菱形的豪华路灯。夜晚，华灯初上，此处的灯光与人民路和前进路上的淡黄色路灯遥相呼应，人们可以将它作为玉山广场的一种标志。

此地曾是旧县衙，如今已成新天地。这一块神奇而光荣的土地，历来都是昆山的政治、文化和经济中心，已经成为昆山的一处著名的地理标志。尽管千余年来，它的面貌一再发生变化，但根植于此的传统基因是千古不磨的。

旧县衙穿越了时光的隧道，已经进入了新时代。曾经作为旧县衙、旧政府和新政府所在地的玉山广场，将走向更加灿烂的明天。

昆山的另一种《西厢记》

鲁德俊

对于《西厢记》的人物张生、崔莺莺、红娘，大家都耳熟能详。为了说明今天我要讲的内容，有必要先交代一下《西厢记》的来龙去脉。

《西厢记》的本源是唐代元稹的传奇《莺莺传》，又名《会真记》。所谓唐传奇就是唐代的文言小说。作者元稹是与白居易齐名的著名诗人，世称“元白”。《莺莺传》写的是张生与姨母郑氏的女儿崔莺莺恋爱，张生又始乱终弃的故事。鲁迅在《中国小说史略》中评价张生是“文过饰非，遂堕恶趣”。

张生和崔莺莺的爱情故事，在宋金时代主要以说唱的形式流传。比较完整的是董解元的《西厢记诸宫调》，简称为《董西厢》。诸宫调是一种有说有唱、以唱为主的文艺样式，由于它是用若干套宫调来唱一个故事，所以叫诸宫调，“诸”就是若干的

《西厢记》宣传画（鲁德俊提供）

意思。《董西厢》的内容改变了原来《莺莺传》中张生对崔莺莺始乱终弃的结局，写两人追求恋爱自由，最终结成美满姻缘。

影响最大的是元代大戏曲家王实甫的北杂剧《西厢记》，简称《王西厢》。《王西厢》规模宏大，共五本二十一折，打破了一般元杂剧一本四折的体例，成为真正意义上的成本大套的戏曲。《王西厢》突出了张生、崔莺莺与老夫人之间的矛盾斗争，尤其是更加突出了红娘的形象，使她成为个性鲜明的艺术典型，几乎无人不晓。如今全国各地上演的《西厢记》基本上都是以《王西厢》为蓝本的。其主要人物情节是：张生姓张名珙字君瑞，上京赶考，途中在山西普救寺暂歇。正巧崔相国去世后，崔夫人准备将灵柩运回老家安葬，带着女儿崔莺莺也在普救寺中暂时停留。

张生与崔莺莺在花园中偶然相遇，一见钟情。张生隔墙高声吟诗一首："月色溶溶夜，花荫寂寂春。如何临皓魄，不见月中人？"崔莺莺立即和诗一首："兰闺久寂寞，无事度芳春。料得行吟者，应怜长叹人。"彼此更增添了好感。

后土匪孙飞虎将普救寺团团围住，要抢崔莺莺去做压寨夫人。万般无奈崔夫人只好发话，谁能退得贼兵，就将崔莺莺许配给他。张生站出来说，他有一个拜把兄弟白马将军杜确，只要我写封信去，白马将军立刻就能前来退兵。果然白马将军带兵前来将孙飞虎杀死，解了围。但崔夫人却悔婚，说崔相国在世时已将崔莺莺许配给侄儿郑恒。张生一气之下病倒。

崔莺莺派侍女红娘送信来说当晚前来探望，信中一诗："待月西厢下，迎风户半开。隔墙花影动，疑是玉人来。"于是一对青年男女遂成好事。

事情败露后，崔夫人拷问红娘，是为"拷红"。

老夫人又对张生说，崔家三代不招白衣女婿，硬逼张生上京赶考，取得功名后才得回来完婚。张生无奈只好离开普救寺，上京途中，在草桥店住宿，梦中与崔莺莺相会。最终科考得中状元，回来与崔莺莺完婚，结尾大团圆，“天下有情人都成了眷属”。

《王西厢》不仅人物形象鲜明，故事情节生动，而且唱词语言华丽，备受后人称道，明初朱权就称赞说：“王实甫之词，如花间美人。”总之，《王西厢》取得了多方面的辉煌成就，成为我国古典戏曲的压卷之作。明代文豪、后七子领袖王世贞就推崇《王西厢》说“北曲故当以《西厢》压卷”。明代贾仲明直截了当地说“新杂剧，旧传奇，《西厢记》天下夺魁”（《凌波仙》悼词）。清代的金圣叹把《王西厢》捧为“第六才子书”，“金批西厢”一直是最为流行的《西厢记》本子。

《王西厢》流传甚广，其不同版本多达一百余种，这在古典戏曲中是极为少见的。因此说王实甫的《西厢记》是中国古典文学宝库中一颗璀璨的明珠，是当之无愧的。

明清时代南方的戏曲传奇尤其是昆山腔兴盛起来，出现了各种名目繁多的《西厢记》，大约有近20种之多，统称为“南西厢”，以区别于《王西厢》。《南西厢》创作的主要目的是“改北调为南曲”，“增损字句以就腔”（凌濛初《谭曲杂札》），以

《西厢记》连环画之一（鲁德俊提供）

适应昆山腔的演出。较有名的有李日华的《李西厢》、陆采的《陆西厢》，这两部戏都没有改变《王西厢》的主题、情节和结局。

另一些“南西厢”则有不同程度的改变。如卓珂的《新西厢》又恢复了张生对崔莺莺始乱终弃的悲剧结局；查伊璜的《续西厢》写老夫人“欲以红娘配郑恒，红娘不从而欲自缢”（焦循《剧说》卷二）；研雪子的《翻西厢》把张生写成一个淫邪小人，因调戏崔莺莺不成，竟投入孙飞虎军中为虎作伥，被白马将军杜确抓获，而郑恒则与崔莺莺终成眷属；周冰鹤的《拯西厢》则写孙飞虎起兵作乱被平定后皈依佛门，改恶从善，普度众生。此外，还有的写张生落第，崔莺莺终嫁郑恒的；有写张生看上红娘，崔莺莺吃醋，经过周折双美并嫁的；有写张生大彻大悟，意识到跟崔莺莺未婚私会不对，痛改前非，升仙求道的；有写张生落第，老夫人不肯允婚，崔莺莺遂与张生一起私奔的；还有你们都写《西厢记》，我就来个《东厢记》的……如此种种，五花八门，大多很不靠谱，纯为标新立异而胡编乱造，所以流传不广，有的终至失传。但是如此众多的“南西厢”接踵出现，足可见出王实甫所写《西厢记》所产生的巨大的影响力。

下面就介绍一下在诸多的“南西厢”中，今存的昆山剧作家周公鲁的《锦西厢》。

周公鲁，只知字公望，明昆山人，生平不详。所撰也只有《锦西厢》传奇一种传世，还不完全确定。

《锦西厢》，《曲海总目提要》卷十一著录，谓：“周公鲁撰。”一说此剧为丹徒秦之鉴作，待考。《古本戏曲丛刊五集》据之影印。题《锦西厢传奇》，未署撰者。凡二卷二十六出。

原王实甫《西厢记》中张珙与崔莺莺屡经挫折，终成眷属。不料老夫人命他上京应试，得中回来，才得成婚，张珙无奈，只好带着琴童离开普救寺进京赶考，途中在草桥宿店。周公鲁的《锦西厢》就从“草桥惊梦”开始，把后面的情节来个改头换面，别出心裁，生出另一番啼笑皆非的喜剧来。

故事情节大体是：张珙在草桥客店，梦见与崔莺莺分别后，孙飞虎率兵来抢崔莺莺。张珙醒来告诉琴童，琴童说他也做了一个梦，梦见郑恒中了状元来娶崔莺莺。张珙认为两梦甚是不祥，欲马上回普救寺，经琴童力劝，张珙才继续上京赶考。张珙一路思念崔莺莺，车马劳顿，进京以后，几乎病倒，勉强应试，写不成字。考官出的题目是《月明三五夜》，张珙病得厉害，无力作诗，想到崔莺莺当年赠诗“待月西厢下，迎风户半开。隔墙花影动，疑是玉人来”，于是抄录，草草交卷。考官觉得此诗流动清新，但语气不像男子，像妇人之作。结果放榜时，张珙名落孙山，而郑恒却中了状元，授协律郎，奉旨与崔莺莺完婚。郑恒来到蒲州，崔莺莺誓死不肯嫁。红娘乃与老夫人商量，自请代崔莺莺嫁郑恒，因为郑恒未同崔莺莺小姐见过面，也不认识红娘。迎亲的花轿已到了门口，老夫人也来不及多想，就认红娘为义女，梳妆打扮，红娘上轿去了。老夫人怕郑恒发觉，赶紧带着崔莺莺悄悄地回了博陵老家。

张珙落第，回普救寺，来到西厢，寺僧告诉他说崔莺莺已嫁郑恒，张珙怅然而回。途中仍在草桥客店歇宿。夜半时分，锣鼓齐鸣，来了一彪人马，搜拿张珙。张珙无处藏躲，琴童自幼受张珙养育，自愿顶替，于是换上张珙的衣裳，被兵马簇拥而去。原来孙飞虎围困普救寺要抢崔莺莺小姐，被杜确将军杀死。其妻自号伏虎女将，啃聚山林，因听说张珙风流美貌，欲抢来做丈夫。琴童假冒张珙被抢来之后，当夜就成了婚。次日天亮伏虎女将才知上当，欲杀琴童。琴童以实相告，伏虎女将念已失身，只得将错就错，但因“琴童”二字不雅，改称其为七弦大王，教他武艺，推为寨主。

张珙既得解脱，索性回到京城，到郑恒家中，假称崔莺莺的表兄来访，看崔莺莺有何颜面相见。郑恒不知，殷勤接待。红娘怕露了马脚，惹出是非，趁郑恒外出赴宴，仍换了旧时丫鬟的装束，到书房来见张珙，假传崔莺莺之命，说是不便相见，责备张珙落第来迟，留诗一首与他断绝，诗云："自从别后减容光，万转千回懒下床，不为旁人羞不起，为郎憔悴却羞郎。"张珙读罢，大骂崔莺莺负心，悻悻而去。

张珙来到好友白居易家中，告诉他科考落榜之事。正好德宗皇帝从落榜考卷之中搜求遗珠，看到张珙试卷，感到惊异。白居易立即将张珙引来见驾。张珙奏明当时情况，说此诗实为爱妻赠我之作，但落第以后爱妻已被新科状元郑恒所夺。皇帝以为情有可原，又命张珙以原题面试古诗一首，张珙一挥而就，辞采清丽，大受皇帝赞赏，钦赐状元及第，授翰林学士，并命白居易查明郑恒夺妻一事，据实回奏。

郑恒得知张珙告了他的御状，大为不解，为了少惹麻烦，便贿赂好友张延赏奏上一本，推荐张珙前往吐蕃会盟，使他离开朝廷。后张珙出师被

梅兰芳、程砚秋、尚小云合演的《西厢记》剧照（鲁德俊提供）

围，七弦大王（即琴童）与妻伏虎女将率兵前往搭救，解其围。张珙遂率七弦大王夫妻回京奏捷。

白居易审问红娘，尽得实情，郑恒所娶乃红娘所顶替。张珙喜出望外，立即派琴童去博陵迎接崔氏母女入京，与崔莺莺成婚。郑恒亦携红娘拜见老夫人。琴童与伏虎女将也见过老夫人。三对夫妻，成双成对，恩爱有加，天下有情人终成眷属。

周公鲁的《锦西厢》，写红娘代崔莺莺嫁郑恒，琴童代张珙入赘伏虎女将，还有将元稹的好友白居易引入剧中，可谓花团锦簇，锦上添花，故剧名《锦西厢》。可惜昆山周公鲁的《锦西厢》，如今在舞台上已不见演出，其剧本尚留存于世。

总体来说，《西厢记》的流变，是按唐传奇小说—说唱文学—北杂剧—南传奇—昆曲的路子走来的。如今昆剧、京剧和各地方戏也都有《西厢记》的演出，遍及全国。

附：《鹿城故事》总目录

《鹿城故事1》目录

《鹿城故事2》目录

《鹿城故事3》目录

《鹿城故事4》目录

《鹿城故事5》目录

《鹿城故事6》目录

《鹿城故事7》目录

《鹿城故事8》目录

《鹿城故事9》目录

编后记

2019年，昆山市文化广电新闻出版局、昆山市体育局、昆山市旅游局合并为昆山市文体广电和旅游局。昆山市文体广电和旅游局对昆山市文化馆主办的坚持了十年的“鹿城故事”讲座给予一如既往的重视。

由于每年安排的讲题有20多个，而每年编选出版的《鹿城故事》结集只能容纳20个讲题，所以，至今已积累了40多篇文稿等待付印。为使日后讲座与出版同步进行，今年就出版了《鹿城故事·10》和《鹿城故事·11》两本文集，以满足广大市民阅读需求。

为庆祝中华人民共和国成立七十周年，纪念昆山解放七十周年，特邀周长江先生撰写了《解放昆山纪实》。通过梳理档案和整合史料，再现了解放昆山时扣人心弦的秘密行动和惊心动魄的激烈战斗。

文史爱好者陈柏华先生在研读昆山名门望族家谱时，发现了与朱柏庐《治家格言》有着异曲同工之美的《王氏家训》。经他分类后逐条赏析，《王氏家训》成为昆山又一份珍贵的家庭教育训文。

文史学者马一平先生通过多年搜查典籍、纠正错讹的辛勤付出，写出了《昆山顾氏望族寻根》一文，将昆山顾姓大族复杂家系的发展脉络梳理得清清楚楚，填补了昆山在这方面的学术空白。

还有许多鲜为人知的故事内容，读者可以根据目录，各取所需，可从中获得正能量和引发自豪感。

“鹿城故事”讲座还将继续办下去，源源不断地寻觅新鲜的讲题成为主办单位必须未雨绸缪的策划关键。感谢各位讲师年复一年地撰写出令人耳目一新的讲稿，并尽最大努力生动地推介给百姓聆听，为推动昆山精神文明建设做出贡献。文中如有不当，敬请读者批评指正。

2019年5月